和田秀作編

戰國遺文

大内氏編　第二巻

東京堂出版

戰國遺文

月報 2
大内氏編
第2巻
2017年7月

株式会社 東京堂出版
〒一〇一-〇〇五一
東京都千代田区神田神保町一ノ一七
電話 東京 〇三（三二三三）三七四一
振替〇〇一三〇－七－二七〇

大内義興の受発給文書とその政治的地位

山田貴司

はじめに

権力者の受発給文書のあり様は、その政治的地位にともない、様式、発給対象、内容といった面で変化していく。とりわけ大内氏の場合は、袖判下文を用いはじめたとされる大内教弘、混乱する中央政局に身を投じ、一〇年にわたり在京を続けた大内政弘と大内義興、大宰大弐に任官し、「大府宣」を復活させた大内義隆など、発給文書にきわだった特徴をみせる当主が多い。ただし、前巻月報で和田秀作が指摘したように、大内氏当主の文書論は充分に深められておらず、不明な点も少なくない〔「大内政弘の発給文書」『戦国遺文大内氏編第一巻　月報一』東京堂出版、二〇一六年〕。

そこで小論では、前巻の終盤と本巻でほとんどを網羅した義興の受発給文書（とくに発給文書）の推移を追うとともに、彼の政治的地位との関係を考えてみたい。

1　家督継承時点までの発給文書

文明九年（一四七七）に生まれ、長享二年（一四八八）に元服した大内義興の発給文書の初見は、氏寺氷上山興隆寺に宛てた延徳三年（一四九一）一一月三日付の神馬寄進状〔戦国遺文大内氏編〈以下、戦大と略記〉七一七号〕。家督継承以前、一四歳の時のものだ。その直後、義興は将軍足利義材の近江出兵に参陣すべく上洛しており、それに関連した寄進であろう。なお、その後義興はしばらく在京を続け、明応の政変を経て、明応二年（一四九三）後半に帰国する。この間には、供奉した諸将への感状や、寺社への巻数返事の発給などが確認される〔戦大七四八・七四九号など〕。

戻ってきた義興は、政弘の隠居にともない、明応三年後半から同四年前半にかけて家督を継承する〔戦大七八九号〕。当主としての発給文書の早い事例は、所領の宛行や安堵を通知する明応四年四月二九日付の文書群〔戦大七九一号など〕。ただし、当初は政弘の後見のもと、文書を発給していた様子もみられる〔戦大七八五号〕。

名実ともに義興が大内氏の最高権力者になったのは、明応四年九月一八日に政弘が死去した後。これを機に、義興は花押を改めるとともに〔藤井崇『大内義興』戎光祥出版、二〇一四年〕、前代と同様に袖判下文や書下形式の安堵状、宛行状、感状、官途推挙状などを発給しはじめ、大内領国の統治と、家臣との主従関係の形成・確認を推進していく。

2 足利義材下向以後の受発給文書

大内氏当主となった後、兄弟の大護院尊光の謀反や少弐・大友両氏との対立など、内外の課題に追われていた大内義興に、やがて大きな影響を与えていったのが、明応の政変後、北陸に亡命していた足利義材の存在である〔拙稿「足利義材の流浪と西国の地域権力」『戦国・織豊期の西国社会』日本史史料研究会企画部、二〇一二年〕。越前から上洛を試みて敗退した彼は、明応八年(一四九九)末に周防山口へ下向してきたのだ。義材の下向は以前からとり沙汰されていたけれど、実際にそれが実現すると、義興の政治的立場と受発給文書には大きな変化がもたらされた。

そのひとつは、義材の意向を奉じ、彼の発給文書を詳報する副状の発給がみられはじめた点。早い事例は、義材の周防下向を報じた明応九年四月一〇日付の書状〔戦大一〇七六号〕などである。こうした位置づけの文書は義材の周防滞在中に顕著にみられ、永正五年(一五〇八)に上洛した後も、断続的に確認されていく。

もうひとつは、右記のごとき発給文書が領国外にまで広がりをみせていた点だ。たとえば、上洛以前には、信濃の小笠原氏、近江の六角氏、河内の畠山氏、紀伊の湯川氏、但馬の山名氏、阿波の細川氏宛の、上洛以後には、奥州の伊達氏宛の発給文書が確認される〔戦大一一一五・一一二七号など〕。むろん、これ以前にも広域的な結びつきは生じていたが、より同時多発的な点は、この時期の特徴といえよう。

そして、これらの変化は、義材の周防下向にともない、本来は管領が担うような文書を義興が発給しはじめたことを示している。義材を輔弼する最大の支援者となったことで、一時的にせよ、義興は管領に伍するほどの政治的地位を得ていたと考えられるのである〔藤井二〇一四〕。

また、上洛後には、受給文書にも変化がみられた。山城守護就任にともない、同国内の申請・訴訟案件等に関する室町幕府奉行人の奉書を受給するようになったのだ。義興は奉行人連署状などで幕府の意向を施行し〔戦大一二九〇・一二九五号など〕、これについて直状はほとんど発給していないものの、新たな政治的立場は受給文書や家臣発給文書に反映されていた。

3 帰国以後の受発給文書

ただし、永正一五年(一五一八)八月に大内義興が帰国の途に就くと、右のようなあり様はふたたび変化する。将軍足利義材の意向を奉じた文書や、山城守護に関連する文書がみられなくなったのである。

では、帰国後から晩年にかけて、受発給文書にはどういう特徴が指摘されるのであろう。ひとつは、遣明船に関連する文書の受発給。永正一三年に将軍義材から遣明船を「永可有執沙汰」よう認められた義興は〔戦大一五三一号など〕、大永三年(一五二三)に派遣を企て、寧波の乱に端を発する日明関係の悪化を招いたが、この間に活発化していったのは、海上交通の要衝・日向飫肥に位置し、日明関係復活の鍵にもなった島津豊州家とのやり取りであった〔戦大一六六五号など、伊藤幸司「大内氏の琉球通交」『年報中世史研究』二八号、二〇〇三年〕。

もうひとつは、山陰の尼子氏との紛争に関連する発給文書の増加。上洛中に生じた芸石国衆との関係悪化と、尼子氏の安芸侵攻をきっかけに、大永二年（一五二二）にはじまり、義興が死去する享禄元年（一五二八）まで続いた紛争により、この間の発給文書に安芸・石見・備後を舞台とする軍事関係のものが数多く含まれるようになったのだ〔戦大一七六二・一九三八号など〕。すなわち、晩年の義興発給文書を特色づけたのは、台頭してきたライバル尼子氏の存在であった。

おわりに

ここまで、大内義興の受発給文書の推移と政治的地位の関係について述べてきた。従三位まで昇進した儀礼的地位との関係や、文書そのものに注目する議論などに踏み込めず、不備は否めないけれど、本巻の刊行により、そういった研究課題が解決される日はずいぶん近くなるはずである。多くの方に、広く活用されることを期待したい。

（熊本県立美術館学芸課参事）

〔付記〕
本稿は、科学研究費補助金・基盤研究（B）「中世後期守護権力の構造に関する比較史料学的研究」（一五H〇三二三九、研究代表者／川岡勉）による研究成果の一部である。

大内義興の上洛準備

中司健一

はじめに

永正五年（一五〇八）、大内義興は前将軍足利義稙〔最初は義材、このときは義尹、さらに義稙と改名。本稿では義稙で統一〕を奉じて上洛し、同十五年に帰国するまで室町幕府の中枢にあった。

従来、この長期間の上洛は、留守中に尼子氏の台頭を招いたという負の側面がしばしば指摘されていたが、同時期の尼子氏が大内氏を脅かすほどの勢力ではなかったことが近年、長谷川博史氏により明らかにされており、そうであるならば十年以上の留守中も領国やその周辺がかなり安定していたことにこそ注目すべきではないだろうか。

その背景には上洛に至るまでの義興の入念な準備があったと考えられる。義稙が将軍職を追われた明応の政変は明応二年（一四九三）のことであったが、義興が義稙を山口に招いたのは同九年、前述のとおりともに上洛したのは永正五年であり、明応の政変からは実に十五年である。この間の政治動向から、義興の上洛に向けた準備について考えてみたい。

1　反義興派の粛清・追放

義興は家督継承直後から大きな試練に直面した。それは、重臣層との対立である。具体的には、明応四年（一四九五）、大内氏の周防国守護代を務める陶氏家中で内紛が起こり、遁世していた兄武護（宗景）が当主である弟興明を殺害し、義興は武護を追討した（「晴富宿弥記」同年三月廿一日条）。このほぼ同時期に、長門国守護代である内藤弘矩父子を義興は討ち果たした（『戦国遺文大内氏編』〈以下、戦大と略記〉一一六六号）。さらに明応八年（一四九九）には義興の兄弟大護院尊光（高弘）を擁立して義興を廃そうとした杉武明らを自害させ、大護院尊光は大友氏のもとに亡命した（「大東院寺社雑事記」明応八年三月十日条・同年六月月末条）。これらの事件について、和田秀作氏は「将軍権力の分裂にも影響を受けた大内氏の政治路線をめぐる対立」と評価されているが、そのとおりであろう。

一方で、この試練を乗り越えたことで、義興は反対勢力の粛清・追放に成功し、大内氏当主たる地位を確立し、強力な領国支配を推進することができるようになったと考えられる。すなわち、応仁・文明の乱に際して東軍に大内氏家督を認められ留守中の領国で挙兵した大内教幸（道頓）・嘉々丸のような有力な家督候補者とその支持者たりうる重臣等を排除したことで、上洛中の内紛を未然に防ぐことができたと考えられ、また、重臣層の力が弱まったことにより側近層の抜擢が可能になったと考えられる。抜擢された人物としては、上洛中に山城国守護であった義興の守護代を務めた弘中武長と神代貞総が挙げられる（戦大一二七八号）。神代貞総は筑前国守護代も務めた（戦大九八九・九九〇号）。彼らは周防国を本拠とする古くからの大内氏の重臣であったが、守護代を務めるのは異例であり、義興の抜擢であったと思われる。

2　国衆統制の強化

次に領国周辺の大名や国衆との関係、特に後者について見ておきたい。

まず、領国周辺の大名との関係を簡単に整理する。義興は、明応五年（一四九六）から文亀元年（一五〇一）にかけて北部九州で軍事行動を展開し、明応六年には少弐政資を自害させ（戦大九六三号）、文亀元年には義稙と対立する足利義澄（このときは義高）により「治罰」の対象となるが（戦大一一一六号など）、豊前国で大友氏・少弐氏に勝利した（戦大一一二八号など）。少弐氏・大友氏は上洛中の大内氏を脅かしうる存在であり、両勢力に対する戦略的優位を確保することで上洛中の後顧の憂いを取り除いたと言える。

次に領国周辺の国衆との関係を見ていきたい。結論を先に記せば、義興は、足利義稙の権威を利用し、国衆への統制を強めたと考えられる。これを石見国の有力国人益田氏との関係から考察したい。

明応二年、陶興明、陶弘詮、杉武道、杉武明、弘中武長といった大内氏の重臣らが益田宗兼と協力関係を確認した（戦大七五二～七五四号など）。明応の政変後の動揺の中で、益田氏の大内氏への協力を維持しようとする義興の意向を受けたものと見られる。

先述の同四年の内藤弘矩の粛清に際しては益田宗兼も動員された（戦大一一六六号）。

この頃、石見国では益田氏と並ぶ有力な国衆・三隅氏の家中で、当主（貞信か）が家臣に背かれ、三隅を離れるという事態が起こっていた。この事件は、益田氏、福屋氏、小笠原氏といった周辺の石見国衆の介入により、当主が三隅に復帰して解決した。その際、三隅氏は益田氏らに対して、係争地の領有を認めることとなった。このような石見国の情勢に義興は介入した。義興はそのような三隅氏と益田氏との契約を承認し、その関係を維持するよう働きかけた(戦大九三七号、『益田家文書』六六二号)。同九年、三隅氏と益田氏の関係が再び悪化すると、先の契約の内容どおり和睦するよう再度働きかけた(戦大一〇九五号)。かつて、応仁・文明の乱中、周防国東部の玖珂で政弘方の陶弘護に大敗した後の大内教幸(道頓)方を支えたのが吉見氏、三隅氏、周布氏、小笠原氏といった石見国衆らであり、一方で政弘・陶弘護方を支えたのが益田氏であった(戦大一五三号)。これは、応仁・文明の乱以前からの石見国衆間の対立構造が将軍権力・大内氏当主それぞれの分裂に結びついたものと考えられる。したがって、義興は石見国衆間の対立構造自体を解消することで領国周辺の安定を図ったと考えられる。

文亀二年(一五〇二)頃、義興はその一年前に益田宗兼の出陣が遅れたことについて問いただし、宗兼は実に七〇年前にさかのぼって代々の益田氏が大内氏にどのように貢献してきたかを書き記して弁明した(戦大一一六六・一一六七号)。本来は大内氏と益田氏の間に主従関係はなく、また義興は石見国守護ではないため統治権的支配も及んでいなかった。もちろん大内氏の影響力は隣国石見国に及んでおり、このとき以前から益田氏が大内氏に従わざるを得ない側面はあった。しかし、このような強圧的な態度は過去に見られないものであり、足利義稙の復権を大義名分とした国衆に対する統制強化と考えられる。

おわりに

このようにして内憂と外患を未然に防ぐ手立てを尽くし、永正五年(一五〇八)に義興は上洛した。義興にとって教訓となっていたのは、父政弘の応仁・文明の乱に伴う上洛であったのだろう。大内教幸(道頓)方の挙兵による留守中の領国の混乱、その轍を踏まないため、義興は入念な上洛準備を行ったと考えられる。

(益田市教育委員会文化財課　歴史文化研究センター)

〈定価は本体＋税となります〉

戦国遺文 後北条氏編　第二・三・六巻　杉山・下山編　A5判　平均三〇〇頁　②③本体九五一五円　⑥一四五六三円

戦国遺文 後北条氏編　第一・四・五巻〈オンデマンド版〉　杉山・下山編　A5判平均三〇〇頁　本体各一五〇〇〇円

戦国遺文 後北条氏編　補遺編　下山治久編　A5判　二一四頁　本体一五〇〇〇円

小田原衆所領役帳 戦国遺文後北条氏編　別巻　佐脇栄智校注　A5判二八八頁　本体九五〇〇円

戦国遺文 古河公方編　全一巻　佐藤博信編　A5判　四三八頁　本体一八〇〇〇円

戦国遺文 房総編　第一～四巻　補遺　黒田・佐藤・滝川・盛本編　A5判平均三二〇頁　本体各一七〇〇〇円

戦国遺文 今川氏編　全五巻　久保田・大石・糟谷・遠藤編　A5判平均三五二頁　本体各一七〇〇〇円

戦国遺文 佐々木六角氏編　全一巻〈オンデマンド版〉　村井祐樹編　A5判　四三〇頁　本体一八〇〇〇円

戦国遺文 三好氏編　全三巻　天野忠幸編　A5判平均三〇八頁　本体各一七〇〇〇円

戦国遺文 瀬戸内水軍編　全一巻　土居・村井・山内編　A5判　四八二頁　本体一九〇〇〇円

東京堂出版

〒101-0051　東京都千代田区神田神保町1—17　電話03-3233-3741

大内義興感状（浦家文書　個人蔵／山口県文書館寄託）　本文148頁（1392号文書）

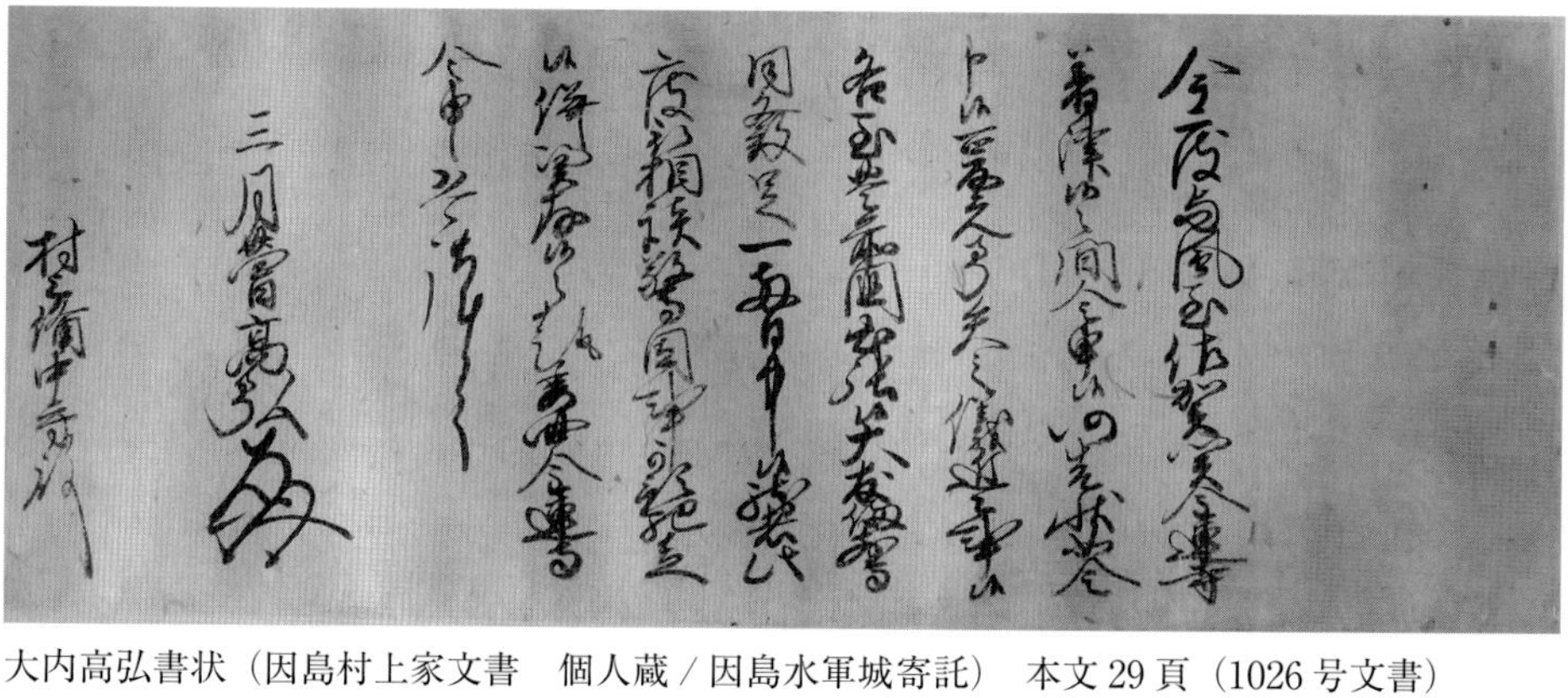

大内高弘書状（因島村上家文書　個人蔵／因島水軍城寄託）　本文29頁（1026号文書）

序

『戦国遺文　大内氏編』第二巻に当たる本巻には、明応六年（一四九七）から大永七年（一五二七）までの三〇年間の史料を収録する。

明応三年（一四九四）秋に病気の父・政弘から家督を譲られた大内義興は、「両屋形」と呼ばれた時期を経て、明応四年（一四九五）父の死により名実ともに大内家の主となった。その間、筆頭家臣である陶家で内紛が起こると、義興は、弟を殺害して逃亡した陶宗景（武護）を追討した。さらにそれに関与した長門守護代家の内藤弘矩父子を粛清して、初政における危機を乗り切った。

翌明応五年（一四九六）には、婚姻関係を結んでいた豊後の大友氏との関係が悪化し、筑前では少弐氏が挙兵したため、義興は自ら出陣することとなった。義興は明応六年（一四九七）四月以前に帰国したものの、筑前・肥前において少弐氏との戦闘は続き、さらに大友氏とも豊前・豊後を戦場に本格的に戦火を交えた。こうした状況下の明応八年（一四九九）二月、義興の異母兄弟で周防国衙目代を務めていた大護院尊光を還俗させて大内氏当主に擁立しようとする動きが表面化した。その中心人物であった有力家臣の杉武明は自害するが、尊光は豊後の大友氏のもとに逃れ、大内太郎高弘としてこの後義興に対抗することとなる。

この一連の動きの背景にあったのが、明応の政変により分裂した将軍権力への対応である。各大名家にとって、現役将軍の義澄（義遐《よしとお》・義高）と前将軍義稙（義材《よしき》・義尹《よしただ》）のどちらを支持するかは大きな問題であり、その対応をめぐって家中は必ずしも一枚岩というわけではなかった。こうした路線の対立は大内家内部にも存在し、親義稙の立場をとった義興に対して不安や不満のある家臣たちも存在したのである。

義興は明応八年末に足利義稙を周防に迎え入れ、大内氏は政弘の時の応仁・文明の乱に続き、現役の将軍を再び敵に回すこととなった。義興は義稙を亡命将軍として厚遇し、義稙が発給する御内書の副状を出した。こうした義興の行動に対し、幕府は朝廷にはたらきかけ、文亀元年（一五〇一）に義興の討伐を命じる治罰の綸旨が出されるにいたる。ついに朝敵ともなった義興だが、同年七月の豊前馬岳合戦以降は大友氏との大規模な戦闘は控え、分国内に臨時段銭を賦課して費用を捻出するなど、義稙上洛の準備を進めていく。そして、義澄方の中心勢力である細川政元の死と後継者をめぐる混乱に乗じ、永正四年（一五〇七）末に海路上洛の途に就いた。

足利義稙を奉じた義興は、永正五年（一五〇八）六月に入京を果たし、義稙を将軍に復帰させる。自らは山城守護となり、細川京兆家の主となった細川高国と共に義稙政権の中心人物として重きをなした。永正八年（一五一一）には義澄方の攻勢により義稙を奉じて一時的に丹波に逃れるも、すぐに反撃に転じ洛北の船岡山の合戦に勝利をおさめた。その功績により、義興は従三位に上階して公卿成りを果たし、圧倒的な軍事力とそれを支える経済力を背景に政権内における地位を固めた。

その後、永正十三年（一五一六）には、対明貿易に関する特別な地位を幕府に認めさせ、永正十四年（一五一七）には大内氏としては南北朝期以来となる石見守護職を得るなど成果をあげた。しかし、次第に義稙や高国と不和となり、国元の情勢に不安を覚えたこともあり帰国を決意、同年離京して堺で越年した後、翌永正十五年（一五一八）一一年ぶりに本拠の山口に戻った。帰国後にすぐさま伊勢神宮の勧請＝高峰大神宮の造営に着手して、それを契機に山口の都市開発を進めるとともに、撰銭売買の禁令を発布するなどの経済政策も実施し、分国支配の強化に努めた。

一方、隣国安芸において出雲尼子氏の支援も得た分郡守護家の武田氏ら反大内氏勢力が次第に勢力を伸ばしつつあった。そこで義興は、永正末年から大内氏方の国人に命じて彼らを攻撃させていたが、大永二年（一五二二）には重臣陶興房を中心とする軍勢を安芸に派遣した。しかし、大永三年（一五二三）に大内氏の安芸支配の拠点であった西条鏡山城が尼子氏によって落城するに及び、失地回復のために大友氏の軍勢にも動員をかけ、大永四年（一五二四）嫡子義隆を伴い義興自ら安芸に出陣した。義興は当初厳島の勝山城、ついで対岸の門山城に本陣をおき、安芸計略の陣頭指揮をとった。大内勢は大永七年（一五二七）には備後にまで戦線を広げるが、大永八年（一五二八）に義興が病を得て帰国することとなる。

なお義興は、対明貿易をめぐっては帰国後に細川氏と対立を深め、薩摩島津氏に働きかけて細川氏を牽制していたが、ついに大永三年に寧波で武力衝突を起こし、実力で細川氏を排除することに成功した（寧波の乱）。これ以降対明貿易は大内氏が独占することとなる。

以上が本巻収録史料をめぐる政治情勢である。本書第一巻でも述べたが、大内氏の関係史料の所在は広範囲にわたっており、史料の網羅的な収集はもとより難しい。さらに、編者の力量もあり、読みや年代比定の誤り等も多々あると思われる。そういった限界は否めないものの、本巻が大内氏研究の発展に寄与することを願って擱筆したい。

二〇一七年七月吉日

和田秀作

目次

戦国遺文　大内氏編＊第二巻

凡　例

一、本書は『戦国遺文―大内氏編』第二巻として、明応六年（一四九七）から大永七年（一五二七）までの大内氏関係文書・銘文一〇四二通を収録した。

一、原則として、大内氏当主、一族、家臣（陪臣を含む）の発給・受給文書を採録した。ただし、これ以外でも、内容が大内氏に関係して重要だと編者が判断したものは厳選の上採録した。本書における大内氏の当主・一族を系図で示すと以下の通りである。

政弘―┬―義興――義隆
　　　└―高弘

一、家臣の文書で、家臣が大内氏麾下にない時期のものと判断した場合は、採録しなかった。

一、文書の配列は編年によった。無年号文書のうち、年代比定が可能なものはその年に収めた。

一、様式や内容に検討が必要と判断したものには、文書名の下に△を付した。また明らかな偽文書および大内氏関係文書と断定し得なかったものは採録しなかった。

一、文書には正文・案・写の区別を示した。その際、写真帳・影写本等で原本と確認できるものは正文として扱った。また各種の編著書から採録したものについては、正文・案文・写の区別はその編著者の判断に従った。

一、正文と思われるものについては、その形態を（竪紙）以外のものを（折紙）（切紙）（小切紙）で示した。なお、現状は（切紙）であっても原形態が（折紙）と推測しうるものは（折紙）とした。

一、各文書の署判は、正文の場合は（花押）、写は（花押影）、刊本より採ったもので、花押の記載のあったものは花押とした。印判の場合は、その形状を示して、印文ほかの必要事項を（　）で傍注した。

一、出典については、〇〇家文書としたが、原本・写真・影写・謄写を検ずるを得なかったもので、刊本より孫引きしたものは、文書名の下に刊本名を『　』で示した。

一、記録類より引用したものは、その記録名を示した。なお、「大内氏掟書」関連史料は『中世法制史料集　第三巻』（岩波書店、一九六五年）に、「続善隣国宝記」は田中健夫編『善隣国宝記・新訂続善隣国宝記』（集英社、一九九五年）にそれぞれ拠った。

一、原文は常用漢字を基本とし、それに読点・並列点を加えた。表外漢字や変体仮名などは、一部を除き正字や平仮名に改めた。

一、人名注・地名注は（　）で示し、地名注は旧国名＋旧郡名を付した。ただし、京都洛中洛外や大坂、堺、山口などには付さなかった。

一、原文の欠損などは、前欠は「　、後欠は　」と表記し、本文中の欠損は字数を□で示し、字数が不明な場合は□や「　」で示した。また、見せ消しは文字の左側にミを加え、右側に書き改めた文字を加えた。さらに、墨消しは▨で表記した。

一、文書の欠落・誤字などは、推定可能なものは〔　〕で傍注し、もとのままを示す場合は（ママ）とした。その他編者が加えた文字や文章には、その頭に○を付して、本文と区別した。

一、各文書の本文は送り組みとし、年月日・差出人・宛名の位置関係についてはある程度統一した。

一、案・写などに記された注で省略したものもある。

戦国遺文

大内氏編
第二巻

明応六年（西紀一四九七）

○九四五　大内義興書状　○松浦家文書

（肥前国松浦郡）下松浦事、承之通得其心候、故入道書状之旨、不可有相違候、恐々謹言、

（明応六年）正月十一日　義興（花押）

松浦肥前守殿（弘定）

○九四六　大内義興寄進状写　○青柳種信関係資料

奉寄進

（豊前国田河郡）香春大菩薩御宝前

御剣壱腰　御馬壱疋

右所奉寄進之状如件、

明応六年丁巳三月十四日

周防権介多多良朝臣義興敬〔白〕
判在裏

○九四七　大内義興書状写△　○毛利家文庫遠用物

去十三日於（筑前国那珂郡）博多聖福寺門前合戦之時、一族郎徒分捕之次第、杉次郎左衛門尉弘相注進、仍頸十五之注文加一見、誠以毎時御馳走怡覚候、猶（杉）弘相可申之、恐々謹言、

明応六
三月十五日　義興ノ在判

天野中務太輔殿（元連）

○九四八　大内義興感状（小切紙）　○三浦家文書

去十五日於（筑前国御笠郡）筑紫村拌城山合戦之時、郎徒太刀討分捕之次第注進一見了、仍所討捕之頸到来、尤神妙、弥可抽勲功之状如件、

明応六年三月廿日　（大内義興）（花押）

仁保左近将監殿（護郷）

○九四九　大内義興書状（小切紙）　○右田毛利家文書

去十五日於筑紫村(筑前国御笠郡)𫝆城山合戦之時、当手衆太刀討分捕人数注文令一見候、仍被討捕頸二到来、各粉骨之次第、被加褒美候者可為祝着候、恐々謹言、

(明応六年)三月廿日　　義興（花押）

天野六郎殿(興次)

○九五〇　大内義興書状（小切紙）　○早稲田大学所蔵文書

(モト封紙ウハ書)「天野式部大輔殿　　義興」

(端裏切符)「(墨引)」

去十五日於筑紫村(筑前国御笠郡)𫝆城山合戦之時、家人衆粉骨尤神妙候、猶々感悦之至候、恐々謹言、

(明応六年)三月廿日　　義興（花押）

野間彦大郎(ママ)殿

○モト封紙ウハ書は別文書のものである。

○九五一　大内義興書状（小切紙）　○益田家文書　四(三〇七)

(モト封紙ウハ書カ)「益田孫次郎(宗兼)殿　　義興」

(端裏切封)「(墨引)」

去十五日於筑紫村(筑前国御笠郡)𫝆城山合戦之時、御手人々数多太刀討分捕被疵人数注文令一見候了、仍被討捕候頸九到来候、各粉骨之次第、御褒美候者可為祝着□(候)、恐々謹言、

(明応六年)三月廿□(日)　　義興（花押）

○九五二　或引物折紙書様之事等奥書写　○相良武任書札巻

先草案に仕て候へ共、梅公御意候程に、此まゝ進上候、御用立候へきほとの事ニて候ハす候間、是ハ不及清書候、

明応六年三月廿五日　　相良遠江入道 正任　判

自是別書也、　　夏迄

○九五三　大内義興感状（小切紙）　○浦家文書

去廿三日肥前国朝日城（養父郡）攻落之時、郎徒被疵之由、杉平左衛
門尉武明注進一見了、尤神妙、弥可抽忠節之状如件、
明応六年三月廿七日　（大内義興）（花押）
乃美備前守殿（家氏）
（封紙ウハ書）「乃美備前守殿　義興」

○九五四　大内義興感状写　○河津伝記

去廿三日肥前国朝日城（養父郡）攻落之時、郎徒被矢疵之由、神代紀（貞
総）伊守注進一見了、尤神妙、弥可抽忠節之状如件、
明応六年三月廿七日　義興御判斗
河津与三殿（光種）

○九五五　大内義興寄進状　○志賀海神社文書

奉寄進
志賀宮御宝前（筑前国那珂郡）
御剣壱腰
御馬壱疋
右、所奉寄進之状如件、
明応六年丁巳三月廿八日
周防権介多多良朝臣義興敬白（裏花押）

○九五六　大内義興書状　○益田家文書

（モト封紙ウハ書カ）「益田孫次郎殿　義興」
最前御渡海以来所々御進発、殊筑紫村（筑前国御笠郡）・同城山幷朝日城等（肥前国養父郡）
之敵追討之儀、毎度御手人々粉骨之次第、不及言語候、一
段追而可申候、仍少弐政資已下於小城（肥前国小城郡）落集候之間、差遣諸
勢候、雖重畳之儀候、於彼堺御発向候者可為祝着候、併猶
期面賀候、恐々謹言、
卯月三日（明応六年）　義興（花押）
益田孫次郎殿（宗兼）

○九五七　大内氏家臣連署禁制　○河上神社文書

禁制　川上山（肥前国佐賀郡）

右当手軍勢甲乙人等、濫妨狼藉、堅固令停止畢、若有違犯
輩者、可処厳科者也、仍如件、

明応六年卯月十日

左衛門尉（杉武明）（花押）
紀伊守（神代貞総）（花押）
大炊助（飯田弘秀）（花押）
左衛門尉（杉弘相）（花押）
散位（杉重清）（花押）
兵庫頭（陶弘詮）（花押）
大蔵大輔（問田弘胤）（花押）
多々良（陶興房）（花押）

○九五八　神代武総禁制　○大悲王院文書

□制札

一□（濫妨狼藉カ）可停止事、
一社頭堂塔并民屋以下不可焼事、
一為構具足竹木并馬のはミ物として作物以下事者、不及云
制止之事、

右条々能々可被存其旨也、若背成敗ものあらハ、狼藉
人を留置可注進之、堅可有罪科之由申定畢、

明応六卯月十三日　武総（花押）

雷山

○九五九　大内義興書状（小切紙）　○右田毛利家文書

去十四日於肥前国小城（小城郡）之城詰口合戦之時、御手衆内一人鑓
疵一ヶ所、被矢疵三ヶ所候、注文一見候了、粉骨之至、被
加褒美候者可為祝着候、恐々謹言、

（明応六年）四月十九日　義興（花押）

天野六郎（興次）殿

○九六〇　五社御参詣之次第写　○防長風土注進案仁壁神社

五社御参詣之次第

一十六日丑刻於大前一宮（周防国佐波郡）、為御先達当社供僧内宝地院御前
ニ御参候、同光清参進之、彼御先達事者非相定之儀候、
当時社家之儀存知之御方にて候故ニ此分候由、其比御物

語候、今度供僧内ニ左様之先達相続候者無申事候得共、若無其分候者、如先例御前ニ参進候て御社参之次第能々覚悟肝要ニ候、当社御参詣之次第事、御宿行泉坊より浜殿御前に至て御歩行候て則馬場左右の末社二宮仁天御拝立地、御社壇に向て馬場末より御宝前に至て御参詣、本社左の脇より後門右脇に至て後、先末社数ケ所御巡拝あり、右脇より本社正面に至る、正面より本社拝殿江御参詣、則御宝殿御戸垂錦御帳を開、御戸左脇にをいて、臘燭を挑、於拝殿立卓香炉、畳以下在之、御焼香御拝已後、御宝殿より大宮司菅原相実立烏帽子浄衣着之御幣を持下、問田十郎殿ニ渡申、十郎殿御前江御持参之御頂戴なり、

一御神馬栗毛一疋まいる、御神楽在之、料物百疋御寄進也、

一御宝殿より如是御下向候て、浜殿御前にをいて御輿ニ被召之、則得地(周防国佐波郡)二宮ニ御参詣、

一巳刻至得地御着到〔則イ〕、二宮ニ御社参之、御神馬青毛御神楽同前也、

一午刻仁保庄(周防国吉敷郡)ニ御着御一献在之、

一申刻至宮野庄(周防国吉敷郡)御着、則三宮へ御参詣、御神馬青毛御神楽同前也、

一同刻至吉敷庄(周防国吉敷郡)御着也、則赤田宮へ御参詣、御神馬御神楽同前也、

一酉刻吉敷庄を御立、則浅田(周防国吉敷郡)御着御参詣、御神馬御神楽之次第同前云々、右酒肴悉於庭上之諸人従僕等ニ被下訖、殊ニ御社参拝見之群集給畢、今日路次行程及十七八里、各辛労御憐察之故也、上和下睦之砌万民之快楽可謂此節者乎、

今八幡大宮司光清御久米持参、御披露御祝着候、殊少弐政資一類悉御対治候注進之到来之砌、御頂戴候之間、一段神慮感応此事候由被思食御快然之通、能々可被加与〔賀〕之由被　仰出候、恐々謹言、

明応六卯月十九日

正任(相良)

武長(弘中)

伴田仲(弘與)右衛門尉殿

○九六一　大内義興感状（小切紙）　○三浦家文書

（封紙ウハ書）
「仁保左近将監殿　　義興」

去十八日暁寅剋太宰少弐政資以下、自肥前国小城（小城郡）之城没落之時、於詰口敵一人討捕頸到来、尤神妙、弥可被抽勲功之状如件、

明応六年四月廿一日　　（大内義興）（花押）

仁保左近将監殿（護郷）

○九六二　大内義興袖判飯田弘秀奉書写　○御油座文書写

（大内義興）（花押影）

依為筥崎神人、御油役諸公事以下被免許畢、仍状如件、

明応六
四月廿九日　　弘秀　奉

博多
奥堂左衛門大夫

○九六三　杉物梧重道書状　○益田家文書

（端裏切封）
「（墨引）」

両国（筑前国・肥前国）悉御対治事、一向各依御下向早束（速）事成行候、天下外聞御高名共不可有此上候、依御馳走、芸石之御方々多分御進発候て、屋形（大内義興）達本意候、雖不始子細候、御高恩之至候、若者事候之間万無沙汰察存候、連々可申驚候、御帰国事就御音問令存知候、罷成御報慮外之至候、何ヶ度申入候ても、今度之御意之通共残多候、代々筑前事加対治候、幷少弐方（政資）討取様候へ共、かやうに一度に四五人まで不廻時日如心中仕成候事、前代未聞候、乍惶御祝着奉察候、取分当年者雨しけく候て、一入御辛労とこそ此方にて申居て候へ、罷成八十事と申、当病と申、旁以今度御一所不参候、不運此事候、何様自是猶可申入候、御取乱中態御札其恐不少候、各依御奔走今度者殊外猛勢之由、都鄙之沙汰に候由申候、当家為末代肝要存候、暮々いかにはやく候とも、如前々二三年にこそ御隙明へしと存候之処、半年之内被加退治候、いかめしき風聞に候、猶々御下向にも最前蒙仰候、今又罷成

御返事候、且者慮外其惶之至候、期後喜候、可得御意候、
恐々謹言、
(明応六年カ)五月廿二日　　物梧（花押）
益田(宗兼)殿
御返報
進覧之候
「(モト封紙ウハ書カ)
杉美作入道
益田殿　　物梧
御返報
進覧之候　」

○九六四　陶興房書状（切紙）　○益田家文書

「(モト封紙ウハ書カ)
　陶
益田殿　御宿所　興房」
「(端裏切封)（墨引）」

今度於筑前城山(御笠郡カ)并肥前朝日城(養父郡)所々、御内方々御馳走之儀、具致披露候、権介(大内義興)以書状被賀申候、御在陣中可令随身候之処、延引非無沙汰候、誠依御奔走被達本意、旁満足候、千秋万歳候、為御一所申談候、祝着此事候、必自是重而可申入候、恐々謹言、
(明応六年)六月廿日　　興房（花押）
益田(宗兼)殿
御宿所

○九六五　大内義興袖判下文　○江口家文書

(大内義興)（花押）
下　河津掃部允弘業
可令早領知筑前国三笠郡内野村参町地麻生弾正忠跡事
右地事、文明十年十月十三日穂波郡大豆塚五町地　法泉寺(大内政弘)殿給御下文之処、則令相違之間、為代所宛行者也者、早守先例可全領知之状如件、爰去年十一月下旬以来国中令錯乱之処、弘業事者於西郷(宗像郡)励勲功、子息与三光種(河津)・同弟六郎事者、於高鳥居(糟屋郡)遂在城之次第、尤神妙、追而可抽賞也、故以下、
明応六年六月廿一日

○九六六　大内義興袖判下文写　○萩藩閥閲録来原与三右衛門

大内義興ノ判

来原治部丞盛釼

下

可令早領知筑前国三笠郡西小田五町地坂井右馬允跡事

右地事、為去年十一月以来勲功之賞、所充行也者、早守先例可全領知之状如件、

明応六年六月廿一日

○九六七　大内義興官途吹挙状　○井原家文書

左衛門尉所望事、可挙申京都之状如件、

明応六年六月廿一日　（大内義興）（花押）

井原弥二郎（道頼）殿

○九六八　大内義興官途吹挙状　○王丸家文書

中務丞所望事、就今度高祖（筑前国怡土郡）在城勲功、可挙申京都之状如件、

明応六年六月廿一日　（大内義興）（花押）

「王丸九郎次郎殿」

○宛所は写により補った。

○九六九　大内氏家臣連署奉書　○王丸家文書

去年十一月下旬以来国中令錯乱、自十二月廿二日至去三月十六日太宰少弐政資已下凶徒等取巻高祖（筑前国怡土郡）城、日夜戦禦無間断之処、遂在城、両度被矢疵諸篇奔走之次第、鳥田肥後入道通宗注進到来、尤神妙、御感非一之由被仰出畢、逐而以便宜地可被抽賞也、仍被成任官　御吹挙之由、依仰執達如件、

明応六年六月廿一日

兵部丞（弘中武長）（花押）

沙弥（相良正任）（花押）

左衛門尉（杉武明）（花押）

王丸中務丞（種）殿

○九七〇　大内義興袖判下文写　○群書抄録伊藤家『大宰府・太宰府天満宮史料』

（大内義興）袖判

下　平塚四郎伊恒

可令早領知筑前国御笠郡般若寺弐町五段土師孫次郎跡・同郡田中方壱町五段地同人跡事

右地ノ（ママ）事、為岩屋城（筑前国御笠郡）料所充行者也、早守先例可全領知状（之脱カ）如件、

明応六年六月廿七日

○九七一　永安知行分注文案　○益田家文書

永安知行分注文

一所　永安上下（石見国那賀郡）

一々　とちき五十（石見国那賀郡）

一々　すつ（石見国美濃郡）

一々　おかみ（石見国那賀郡）

一々　かわち（石見国那賀郡カ）

一々　おかさき（石見国那賀郡）

一々　遠田（石見国美濃郡）

已上

右此前知行在所候、　御判前

「（異筆）明応六」

六月　日

（裏書）「（押紙）大内殿様内杉小次郎（興宣）殿うらはん（裏花押）」

○九七二　大内義興書状　○益田家文書

旧冬筑前国就忩劇、令進発候之処、去正月以来御出陣、殊於筑前・肥前両国中依被摧手候、太（大）宰少弐政資以下之凶徒不日遂対治候、誠祝着候、此等之趣開陣已後早々可申候之処、菟角遅々慮外候、仍太刀一腰宗吉進之候、委細猶尾和佐渡守（武親）可申候、恐々謹言、

（明応六年）七月廿六日　義興（花押）

益田孫次郎（宗兼）殿

○九七三　大内義興書状写　○萩藩閥閲録周布吉兵衛

旧冬筑前国就忩劇、令進発候之処、去正月以来有出陣、於

筑前・肥前両国中依被摧手候、少弐政資以下之凶徒不日遂
対治候、誠祝着候、此等之趣開陣已後早々可申候之処、兎
角遅々慮外候、仍太刀一腰則宗進之候、委細猶尾和(武親)佐渡守
可申候、恐々謹言、
(明応六年)七月廿六日　義興　判
周布左近将監(元兼)殿

○九七四　大内氏家臣連署奉書写　○萩藩譜録南方九左衛門親政

就当病御一跡事、以姉君嫁夫之人躰(問田興方)可有相続之旨、御申之
次第令披露候、御心得之由被仰出候、尤目出候、恐々謹言、
明応六
八月廿日　(杉)弘隆　判
(杉)武明　判
野田鍋王殿

○九七五　陶興房書状　○益田家文書

御札令拝見候畢、抑長野庄(石見国美濃郡)内上黒谷事被任御進退候、千秋
万歳、御太慶候、迄我等本望祝着仕候、殊御太刀一腰宗吉
拝領、畏入候、御祝儀候之条、自是も御太刀一振長光令進
之候、何様重畳可申入候、恐々謹言、
(明応六年)八月廿四日　興房(花押)
(宗兼)益田殿
御返報

○九七六　大内義興安堵状写　○防長風土注進案崇禅寺

周防国熊毛郡波野郷崇禅寺事、任去文明十二年八月廿五日
法泉寺殿(大内政弘)裁許之旨、寺務不可有相違之状如件、
明応六年八月廿七日　権介多々良朝臣(大内義興)(花押影)
当寺住持

○九七七　杉武道副状　○益田家文書

当国長野庄(石見国美濃郡)内上黒谷御知行之段、御札・御太刀一腰・鳥目
千疋致披露候、祝着之由、以直書札、太刀一振・絹五疋被
進之候、目出候、委曲吉田上野守(重兼)方可被申候、恐々謹言、

(明応六年)九月二日　　武道（花押）

(宗兼)益田殿参
　御返報

○九七八　杉武道書状　○益田家文書

(石美国美濃郡)上黒谷御知行千秋万歳候、仍為此祝儀、御札已下遂披露候、直以書状委細被申之次第、別紙令啓候、就其御太刀一腰・鳥目参百疋拝領仕候、誠以珍重候、乍去如此之御意、併相似御隔心候、祝着迷惑相半候、故太刀一腰・織筋壱両紅粉不入・茶垸皿二拾付染令進献候、唯表祝儀嘉祥計候、猶万幸奉期後喜之時候、可得御意候、恐々謹言、

(明応六年)九月二日　　武道（花押）

(宗兼)益田殿
　御返報
　　進覧之候

(第二紙切封)「(墨引)」

○九七九　大内義興書状　○益田家文書

(石見国美濃郡)当国上黒谷事、先年以茆庵(山名政清)被申談候之旨、当時御知行之由承候、目出候、仍太刀一腰・鳥目千疋送給候、祝着候、故太刀一振・絹五疋進之候、尤表祝儀計候、猶杉(武道)勘解由左衛門尉可申候、恐々謹言、

(明応六年)九月三日　　義興（花押）

(宗兼)益田孫次郎殿

○九八〇　大内家過去帳　○高野山成慶院文書

為前三位左京太夫防長芸石豊筑太守
朝臣大内介政弘公大菩提也、施主孝子義興公

日石　法泉寺殿直翁真正居士　明応四年乙卯九月十八日他界　神儀

御使者陶式部太輔殿

于時明応六年九月十八日

○九八一　大内義興書状写　○萩藩閥閲録志道太郎右衛門

就今度少弐政資以下対治、着陣尤喜悦候、仍太刀一腰持進之候、猶安富修理亮(行秀)可申候、恐々謹言、

(明応六年カ)九月廿日　義興　判

(志道元良)毛利大蔵少輔殿

○九八二　大内氏家臣連署奉書　○長岡家文書

筑前国中自去年十一月至去四月就令錯乱、遂在陣、其則(刻)任上意、同五月十三日已来城督遠田治部丞(兼相)相共於岩門(筑前国那珂郡)被在城之条、神妙御感之由、一段所被仰出也、弥可被抽忠節之由、依仰執達如件、

明応六年九月廿三日　(岡部武景)民部丞（花押）

(杉弘隆)丘庫助（花押）

(盛実)長岡助八殿

○九八三　杉武道書状　○益田家文書

(石見国美濃郡)上黒谷之儀、重畳御懇承仰候、為恐千万之候、連々更不存疎略候、順(純)熟候、於身本望候、巨細此等之趣、報恩寺申候間省略仕候、可得御意候、恐々謹言、

(明応六年)九月廿七日　武道（花押）

(宗兼)益田殿

御報

進覧之候

○九八四　大内氏法度条々写　○大内氏掟書

(周防国佐波郡宮市)十月会町御法度事、

禁制

一おしかひらうせき(押買狼藉)の事、

一くはうかひ(公方買)とかう(号)して、代をやすくかひ、又ハたれ共しらぬもの、ふた(札)をいたしをく事、たとひ見しりたるものなりとも、くはうかひとかうするものあらハ、御せ(成)いは(敗)いあるへき也、

一あくせん(悪銭)にて物をかふ事、

但、さかいせに(堺銭)・こうふ(洪武)なわきり・うちひらめ(打平)、このミ(三)の事也、

いろ(色)ハ、りせん(利銭)はい〳〵(売買)にえらふ(撰)へき也、かくのことくとて、又ゑいらく(永楽)・せんとく(宣徳)はかりにて、ものをかふへからさるよし、文明十七年の御定法也、このむねをまもるへし、

右、このまちのうりかひ(売買)のあらハ、御せいはいあるへし、うりぬしの身として、申へきかた(方)なくハ、このれんはん(連判)の中に、いつれのかたにても、事のしさい(子細)を申へし、たゝし又、かやうのせいさつ(制札)について、もしハうりぬしいはれぬ事を申たきまゝに申ともから(輩)あらハ、それハ又その人躰をめしいたし、御きうめい(糾明)あつて、むり一ちやう(定)ならハ、その人躰を御さいくわ(罪科)あるへき也、仍下知如件、

これハ、去年のおくかき(壁カ)の内、よミよきやうに少なをして、明応六十ノ七弘照(杉)まて進上仕たる也、

○九八五　問田弘胤禁制　〇南明寺文書

禁制　南明寺山

右竹木採用事、従前々堅固被加制止之処、背此掟地下仁等自然之儀甚不可然之、自今以後於背此旨輩者、差交名可有注進之、依其左右可行科罪者也、仍制札如件、

明応六年十月十一日　(問田弘胤)(花押)

○九八六　大内義興書契写　〇続善隣国宝記

日本国大内防長豊筑肆州大(太)守多多良(義興)朝臣、奉書
朝鮮国礼曹参判足下、
緬想
動止嘉勝為慰、若曰我系出
貴国、技芸百工、靡非
貴国余流、左右相資、其来已久、唯闕臂鷹之壮士、冀発縦
指示者壱人見
遺(遣)、翎之爪之、習学飲啄、而回還、惟
貴国仁庇重籍下国之壱端也、不腆方物、聊表微忱、朱漆椀
壱具、朱漆方盤大小肆拾片、摺扇参拾柄、切希
領納、惟求、余冀
順序保嗇、不宣、

明応陸年拾月
　大内多多良朝臣（義興）——
右二篇疏語、牧松和尚（以参周省）製之也、

○九八七　大内義興書契写　○続善隣国宝記

日本国大内防長豊筑肆州大（太）守多多良　義興、奉書
朝鮮国礼曹参判足下、
宓聞
殿下開国以来、治成制定、故聞風瞻望、以通往来者、無虚歳也、今遣通信使太白西堂・正麟首座等、謹啓、僕治内豊之前州崇聖禅寺、国初禅窟、草創稔久、而頽敗日随、雖有修補之志、綿力不覃、故求旧復之成功於
貴国、賑済吾邦者、莫如銅銭・綿布等、無悋璧之意、再起正法於榑桑之西枝、是亦
貴国之盛化、遠被遐邦之壱端也、
上祝
聖寿万歳、次祈
社稷千秋、仰荷
鴻庥、謹
献不映（腆）之上座（土産）、具備別幅、逓
徹頫乞
昭亮、余冀
循時珍嗇、不宣、
　明応陸年十一月参日
　　大内多多良義興

○九八八　大内義興袖判下文　○杉隆泰家文書

（大内義興）
（花押）
下　　杉木工助弘依
可令早領知筑前国糟屋郡須恵村内弐拾町地（鷲頭治部少輔武豊先知行分）事
右以人所充行也者、早守先例可全領知之状如件、
　明応六年十一月十五日

○九八九　大内氏家臣連署奉書　○杉隆泰家文書

筑前国糟屋郡須恵村内弐拾町地鷲頭治部少輔武豊先知行分事、任今日
明應六十一十五御下文之旨、云下地云当土貢、可被打渡彼地於杉
木工助弘依代由所被仰出也、仍執達如件、

明応六年十一月十五日　沙(相良正任)弥（花押）
左丘衛尉（花押）
兵部(弘中武長)丞（花押）
左(杉武明)衛門尉（花押）

神代紀伊守(貞総)殿

○九九〇　神代貞総遵行状　○杉隆泰家文書

(筑前国)糟屋郡須恵村内弐拾町地鷲頭治部少輔武豊先知行分事、任去十五日　御
下文施行之旨、云下地云土貢、可被打渡杉木工助弘依代、
仍如件、

明応六年十一月廿九日　紀(神代貞総)伊守（花押）

稲田与一(総右)兵衛尉殿

○九九一　橋津正世書状　○永弘家文書

(端裏ウハ書)「
橋津六郎左衛門尉
□□(永弘カ)新左衛門殿御宿所　正世」

□事承候間、杉右馬允(右明)□の銭にて候、被預候百十貫文
借進之候、是ハ城三郎さへもん□所より右明(杉)へ勘渡仕料足
にて候、封を成候て進之候、恐々謹言、

(異筆)「明応六」十二月十日　正世（花押）

明応七年（西紀一四九八）

○九九二　大内義興書状　○長府毛利家文書筆陳

直会和布頂戴、尤大慶之至候、猶々新年嘉祥目出候、恐々謹言、

（明応七年）正月五日　義興（花押）

一宮大宮司殿

○九九三　大内義興安堵状　○浄名寺文書

長門国厚東郡浄名寺幷勝鬘寺・宝園寺事、任代々裁判等之旨、云寺家云寺領、執務不可有相違之状如件、

明応七年二月廿二日

周防権介多々良（大内義興）朝臣（花押）

浄名寺

○九九四　杉武連安堵状写　○萩藩譜録浅田勘右衛門豊玄

浅原佐渡守定時一跡幷給所等事、対養子又三郎譲状一見畢、然者領掌不可有相違状如件、

明応七年三月十四日　武連 判

浅原又三郎殿

○九九五　大内義興安堵状写　○岩国藩寺社記日光寺

周防国（玖珂郡）河内郷日光寺事、任去永徳二年八月十九日香積殿（寺脱カ）（大内義弘）・文安三年四月十七日築山殿（大内教弘）・応仁元年四月廿七日法泉寺殿（大内政弘）証判等之旨、云寺家云寺領、云（ママ）執務不可有相違之状如件、

明応七年三月廿五日　権介多々良（大内義興）朝臣 判

当寺住持

○九九六　杉弘相袖判宛行状写　○萩藩諸臣中須村百姓所持御判物写

（花押影）（杉弘相）

周防国（都濃郡）遠石庄仲須郷内光永名事、内山四郎左衛門尉名代職事、

任前々旨（ママ）
申付所也、
然者納所公事以下無懈怠沙汰仕可相拘、若至公事納所無沙
汰者、雖宛行不可有其実者也、守此旨早彼名代職事、可全
知務状如件、
明応七年三月廿五日
右壱通よめかね候所多

○九九七　大内義興書状写　○萩藩閥閲録天野求馬

至五龍城（安芸国高田郡）三村左衛門尉以下相動之条、彼要害没落、殊完戸
宮内少輔討死不及是非候、仍筑後守（宍戸）為合力、則軍勢等加下
知候、此時各被申談、馳走候者一段可為本望候、猶杉平左（武明）
衛門尉可申候、恐々謹言、
（明応七年）卯月七日　義興　判
天野式部大輔殿（元貞）

○九九八　相良正任覚書　○相良家文書

此両冊上下事、祖父森下紀伊入道浄蔭次郎右衛門尉藤原重家所集如斯、
為息正家并某正任等云々、誠憐児之志計也、他見其憚多者
歟、可秘々々、
明応七年戊午（ママ）七月六日記之、
相良遠江入道正任（花押）

○九九九　大内義興寄進状　○顕孝院文書

寄進　顕孝院
周防国吉敷郡潟上庄内五拾石地事
右当院領所々雖有辞退、件地事、院主妙英大姉（大内教弘女）別而任承旨、
所令寄附也者、可被全寺務之状如件、
明応七年七月十三日
権介多々良朝臣（大内義興）（花押）

○一〇〇〇　大内義興書状（切紙）　○平賀家文書

（端裏切封）「（墨引）」

完戸筑後守為合力、近々進発之覚悟候之処、不慮自豊後（大友氏）既現形之企候条、来廿三日先令発足候、彼境静謐之儀、定而不可有幾程候哉、然者帰陣之、則至五龍（安芸国高田郡）可罷向候、其間事岩屋城（安芸国高田郡）堅固之様、備後・出雲衆有相談、可被廻調法之由申遣候、此時早速御下向、御馳走別而可為御芳志候、猶委曲杉平左衛門尉（武明）可申候、恐々謹言、

（明応七年）七月十三日　　義興（花押）

平賀新四郎（弘保）殿

○一〇〇一　大内氏家臣連署奉書写　○杉孫七郎家文書

分領長門国大津郡新別名内壱町八段小地跡父左衛門三郎事、左衛門三郎既雖為横死、猶令相続遺跡之、掠進止之、剰近年奉公断絶之由依有弁申仁、為被糺明子細、以去月十六日杉彦左衛門尉重治幷正種（吉田）奉書雖被押置之、為新給知行之旨、去文明十一□（年カ）十一月十五日帯法泉寺殿（大内政弘）様御下文如申者、明白次第御領納畢、然上者被還輔彼地条、不可有相違之由、所知（被カ）仰出也、仍執達如件、

明応七年八月四日

左兵衛尉（吉田正種カ）（花押影）

兵部丞（弘中武長）（花押影）

兵庫助（杉弘隆）（花押影）

○一〇〇二　大内義興書状写　○大内氏実録土代築山神社

就其境之儀、差下杉（弘相）次郎左衛門尉候、別而無親疎相談候者可為肝要候、不宣、

（明応七年カ）八月六日　　義興　花押

仁保左近将監（護郷）殿

○一〇〇三　佐田俊景申状　○佐田家文書

「（証判）（大内義興）（花押）」

愚息次郎（佐田泰景）事致参上候、以次俊景（佐田）家督之儀、可然之様被御心得候者目出候、堺目忩劇之時分候之間申入候、可得御意候、

恐々謹言、
明応七(押紙)　八月六日　　俊景（花押）
杉木工助殿(弘依)
御宿所

○一〇〇四　大内義興安堵状　○西光寺文書

長門国豊東郡保木安養寺事、任去文明十一年十二月廿七日
法泉寺殿(大内政弘)裁許之旨、云寺家云寺領、執務不可有相違之状如
件、
明応七年八月廿八日
周防権介多々良朝臣(大内義興)（花押）
当寺住持

○一〇〇五　波多野良順申状　○波多野家文書

(証判)「(大内義興)（花押）」
如此之通尤此間可令申候処、　御屋形様(大内義興)御陣立之時分候
之間、乍存遅々仕候、私か事去七月廿日比より以外違例仕
候、左候間、小三郎か事余無証不儀之事候之間、中を違候、
左候程、弟にて候助大郎(波多野秀信)か子助五郎と申を、御城御番其外
諸御公事奉公なとの事、聊不可有無沙汰候之通堅申付、御
城番なとふさたなく申付候、自然之時者此分憑御披露申候、
恐惶謹言、
(異筆)「明応七」
九月十一日　　良順（花押）
見島彦右衛門尉殿(弘康)
喜什源右衛門尉殿(弘頼)
御宿所
(第二紙切封)「（墨引）」

○紙継目裏に見島弘康と喜什弘頼の花押がある。

○一〇〇六　大内義興安堵状　○日頼寺文書

小比叡社領長門国得善保所務職事、任去応永六年九月廿六
日香積寺殿(大内義弘)・同九年三月十八日国清寺殿(大内盛見)・文明十一年潤九
月十五日法泉寺殿(大内政弘)証判等之旨、有限於正税者厳密遂社済、
至余得分者可全執務之状如件、

明応七年九月十八日
周防権介多々良朝臣（大内義興）（花押）
極楽寺住持

〇一〇〇七　大内氏家臣連署奉書写　〇萩藩譜録南方九左衛門親政

去十八日御札致披露候、仍野田鍋王方一跡事、彼方就元請上意候、去年明応七八月廿日被成遣奉書候、任其旨以彼姉君嫁夫之人躰問田太府（弘胤）息三男（興方）可令相続之由、只今遺跡之家人言上之通御申之次第御領状候、此趣可被申与之由被仰出候、恐々謹言、

明応七
九月廿一日　弘隆（杉）判
正任（相良）判
杉勘解由左衛門尉殿（武道）

〇一〇〇八　大内氏家臣連署奉書写　〇大内氏実録土代五社参詣次第

就御進発之御祝言、当社大宮司（今八幡宮）光清参上仕候折節、去十七日肥前国御勢遣候処、三根郡中野御敵加退治、雖究意之要害候、当日被責落、数多討留少々落去候由、自其場之注進、昨日廿着開（関カ）候、目出候、彼仁去年明応六於高鳥居（筑前国糟屋郡）参拝之時、小弐（政資）已下御敵御退治（悉脱イ）之御左右候喜、以其御吉例至御通被召出、懸御目候、弥神慮御太慶重畳候間、巨細可申之由被仰出候、恐々謹言、

明応七九月廿一日　正任（相良）押字
武長（弘中）押字
伴田宮光殿

〇一〇〇九　大内義興書状（切紙）　〇三浦家文書

（端裏切封）「（墨引）」

今度探題（渋川刀禰王丸）於綾部（肥前国三根郡）御在城難儀、不移時日之躰候之間、為後詰可被進発之由申候之処、去月廿七日至基肆（肥前国）・養父両郡、当

日凶徒等追討候、仍則被開彼御運候、又彼等至三根郡（肥前国）落集、
於中野（肥前国三根郡）搆究竟之要害、楯籠候之処、是又去十七日即時責落、
数多被討留候之由注進到来候了、去文明十年以来度々至彼
堺、各雖進発候、今度之様輙切随此三郡候事、無其沙汰候
之由候、尤祝着之至、併猶喜什源右衛門尉（弘頼）可申候、恐々謹
言、

（明応七年）九月廿三日　義興（花押）

仁保左近将監殿（護郷）

〇一〇一〇　大内義興書状　〇個人蔵

於肥前国三根郡中野、敵搆究意之要害楯籠候之間、去十七
日追討之時合戦、太刀討高名之次第、剰同名次郎右衛門尉
被疵候之由、杉次郎左衛門尉（弘相）注進候、尤感悦候、併猶喜什
源右衛門尉（弘頼）可申候、恐々謹言、

（明応七年）九月廿三日　義興（花押）

永安治部大輔殿

〇一〇一一　大内義興書状（切紙）　〇三浦家文書

（端裏切封）「（墨引）」

昨日法泉寺（徳有カ）帰着候、依探題（渋川刀禰王丸）被仰候之題目、於綾部（肥前国三根郡）被在城、
至自余之諸勢者可為帰陣之由承候、尤感悦無極候、雖然在
城人躰事者別而申付候、急度可令面談子細候之間、各有同
道、至此方早々可被着陣候、為此重而委細以本書記申候、
恐々謹言、

（明応七年）九月廿八日　義興（花押）

仁保左近将監殿（護郷）

（封紙ウハ書）「仁保左近将監殿　義興」

〇一〇一二　陶興房書状　〇長府毛利家文書筆陳

就在陣之儀、御巻数幷御樽種々送給候、祝着候、猶々此方
迄態預御使僧候、御懇之至無申計候、何様帰陣之時可申候、
恐々謹言、

（明応七年）壬十月一日　興房（花押）

潮音院侍者御中
御返報

一〇一三　大内義興書状（切紙）〇三浦家文書

今度出陣以来、於所々辛労之至雖令推察候、不顧其儀染筆
候、仍山国（豊前国下毛郡）面成敗之儀、為当陣肝心候之条、各令相談、早
速至彼堺被馳越、別而被廻籌略、奔走候者可為祝着候、委
曲猶門司藤右衛門尉可申候、恐々謹言、
（明応七年）十一月廿五日　義興（花押）
仁保左近将監（護郷）殿
（封紙ウハ書）「仁保左近将監殿　義興」

一〇一四　某御内書　〇三浦家文書

今度不慮之時宜出来、合戦之習不苦事也、其故者、昔時太
子守屋大乱、中古以来、承平・天慶・治承・養和・承久・
元弘・建武、敗北勝利相交之事不可勝計、殊今度於玖珠郡（豊後国）
度々被打太刀之由候、尤高名之至候、無為無事上下開陣肝
要事候也、
（明応七年）十二月廿一日　（花押）
（第二紙切封ウハ書）「（墨引）
仁保将監（護郷）とのへ」

二四（三七）

一〇一五　陶弘詮寄進状写　〇防長風土注進案泰雲院

□寄□
□（普）済寺領等事
□□屋田金剛山妙栄寺敷地
一□
□□ノ堀ヲ限、元代官所屋敷ヨリ山崎善兵衛屋敷□
ヲ河マテ、東ハ何トヲリ王子神所岩ノ寄道□□勝
山ノ峯トヲリヲ限、西ハ三尾山、越□□至ヲ限
一矢田（長門国豊田郡）壱町弐段□地幷□畠坪付別紙在之明応四年検地帳　加裏判
此地者元□（普）済寺領□普済寺景播僧令落堕寺家断絶之間、
普済寺□□と熊野神田等対景超首座預置之、
於後矢田同畠幷谷山等于者、悉令寄進妙栄寺之給恩別
紙在□□
一各子四人
已上

右当寺者為□代□□現世安穏後生善所之林岳□□座令開
□□請
全岩大和尚開山云云、□□領段銭以下其外公私大小諸
賦役事、雖如何□□（尽未）来際悉以令免除畢、聊不可有相違
之□右□□有違□□者為不孝之仁奉経上裁□状如件、
明応七年戊□（午）□月廿八日　兵庫頭弘詮（花押影）

明応八年（西紀一四九九）

○一〇一六　大内義興感状写　○萩藩閥閲録 末武与五郎

法泉寺殿（大内政弘）御上洛之路次、於摂津国河辺郡難波水堂応仁元年
八月十日合戦之時、舎兄大夫三郎弘春討死畢、同御在京留
守文明三年正月一日於長門国阿武郡地福郷合戦之時、親父
左衛門大夫氏久・舎兄孫三郎延忠・同弥五郎幸氏両三人於
一所討死畢、就中為日田郡（豊後国）・玖珠郡（同国）敵対治差遣処、去年十
一月七日於玖珠青内山合戦之時太刀討高名、殊数ケ所被疵
太刀疵刀疵 鑓疵矢疵 処、郎従金田三郎五郎落合加防戦之力扶身命云々、
家人僕従等同被疵之条、神妙旁以勲功感悦無極之状如件、
明応八年正月廿五日　義興ノ判
末武左衛門大夫（長安）殿

○一〇一七　大内義興書状　○相良家文書

(封紙ウハ書)「相良左衛門尉殿　義興」
(端裏切封)「(墨引)」

誠年甫之嘉祥珍重候、抑近日者無音、殊旧冬開陣之時宜、巨細自是可令啓候之処、依遼遠之儀、書状之参着髣髴(彷彿カ)之様候間、乍存相過候、結句庶(遮)而御懇問、雖不始之儀候、祝着無極候、既敵及対陣度々合戦得勝利候之刻、公方様(足利義尹)至越前被移御座候、就其被仰下旨候之間、先令帰国可相談之由、年寄共依中之、任衆儀(議)候、雖然弥九州錯乱之上者、近々進発之覚悟候、然者其堺事連々申承候之趣、自他聊不可有余儀候之条、可為肝要候、心緒猶正任(相良)可申候之間、省略候、恐々謹言、

(明応八年)正月晦日　義興(花押)

相良左衛門尉(為続)殿

○一〇一八　大内氏家臣連署奉書　○杉隆泰家文書

周防国玖珂(玖珂郡)本郷杉平左衛門尉武明跡御代官職事、任先例可被致其沙汰之由、所被仰出也、仍執達如件、

明応八年二月廿日　兵庫助(杉弘隆)(花押)
兵部丞(弘中武長)(花押)

杉木工助(弘依)殿

○一〇一九　惣社八幡宮領田数坪付写　○防長寺社由来惣社八幡宮

厚狭郡(長門国)惣八幡宮領田数坪付事

合

一ノツホ
一所壱段大　正月一日御祭田　大宮司抱
道祖ノ下ナワテソエ
一所壱段　同　一日御祝らいし田　同人抱
同所
一所壱段　同　一日年男田　同人拘
池町
一所壱段　同　二日御祭田　左持平拘
上アマキミ中
一所弐段　同　二日おこない田　別当坊拘
池町
一所弐段　同　三日御祭田　三郎右衛門拘之
アマキミ
一所弐段　同　七日御祭田　上坊抱之
サヤノ下
一所三十歩　同日　見そうつ田　大宮司抱之

道祖ノ下シリノヨリ
一所壱段　同十五日御祭田　同人抱之
同所
一所三十歩　同日　粥田　同人抱之
横神田
一所壱段　同十六日最勝三〔王〕経田　長光寺抱
同所
一所壱段　二月五日御祭田　大宮司拘之
タテ神田
一所壱段　同月初卯御祭田　三郎右衛門抱
彼岸田
一所弐段　同月彼岸大般若経田　同人抱
ヨコ田ノ下
一所壱段　三月三日御祭田　大宮司抱
タテ神田
一所壱段　四月三日御祭田　惣官司抱之
シモ横田
一所壱段　同月晦日御ほこ出田　きん大宮司
抱之
横田ナワテノ下
一所壱段　五月五日御祭田　惣代検行抱
横田アマキミ
一所参段　六月十五日御祭田　下坊抱之
同所
一所参段　七月七日御祭田　北坊抱之
井テ口
一所三段　八月十五日御祭田　幡生坊抱
彼岸田口ノヨリ
一所弐段　同月彼岸大般若経　大宮司抱
同所
一所参段　九月九日御祭田　野中坊拘
イケ井
一所壱段　同十六日流鏑馬射手　しやうけい
御座敷酒飯田

道祖ノ下
一所壱段　同日御輿子しやうそく仕候衆
酒飯田　大宮司抱
一ノツホノ上
一所小　御輿子しやうそくのり紙田
同人抱
九月田
一所壱段　同月十七日御放生会御供田　同人抱
道祖ノ下ナワテソエ
一所壱段大　同日町屋人之衆射手しやうけい
酒飯田　三郎右衛門抱
上横田ナワテノ上
一所参段　正月一日幷九月十七日料足五百文
布一たん紙袋三ひねり米十二
両度ニ勤仕之　大宮司抱
放生会田
一所弐段　同十七日放生会田　社官各酒飯田
惣官司抱之
サシキ田
一所壱段　同日社僧衆酒飯田　別当坊抱
同所
一所壱段半　相撲取衆酒飯田　大宮司抱之
十月田西ノヨリ
一所参段　十月卯ノ御祭田　三郎右衛門抱
横神田
一所壱段　同月疫神田　同人抱
同所
一所壱段　同月貴布禰田　同人抱之
烏帽子カタ
一所壱段　十一月卯御祭田　別当坊抱
池町
一所壱段　同月御そ替田　大宮司抱
同所
一所壱段　同月小貴布禰田　三郎右衛門抱
横神田
一所壱段　十二月卯御祭田　同人抱之

明応八年

道祖ノ下
一所壱段　大宮司給
上アマキミ口
一所五段　但此内壱段ハ灯明免　別当坊給
東同所口
一所五段　子細同前　幡生坊給
下同所口
一所五段　子細同前　北坊給
下同所シリ
一所五段　子細同前　下坊給
上同所シリ
一所五段　子細同前　野中坊給
イシカツホ
一所五段　子細同前　上坊給
池町両所
一所弐段　ミやうふ給
ホリ
一所壱段　年々不　笛吹給
下アマキミ烏帽子形両所
一所弐町　修理田
ユキハルシラヒケ両所
一所弐町　諸末社領　木原六郎方預領之

以上平田拾参町壱段大

右坪付如件、

明応八年二月廿八日　大宮司家次(幡生)

遂披露了　龍崎中務丞道輔(花押影)

○一〇二〇　弘秋宛行状　○田原家文書

加万(長門国美禰郡)之八代畑領分内にて候田尾参段六十歩内壱段半卅歩、山家あり、半分宛遣候、納所公事任先例之旨、無沙汰なく可懃候者也、万一申者候共、別仁主あるへからす候、仍為後日一筆遣候状如件、

明応八年《つちのとのひつし》三月三日　弘秋（花押）

加万八代内　五郎大夫所へ

○一〇二一　杉氏カ袖判同家臣連署奉書写　○大内氏実録土代朝田神社

(杉氏カ)
押字

朝田村(周防国吉敷郡)　五ノ宮社領并鏑(マヽ)流馬田等事、被預遣之、然者恒例御神事同造営以下無々沙汰致取沙汰可被拘之、仍鏑流馬田土貢毎年壱石宛有進納可知行之旨、依仰執達如件、

明応八年三月十日　英兼　押字
久兼　同
相兼　同

相久　同

沼田六郎左衛門入道殿

○一〇二二　大内義興袖判安堵状　○柿並家文書

（大内義興）（花押）

（周防国）顕孝院領吉敷郡潟上庄内成恒名幷徳永下作職等事、任去延徳二年八月十一日（大内教弘室）妙喜寺殿裁許袖御印判有之之旨、柿並法橋柿阿領掌不可有相違之状如件、

明応八年三月十三日

○一〇二三　大内義興書状（切紙）　○入来院文書

（端裏切封）「（墨引）」

雖未申承候、以事次企一行候、仍為（相良）続事、年来別而当家申通候之処、無御等閑之由承及候、尤祝着候、弥御一味無余儀候者、可為本意候、為路次態不及巨細候、恐々謹言、

（明応八年）三月十三日　義興（花押）

（重聡）入木院殿

（封紙ウハ書）「入木院殿　義興」

○一〇二四　大内義興安堵状　○周防国分寺文書

防州国分寺事、為持戒堅固霊閣之、被凝天下康寧懇祈之条、令免除諸公事之次第、当家累代裁許厳密之上者、縦雖為平均之課役之、不可有相違之状如件、

明応八年三月廿日

左京大夫多々良朝臣（大内義興）（花押）

○一〇二五　大内義興感状写　○河津伝記

去年十二月五日於（筑前国）宗像郡西郷合戦之時、太刀討高名、殊僕従討死、旁以神妙、弥可抽勲功之状如件、

明応八年三月廿二日　義興御判斗

河津六郎殿

○一〇二六　大内高弘書状（切紙）　○因島村上家文書

（端裏切封）「（墨引）」

今度与風至佐賀関（豊後国海部郡）金蓮寺着津候之間、令申候、仍先状如令
申候、爰元弓矢之儀近々事候、各至豊前国出張候、大友備（親
治）前守同発足一両日中候、然者此度被相談警固事可預馳走候、
併憑存候之趣、委曲金蓮寺令申候、恐々謹言、
（明応八年）三月廿四日　高弘（花押）
村上備中守殿

○一〇二七　大内義興袖判下文　○門司家文書

（大内義興）（花押）
下　門司民部丞宗房
可令早領知豊前国宇佐郡辛島郷久兼名捌町弐段恵良新兵衛尉跡・
同国田川郡弓削田肆町麻生弥太郎跡地等事
右以人所宛行也者、早守先例可全領知之状如件、
明応八年三月廿六日

○一〇二八　大内義興下文　○周防国分寺文書

防州国分寺并法華寺散在寺領中守護使違乱停止事、守去貞

治二年三月日正寿院殿（大内弘世）・応永六年（廿脱）八月廿五日国清寺殿（大内盛見）下知
之状、堅所令禁遏也者、宜承知敢勿違越、故以下、
明応八年卯月五日
左京大夫多々良朝臣（大内義興）（花押）

○一〇二九　大内義興袖判補任状　○龍王神社文書

（大内義興）（花押）
長門国豊西郡吉見郷乳母屋社太宮司職神領坪付在別紙之事、帯往昔
以来証文、父左衛門尉紀武清任申請之旨、所令補任才若丸
也者、早守先例、専社役可抽国家安全懇祈之状如件、
明応八年卯月五日

○一〇三〇　大内義興袖判下文　○門司家文書

（大内義興）（花押）
下　門司民部丞宗房
可令早領知豊前国田川郡弓削田庄内陸町麻生弥太郎跡・宇
佐郡辛島郷内久包名八町弐段地恵良新兵衛尉跡等之事、

右以人所宛行也者、早守先例可全領知之状如件、

明応八年四月十三日

○一〇三一　大内義興袖判安堵状　○新宮神社文書

（花押）（大内義興）

周防国玖珂郡祖生郷新宮別当職事、任去長享二年六月十三日法泉寺殿（大内政弘）補任之状、越智通伝領掌不可有相違之状如件、

明応八年卯月十三日

○一〇三二　杉弘依寄進状案　○杉隆泰家文書

（端裏書）「氷上正覚坊江寄進案文」

奉寄進　氷上山修禅坊当職源孝僧都御房

周防国玖珂郡本郷北方内円通院領幷大膳名等坪付各別紙在事

右、旨趣者、為国土静謐・武運長久、殊者子孫繁昌、以件地令寄附当坊者也者、被全知行、至未来際所奉仰精誠之懇祈之状如件、

明応八年卯月十三日　木工助弘依敬白

（裏）「御裏判」

○一〇三三　大内義興安堵状　○右田毛利家文書

安芸国西条郡内原村百貫文足事、任去文明十七年十月四日故入道政弘（大内）朝臣証判之旨、可被全知行之状如件、

明応八年卯月十七日　左京大夫（大内義興）（花押）

天野民部大輔殿（興次）

○一〇三四　越智通伝申状案　○新宮神社文書

（端裏書）「（曾）□我左近将監殿　新宮別当通伝」

謹言上

周防国玖珂郡祖生郷新宮別当　（越智）通伝

御判次第

壱通　源光宗御寄進状　永仁六年十二月廿四日

壱通　法泉寺殿（大内政弘）御判　長享二年六月十三日

抑当社者、去嘉禄弐（元）年乙酉始而奉勧請厳島於郷内、号新宮大明神、依之雖被成下源光宗御判、去享徳三年甲戌正月廿日別当私宅依回禄、証状粉（紛）失畢、此旨趣　法泉寺殿様御代

令言上、頂戴　御判、同社領田数九段五斗二升代分米四石六斗
八升但年中毎月祭礼小日記在之、然者為尽未来際、令拝領　当(大
内義興)御代御判、弥執行毎日毎月一年中之御祭礼、欲専御祈禱之
状、粗言上如件、
　明応八年己未卯月日　　(別当)通伝
曾我(正信)左近将監殿

○一〇三五　大内義興書状（切紙）　○籠手田家文書

(封紙ウハ書)「籠手田源六殿　　義興」
(端裏切封)「(墨引)」
自正月十一日至相知山(肥前国松浦郡)敵城有発向、三月廿四日被遂合戦責
落、淳悦僧当日切執敵城、則数輩被討留候之次第、御高名
之至、於此方祝着無極候、弥為筑前国可然候之様被申合御
奔走可為本意候、委細者肥州(松浦弘定)江申候之間令省略候、恐々謹
言、
　(明応八年)五月十一日　　義興（花押）
　籠手田源六(定経)殿

○一〇三六　大内義興袖判補任状写　○防長寺社由来物社八幡宮

(大内義興)(花押影)　　藤原(幡生)家次
補下
　長門国厚狭郡惣社八幡宮大宮司職事
右以人所令補任也、爰彼職事、為先祖普代之職之処、不慮
相違之刻、飯田次郎左衛門尉入道浄金進止之、対同名(飯田)安芸
守貞家雖令附属之、家次為由緒之上者、可還補之由(飯田)六郎左
衛門尉護家息(貞家)任申請之旨、加裁許訖者、早専　社家紹
隆之功之、可抽国家安寧之懇祈之状如件、
　明応八年五月廿八日

○一〇三七　大内義興安堵状写　○防長寺社証文善福寺

長門国(厚狭郡)甲山勝蓮寺事、数通証文幷任嘉吉三年八月十七日築(大
内教弘)山殿裁許・文明十年七月廿三日法泉寺殿(大内政弘)証判等之旨、云寺

家云寺領、執務領掌不可有相違之状如件、

明応八年六月五日

左京大夫多々良朝臣(大内義興)（花押影）

当寺住持

○一〇三八　大内義興書状写　○小早川家証文

対内藤掃部助(弘春)御状令披見候、仍波多見島(安芸国安南郡)中分事、任申之旨一城被去渡候之由、近日注進到来候、連々無御等閑之次第、弥祝着候、早々可申候之処、菟角遅々慮外候、此等之趣、尚弘春(内藤)可申候、恐々謹言、

(明応八年)六月十日　義興（花押影）

小早川中務少輔(弘平)殿

○一〇三九　西郷氏家申状　○檜垣文庫西郷家文書

某本訴之儀、去年於矢部山(筑後国上妻郡)御陣言上候之処、訴状外題被成下　御判候、忝候、此儀度々雖申入候、御事繁之間、定不可有御分別之条、令申子細者、親候三郎事、先年法泉寺殿(大内政弘)様御上洛之時、御供仕候て於摂州中島(摂津国西成郡)病死候、然者祖父遠江守重而上洛の企依露顕候、自広沢寺殿(大内教幸、道頓)被仰付仁保加賀守(盛安)仁、赤間関(長門国豊東郡)にて生涯させられ候、旁以忠節候処、本領無足候次第ハ、伯父候四郎三郎か弟事、京都御留守中一分の奉公にて無足並祗候仕候処、無正躰仁候之間、於渡川(同国阿武郡)御討伐候、其時分某事ハ依幻(幼)稚候、本地を非分ニ被召放之、新(大)豊院殿(大内政弘女、山名政理室)様御領ニ被召置候、不運之至候、此段疑(頼カ)歎申候処、被分聞召、彼地内弐十石足預御扶持候、其後又惣御領を、為請料毎年御米百五十石致収納可令代官之由、被仰出、于今相拘候、不被仰付他人候儀、誠忝候、如御存知、某事数年致祗候、其外所々御陣至筑前・肥前等馳走仕候、弥不存無沙汰緩怠之儀、可致奉公心中之間、前々より召仕候倅者をも于今拘置候儀も、自然本地事被返下候する歟のため計候、但御寺へ御米を収申候間、申上候するをも斟酌候、されとも難閣之間申上度候、可為如何候哉、可然様以御取合御披露偏奉頼候、恐々謹言、

明応八
六月十五日　　氏家（花押）
杉新左衛門尉（弘固）殿
人々御中
（裏書）「此状令披露候、巨細之旨慥被　知食候、弥連々被抽
忠節候者、一段可被成御感之由候也、
（杉）弘固（花押）
（杉）弘依（花押）
（弘中）武長（花押）」

○一〇四〇　大内義興感状写△　○角田則行文書

就今度筑前着到進発之刻、息弥三郎（仲八屋）興信最前出陣令感悦之処、於博多（筑前国那珂郡）不慮死去、愁歎令推察了、雖然在陣之病死者准討死儀、当家代々為家法之条、尤勲功之至也、然者追而可令忠賞之状如件、

明応六年六月廿一日　（大内義興）（花押）

仲八屋藤左衛門尉（武信）殿

○一〇四一　大内義興袖判下文　○安富家文書

（大内義興）（花押）

下　安富弾正忠弘誠

可令早領知豊前国下毛郡得犬名五拾壱町余地所々加散在分杉平左衛門尉（武明）跡事、

右以人所充行也者、早守先例可全領知之状如件、

明応八年七月十五日

○一〇四二　大内氏家臣連署奉書　○安富家文書

豊前国下毛郡得犬名五拾壱町余地所々加散在分杉平左衛門尉武明跡事、任今日明応八七十五御下文之旨、可被打渡彼地於安富弾正忠弘誠代之由所被仰出也、仍執達如件、

明応八年七月十五日
木工助（杉弘依）（花押）
兵庫助（杉弘隆）（花押）

杉七郎（重清）殿

○一〇四三　大内義興書状（切紙）　○相良家文書

(端裏切封)「(墨引)」

去六月八日進状候之処、於路次滞留之由候之間、八月六日企一行候、定而参着候哉、其後御床敷候之処、浦与来臨候、自為続(相良)御懇切之至、毎度祝着無極候、早々可被達御本意之次第申合候、別而御奔走可為肝要候、遠路之事候間、巨細者態令省略候、委曲猶正任(相良)可申候、恐々謹言、

(明応八年)九月三日　　義興（花押）

相良宮内大輔殿(長毎)

○一〇四四　大内義興書状（切紙）　○入来院文書

(端裏切封)「(墨引)」

求麻(相良氏)之儀無御等閑之由承及候、彼方之事別而申通候之間、弥無二被仰合候者可為喜悦候、於已後猶一味可申談候、遠路之事候之間令省略候、何様連々可申承候、恐々謹言、

(明応八年)九月三日　　義興（花押）

入木院殿(重聡)

(封紙ウハ書)「入木院殿　　義興」

○一〇四五　大内義興感状（切紙）　○多賀谷家文書

(封紙ウハ書)「(異筆)『上包ノ書付』

多賀谷孫次郎殿　　義興」

去月廿九日於豊前国規矩郡小倉津合戦之時、太刀討被疵矢疵一ヶ所之次第、殊十五已前幼年之高名、感悦非一者也、仍郎徒・僕従等太刀討分捕被疵之条、旁以神妙無極、弥可抽勲功之状如件、

明応八年九月八日　　（花押）(大内義興)

多賀谷孫二郎殿(武重カ)

○一〇四六　大内義興書状（切紙）　○平賀家文書

先日如申候、豊筑進発不可廻時日之由存候時分、公方様(足利義尹)至当国(周防国)御下向近々之由就被仰下候、致其覚悟候処、御延引之様候間、先遂凶徒対治可致忠節心中候、仍近日可令発足候、殊先勢悉令渡海合戦得勝利候、此節被閣諸事、有御出陣、

被遂戦功候者可為祝着候、早々待存候間、重々染筆候、
恐々謹言、
（明応八年）九月十三日　義興（花押）
平賀新四郎（弘保）殿

○一〇四七　大内氏家臣連署奉書　○興隆寺文書

氷上山大坊領秋広（周防国吉敷郡）名内畠地壱段元杉平左衛門尉武明居住跡内阿川治部丞（武基カ）申給屋地西ノヨリ事、
御郷新太郎弘周任申請旨、可居住之由被仰出畢者、早可被
打渡之、雖然於有限地料銭者自給主厳重可有其沙汰、若令
無沙汰者堅固可被加催促、猶以及異儀者就注進可被還補之
由、所被仰出也、仍執達如件、
明応八年九月十五日　右衛門尉（見島弘康）（花押）
主計允（花押）
氷上山年行事御坊

○一〇四八　大内義興感状（切紙）　○長野家文書

去七月廿五日至豊前国杉新左衛門尉弘固自渡海最初令随逐、
於規矩郡葛原在陣、依馳走、凶徒等早々退散之次第、尤神
妙、弥可抽勲功之状如件、
明応八年（九）□月廿九日　（大内義興）（花押）
長野兵庫允（興行）殿

○一〇四九　大内義興感状（切紙）　○黒水家文書

去七月廿五日至豊前国杉新左衛門尉弘固自渡海之最初令随
逐、於規矩郡葛原在陣、依馳走、凶徒等早々退散之次第、
尤神妙、弥可抽勲功之状如件、
明応八年九月廿九日　（大内義興）（花押）
黒水掃部允殿

○一〇五〇　大内義興感状（小切紙）　○佐田家文書

去七月廿五日至豊前国杉新左衛門尉弘固自渡海之最初令随
逐、依馳走、早々凶徒等退散之次第、尤神妙、弥可抽勲功
之状如件、
明応八年九月廿九日　（大内義興）（花押）

佐田次郎（泰景）殿

○一〇五一　大内義興感状（切紙）　○桑原羊次郎収集文書

去七月廿五日至豊前国杉新左衛門尉弘固自渡海之最初令随
遂、依馳走、凶徒等早々退散之次第、尤神妙、弥可抽勲功
之状如件、

明応八年九月廿九日　（大内義興）（花押）

仲八屋藤左衛門尉（武信）殿

○一〇五二　大内義興感状（切紙）　○門司家文書

（端裏切封）「（墨引）」

去七月廿五日至豊前国杉新左衛門尉弘固自渡海之最初令随
遂、殊父子依馳走、凶徒等早々退散之次第、尤神妙、弥可
抽勲功之状如件、

明応八年九月廿九日　（大内義興）（花押）

門司民部丞（宗房）殿

○一〇五三　大内義興書状写　○相良家文書

（端裏書）「大内殿御返書」

九月十五日御状去三日到着、則可御報申候之処、好便大切
之間、御使至今日抑留、歓喜此事候、至彼堺今月中可為入
国候、然者、自彼南郡面早々御調法可為肝要候、併期後信
候、恐々謹言、

（明応八年カ）十月十三日　義興

相良左衛門尉（為続）殿

追而革袴被懸御意候、御志不浅候、細々申達候、従是も段
子一端進入候、聊表御返礼計候、

○一〇五四　大内義興書状（切紙）　○佐田家文書

自豊後（大友氏）之書状於其方不及披見、相副彼使僧、対杉七郎（重清）・同（杉武道）
勘解由左衛門尉注進之趣、誠忠貞無二之段、感悦無極候、
弥其境之儀憑敷覚候、猶右両人可申上候、謹言、

（明応八年）十一月十三日　（大内義興）（花押）

佐田次郎（泰景）殿

○一〇五五　大内義興感状（切紙）　○杉隆泰家文書

去七日至豊前国宇佐郡上田村豊後凶徒等乱入之処、郎徒上田源兵衛尉最前相支之、太刀討・分捕馬場新左衛門尉次第、妙見尾（豊前国宇佐郡）在城衆注進到来之、殊通路停止之刻、凌難儀之、彼堺時宜巨細告来之条、勲功非一、神妙感悦令重畳訖、以此旨厳重賀与之、弥可抽忠節之由可被下知之状如件、

明応八年十一月十九日　（大内義興）（花押）

杉木工助（弘依）殿

「（封紙ウハ書）杉木工助殿　義興」

○封紙ウハ書は写より補った。

○一〇五六　大内義興感状（切紙）　○佐田家文書

去月上旬以来於宇佐郡（豊前国）妙見尾令在城之、諸篇別而奔走、剰敵及数箇度相懸之難儀之処、遂防戦数十人依討捕之、凶徒等則退詰口之、当城堅固次第高名之至更無比類之、殊無二可抽忠節之旨告文到来、感悦不及言語之、仍後巻諸軍勢事海陸同時之加下知之間、可遂本意之条、聊不可有遅滞候、然者今度之於忠賞者、一段可賀与之状如件、

明応八年十一月廿二日　（大内義興）（花押）

佐田次郎（泰景）殿

○一〇五七　安富弘員書状（切紙）　○八幡善法寺文書『唐招提寺史料』

（端裏切封）「（墨引）」

当院御領大野井（豊前国京都郡）・池尻（田川郡）・金国正税明応六年分事、岩国（周防国玖珂郡）永興寺先住拘西堂以本家之約諾旨受用之由候、雖然以近江房是玉任蒙仰之儀、対拘西堂粤催促候、種々雖難渋子細候、多分此御使近江房ニ勘渡候、猶多未進、弐十壱貫余事以外被申付候、折節拘西堂御遷紀（化カ）候、然者近江房少逗留無所謂之条、帰洛候、仍屋形（大内義興）返書幷今小路殿（大内義興母）御返礼長箱壱、新宰相局より箱壱、以上弐此御使渡進之候、近年分国依弓矢之儀、方々御正税無沙汰候、委細御使存知事候、尚々拘西堂受用分弐十余儀、彼西堂御弟子御座事候間、於京都可遂催促之由御使被申候、尤肝要候也、随而私五明壱本拝領仕候、過

分至極候、事々奉期後日候、恐惶謹言、

「明応八」十一月廿五日　弘員（花押）

律院　侍者御房　尊答

○一〇五八　烏田通宗書状写　○児玉韞採集文書

御一跡之事、御子息亀鶴殿被譲与候通承候、得其意候、如何様可達御上聞候、恐々謹言、

明応八　十一月廿六日　通宗　花押

王丸（種）中務丞殿

○一〇五九　大内義興書状写△　○毛利家文庫遠用物

去十九日於筑前国大分（穂波郡）村合戦之時、被疵左手、家人等分捕之事、具杉次郎左衛門尉弘相注進到来、寔以御馳走之至、怡覚候、猶弘相（杉）可申之、恐々謹言、

明応八　十一月廿七日　義興ノ在判

天野（元貞）中務太輔殿

○一〇六〇　大内義興書状写△　○毛利家文庫遠用物

太宰筑後太郎頼総以下之敵筑前表相働候刻、去十九日大分（筑前国穂波郡）村八幡馬場并内野坂追打合戦之時、一族家人太刀討分捕、殊郎従河村豊後討取太宰四郎首到来、仍而粉骨之次第、杉次郎（弘相）左衛門尉注進到来、毎時御馳走令祝着候、猶弘相（杉）可申之、不能詳候、恐々謹言、

（明応八年）十一月廿七日　義興（花押影）

天野（元貞）式部太輔殿

○一〇六一　大内義興袖判安堵状　○杉隆泰家文書

（花押）（大内義興）

周防国玖珂（玖珂郡）庄本郷事、去応永六年本主問注所信濃守長康申成　将軍家御下知等、対先祖備中守（杉）重明契約已来、至同廿年以数通之証文親父備中守（杉）頼明領掌之次第、尤可謂異于他由緒地、爰闘雲寺殿（大内教弘）御時、有子細秀明（杉）号備中守知行経四十余年之処、平左衛門尉武明（杉）男秀明去春依有叛逆之企、加誅戮訖、仍彼地事、於他人者難成競望候条、任先蹤之旨、所令還補

也者、早杉木工助弘依可全領知之状如件、

明応八年十二月五日

○一〇六二　大内義興書状　○平賀家文書

就今度九州之儀国衆下向遅々候之処、最前御馳走祝着無極候、於以後弥御入魂可為専一候、兼又多万里（安芸国沼田郡）事承候旨得其心候、何様連々可申談候、仍先為代所於此方一所預進之候、且者不存疎儀心中御分別可為肝要候、委細猶陶兵庫頭（弘詮）可申候、恐々謹言、

（明応八年）十二月廿四日　義興（花押）

平賀蔵人大夫（弘保）殿

明応九年（西紀一五〇〇）

○一〇六三　大内義興書状（切紙）　○入来院文書

（端裏切封）「（墨引）」

先日進状候処、御懇承候通祝着候、於已後者弥連々可申通候、抑　公方様（足利義尹）旧冬十二月晦日至当国被移御座候、面目之至候、任　上意、為天下可然之様可抽勲功之心中候、御忠節尤可為此時候、為続（相良）無御等閑之由候、祝着候、毎事可申談候之条、併期後信候、恐々謹言、

（明応九年）正月十一日　義興（花押）

入来院加賀守（重聡）殿

（封紙ウハ書）「入来院加賀守殿　義興」

〇一〇六四　大内義興書状　〇平賀家文書

誠年甫之嘉祥珍重候、抑就　公方様(足利義尹)御着国之、態承候、祝
着候、方々被成御下知候之条、此時早速御参、尤御馳走之
可為専一候、猶委細陶兵庫頭(弘詮)可申候、恐々謹言、
(明応九年)
正月廿六日　　　義興（花押）
平賀(弘保)蔵人大夫殿

〇一〇六五　大内義興補任状　〇長門住吉神社文書

長門国　一宮大宮司職事、任親父賀田貞道申請之旨、所令
補任也者、早守先例松王丸領掌不可有相違之状如件、
明応九年正月廿七日　(大内義興)（花押）

〇一〇六六　大内氏家臣連署奉書　〇興隆寺文書

当山大坊事、前々者以十坊准拠相当之寺役等被遂其節之処、
近年依別当職一段之儀、諸篇被免除之条勿論也、於已後者、
如往古一山平拘(均)可被致其沙汰之由、所被仰出也、仍執達如
件、
明応九年二月十三日
(伴田武清)
左兵衛尉（花押）
(島田弘途)
修理進（花押）
(問田弘胤)
大蔵少輔（花押）
氷上山別当代

〇一〇六七　大内氏家臣連署奉書　〇興隆寺文書

氷上山大坊領杉平左衛門尉武明跡大之地御郷新太郎弘周申請地西事、
阿川善右衛門尉国康為屋敷任申請旨、可居住之由被仰出了、
然者彼地国康(阿川)代仁可打渡之、有限於地料銭者厳重可致其沙
汰之、令無沙汰者可被加催促、若及異儀者、就子細注進対
社家可被還補之由、所被仰出也、仍執達如件、
明応九年三月十九日
(見島弘康)
右衛門尉（花押）
主計允（花押）
当山年行事

〇一〇六八　問田弘胤奉書案　〇周防国分寺所蔵興隆寺文書

氷上山興隆寺法界門内女人禁制事、去文明七年十一月十三

日　法泉寺殿(大内政弘)御法度之旨、厳重被加　御判者也、但二月会・同千部経会・同大法会之時者、非制之限之由、被載御文言畢、衆徒中各守此等之次第、弥堅固可被致禁断成敗之由、所被仰出也、仍執達如件、

明応九年三月廿日　　大蔵少輔弘胤　奉

左京大夫多々良朝臣(大内義興)　御判

〇一〇六九　大内氏家臣連署奉書　〇興隆寺文書

当山御法度条々、文明七年十一月十三日
法泉寺殿(大内政弘)様被加　御判之内、法界門内女人禁制事、無其成敗歟、近年聊尓之躰達
上聞、重而此一ヶ条今日被成　御判畢、雖為或他国之族或旅客巡礼已下、於女人者堅固可有禁断之処、門前居住之寺僕之妻女等不憚此御定法云々、所詮於自今已後者、至法界門内女人令徘徊者、不謂貴賤、云交名云在所速尋究可被致注進之、随其左右可被定是非也、但二月会・同千部経会幷大法会之時者非制之限之由、被載　御判御文言畢、此等之次第、厳重可被相触衆徒中由所被仰出也、仍執達如件、

明応九年三月廿日

兵庫助(杉弘隆)（花押）

大蔵少輔(問田弘胤)（花押）

氷上山執行御坊
年行事御坊

〇一〇七〇　足利義高義澄御内書写　〇大友家文書録

□□□(今出河)事、防州山口下向之由驚入候、不日申合大友備前守(親治)被抽忠節者、尤可為神妙候也、

□□□□(明応九年三月卅日カ)　御判(足利義高)

大内太郎(高弘)とのへ
太宰少弐(資元)とのへ
菊池肥後守(武運)とのへ
阿蘇大宮司(惟長)とのへ

「右四人文同而、各書也」

〇一〇七一　足利義尹義稙御内書写　〇渋川家文書

至防州下向候了、被致忠節者尤可為神妙候、猶大内左京大夫(義興)

夫可述候也、

（明応九年）四月十日　　渋川刀禰王丸（尹繁）とのへ

（足利義尹）（花押影）

〇一〇七二　足利義尹義稙御内書（小切紙）　〇毛利家文書

至防州下向候了、致忠節者可為神妙、猶大内左京大夫（義興）可述
候也、

（明応九年）四月十日　　（足利義尹）（花押）

毛利治部少輔（弘元）とのへ

〇一〇七三　足利義尹義稙御内書（小切紙）　〇平賀家文書

至防州下向候了、致忠節者可為神妙、猶大内左京大夫（義興）可述
候也、

（明応九年）四月十日　　（足利義尹）（花押）

平賀蔵人大夫（弘保）とのへ

〇一〇七四　大内義興書状（切紙）　〇平賀家文書

（端裏切封）「（墨引）」

公儀以武長（弘中）巨細令申候、定而可演説候、彼仁不弁之上、其
堺雖不知案内候、心緒具為可申承計候、別而無御等閑被加
指南候者祝着候条、重而染筆候、恐々謹言、

（明応九年）卯月十日　　義興（花押）

平賀蔵人（弘保）大夫殿

〇一〇七五　足利義尹義稙御内書（小切紙）　〇益田家文書

（モト封紙ウハ書カ）「益田孫次郎とのへ」

至防州下向候了、致忠節者可為神妙、猶大内左京大夫（義興）可述
候也、

（明応九年）四月十日　　（足利義尹）（花押）

益田孫次郎（宗兼）とのへ

〇一〇七六　大内義興副状　〇益田家文書

一段可被抽忠節之次第、被成御内書候、尤御面目之至候、

直以上使雖可被仰出候、　上意之趣、存知之事候之間、巨細猶可申談之条、可付進之由候、給御請文可致披露候、巨細杉(弘依)木工助可申候、仍太刀一腰末次進之候、祝儀計候、恐々謹言、

(明応九年)卯月十日　　義興（花押）

益田孫次郎(宗兼)殿

○一〇七七　大内氏家臣連署奉書　○日置八幡宮文書

長門国大津郡日置庄　八幡宮幷貴布禰大宮司職事、承久・寛元・建長・弘安・永仁此六ヶ年重書六通幷自応永卅年至文明十七年奉書八通、次明応八年十二月十三日親父藤四郎(高山)道藤譲状壱通等悉備　上覧者也、然者任譲与之旨、被補彼職畢、　御神事同御祈禱幷当社修覆已下、守先例無怠慢遂其節、則相続不可有相違之由、所被仰出也、仍執達如件、

明応九年卯月十六日

(杉重治)左衛門尉（花押）

(島田弘途)修　理　進（花押）

(相良正任)沙　　弥（花押）

高山弥四郎(道種)殿

○一〇七八　大内氏家臣連署奉書写　○防長寺社由来修禅寺

当寺領内(長門国)豊東郡吉賀村拾漆石地事、以去永享九年十二月廿三日　澄清寺殿(大内持世)御判、去明応五年十月十三日被成御裁許、同年八月九日伴田中右衛門尉弘与・曾我左近将監正信奉書等明白之処、去年明応八已来惣国寺社領雖被糾明、於件地者依不答申、任隠地準拠被押置一円半済分寺得分被付給人畢、至御還補之儀者半済地補任之時、可被相定之由所被仰出也、仍執達如件、

明応九年卯月廿日

(島田弘途)修　理　進　判

(伴田武清)左兵衛尉　判

修禅寺別当御坊

○一〇七九　大内義興副状写　○渋川家文書

(足利義尹)将軍家於(周防国)当国就被遷御座候、賀御申候之趣致披露候、仍以御内書被仰出候、尤御祝着之至候、此等之次第、定矢俣越

前守可被申候、恐惶謹言、
卯月廿四日（明応九年）　義興（花押影）
探題（渋川尹繁）
人々御中

〇一〇八〇　大内義興副状（小切紙）　〇高畑垣屋家文書

（封紙ウハ書）「垣屋孫三郎殿　義興」
（端裏切封）「（墨引）」
公方様（足利義尹）至当国（周防国）就被遷　御座候、被成　御内書候、此節一段
可被抽忠節之条、可為肝要候、時宜重々可申承候、恐々謹
言、
五月十三日（明応九年）　義興（花押）
垣屋孫三郎（忠良）殿
〇袖に切封痕がある。

〇一〇八一　島津忠朝書状写　〇安富勘解由左衛門尉筆記

明応九七
一御札之旨具令拝見候、抑　公方様（足利義尹）至御分国、被遷御座候
次第蒙仰候、目出大慶候、　御内書頂戴於身過分至極候、
忝畏入候、御請之事、陸奥守（島津忠昌）申合諸家従是可進上仕旨存
候条、任彼義（儀）候、聊非緩怠候、可然様御取合所仰候、可
得御意候、恐々謹言、
六月六日（明応九年）　豊後守忠朝　判
謹上　大内殿（義興）　うら書　島津

〇一〇八二　大内氏家臣連署奉書写　〇児玉韞採集文書

自明応七年十一月至同八年十一月廿一日於高鳥居（筑前国糟屋郡）被遂在城
之次第、別而神代紀伊守貞総注進之旨、一段無極者也、豊
築両国大乱之間、自最初一向通路停止之処、在城中連々勲
功尤神妙、就中被成任官御吹挙畢、弥可被抽忠節之由、所
被仰下也、仍執達如件、
明応九年八月九日　兵部丞（弘中武長）　判
沙弥（相良正任カ）　、
木工助（杉弘依）　、
岡部彦左衛門尉殿

〇一〇八三　大内義興袖判安堵状　〇久芳家文書

（大内義興）
（花押）

（久芳）
親父左衛門三郎清勝遺跡周防国熊毛郡田布施郷内弐拾五石地五十石半分・安芸国西条久芳内参拾石地六十石半分等事、任先例久芳新三郎清長相続領掌不可有相違之状如件、

明応九年八月廿四日

〇一〇八四　足利義尹義稙御内書写　〇御内書引付

御内書

至防州下向訖、申合畠山尾張守（尚順）、一段致忠節者可為神妙、猶大内左京大夫（義興）可申候也、

（明応九年）八月廿八日　（足利義尹）御判

粉川寺衆徒中

〇一〇八五　大内義興副状写　〇御内書引付

（足利義尹）公方様至当国（周防国）就被移　御座、被成　御内書候、畠（山脱カ）尾州（尚順）被相談、可被抽忠節之由、　上意之通可申旨候、恐々謹言、

（明応九年）八月廿八日　大内殿事也　義興

粉川寺衆徒御中

〇一〇八六　大内義興副状（切紙）　〇湯川家文書『和歌山県史』

（封紙ウハ書）
「（押紙）義興

湯川孫三郎殿　義興」

（足利義尹）公方様至当国（周防国）就被遷　御座候、被成　御内書候、畠山尾州（尚順）有相談、可被抽忠節之由、上意之通可申之旨候、恐々謹言、

（明応九年）八月廿八日　義興（花押）

湯川孫三郎殿

〇一〇八七　大内義興軍勢催促状写　〇萩藩譜録長崎首令高亮

（豊前国規矩郡）敵至門司六郷相働之由注進到来候、此節本意之間可遂合戦之条、閣万事不移時日乗船可遂馳走、連々奉公之次第雖令存知、尚以当時為専一上者、別而可抽忠節者必可行賞之状如件、

（明応九年）十月廿五日　大内義興判
（勝親）長崎小太郎殿
（モト封紙ウハ書）「長崎小太郎殿　義興」

一〇八八　大内義興軍勢催促状写　○萩藩諸臣証文　櫛辺家証文

（豊前国規矩郡）敵至門司六郷相動之由注進到来了、此時為本意之間可遂合戦之条、閣万事不移時日遂乗船候（ママ）、可令馳走、連々奉公之次第雖令存知之、猶以当時為専一之上者、別而抽忠節者必可行賞之状如件、

（明応九年）十月廿五日　（大内義興）（花押影）
櫛辺藤蔵人殿
（モト封紙ウハ書）「櫛辺藤蔵人殿　裏ニ（杉）武道」

○モト封紙ウハ書は別の文書のものと思われる。

一〇八九　陶興房副状写　○萩藩諸臣証文　櫛辺家証文

（豊前国規矩郡）至門司六郷御敵出張之儀注進候間、急度可有馳走之通被仰候、別而今度可有奔走之由候、仍被成御書候、此時早速於忠節者、一段可被加御恩賞候、此飛脚参着候者、不易時剋令乗船、継夜於日可被馳下候、猶為御心得別紙申候、尚々御下向被待思食候、不可有遅々油断之儀候、恐々謹言、

（明応九年）十月廿五日　興房（花押影）
櫛辺藤蔵人殿
（モト封紙ウハ書）「櫛辺藤蔵人殿　興房」

一〇九〇　大内氏家臣連署奉書写　○萩藩諸臣証文　櫛辺家証文

（豊前国規矩郡）至門司六郷就御敵出張之儀、被成　御書候、連々馳走之次第被知食之旨、今度又依忠節之、一段可被行恩賞之由被仰出上者、継夜於日令乗船、別而可被抽勲功候、若遅々油断之仁者、可被加御成敗之由候次第、被致其覚悟候者、可為肝要之由候、恐々謹言、

（明応九年）十月廿五日

（杉）武道（花押影）
（杉）弘相（花押影）
（杉）重親（花押影）
（陶）弘詮（花押影）
（問田）弘胤（花押影）
（陶）興房（花押影）

櫛辺藤蔵人殿

（モト封紙ウハ書）「櫛辺藤蔵人殿　興房
裏ニ　連署　」

○一〇九一　大内義興書状（切紙）　○平賀家文書

今度五龍城（安芸国高田郡）事、無為之様可加裁判之由、内々対杉次郎左衛門尉（弘相）、毛利治部少輔（弘元）被申之間、年寄共相談候哉、当時専公儀方々一味之段廻調法事候之間、此儀和融可然之由就申之、早速入眼候、誠於此方肝要候、連々被仰談候之次第、雖不初之儀候祝着候、猶委細弘相（杉）可申候、恐々謹言、

（明応九年）十二月五日　義興（花押）

平賀蔵人大夫（弘保）殿

○一〇九二　大内義興副状写　○菱刈家文書

公方様（足利義尹）至分国就被遷　御座候、被成　御内書候、尤御面目之至候、此時一段被抽忠節候者可為肝要候、此等之旨猶巨細対伊東太和守（尹祐）被仰下候之条、御相談可然候、万端併期後信候、恐々謹言、

（明応九年）十二月十三日　義興（花押影）

菱苅右兵衛尉殿

○一〇九三　大内義興副状写　○薩藩旧記雑録

公方様（足利義尹）至分国就被遷御座候、被成　御内書候、尤御面目之至候、此時一段被抽忠節候者可為肝要候、此等之旨猶委細被対伊東大和守（尹祐）被仰下候条、御相談可然候、万端併期後信候、恐々謹言、

永正十四五年ノ間歟（明応九年）
十二月十三日　義興　在判

新納近江守（忠武）殿

○一〇九四　杉武道副状写　○薩藩旧記雑録

公方様（足利義尹）就於当国（周防国）被遷御座之儀、被成　御内書候次第、左京太夫（大内義興）以別状被申候、伊東和州（尹祐）被仰談、此節一段被抽御忠節候者、末代御名誉不可有比類候、就其御申之儀共候者、具被仰上則可申達候、猶委細積門坊可令演説候之条、期後信候、恐々謹言、

年号不知　十二月（明応九年）十三日　　武道　在判

新納近江守（忠武）殿
御宿所

上包
新納近江守殿
御宿所
杉勘解由左衛門尉
武道

○一〇九五　大内義興書状（切紙）　○益田家文書

（端裏切封）「（墨引）」

態企一行候、抑近年三隅藤五郎（興信）与御儀絶之事、公私不可然候、当時　公方様（足利義尹）於分国就御鎮座、方々無為被加御下知事候、殊御知行分之儀、先年御約諸之旨候之由承及候、幸至極候、爰元一着之間者、自他無違乱改変之儀、被閣万事有和融、相共被抽御忠節候者肝要存候、然者毎篇可申談候之条、併又代々申承候、可為其験候、此旨趣為申述之、進正寿院候、猶委細杉勘解由左衛門尉（武道）可申候、恐々謹言、

（押紙）明応九　十二月十八日　　義興（花押）

益田孫次郎（宗兼）殿

○一〇九六　大内義興書状（切紙）　○益田家文書

就孫次郎殿（益田宗兼）与三隅藤五郎（興信）御和与之儀、進正寿院候、早速入眼之様御意見肝要候、毎度雖申事候、当時　公方様（足利義尹）於分国依御鎮座、方々無事被加御下知候之条、抛万事有和融、相共被抽御忠節候者可然存候、定而御同心候哉、代々別而申承候之間、不残心底令申候、委細猶杉勘解由左衛門尉（武道）可申候、恐々謹言、

十二月（明応九年）十八日　　義興（花押）

益田越中入道（全田）殿

○一〇九七　陶興房副状　○益田家文書

就三隅（興信）方与御和与之儀、被進正寿院候、仍自屋形（大内義興）以状被申候、公私御取乱之時節候之条、被閣万事御馳走可為肝要之由被存候、殊御約諾之子細等承及候間、幸至極候、以其旨御和融尤可然存候、委細之趣入道殿（益田全田）江令申候之条、不能巨細候、猶正寿院可被申候、恐々謹言、

（明応九年）十二月十九日　興房（花押）

益田孫次郎殿（宗兼）

御宿所

○一〇九八　陶興房副状　○益田家文書

就孫次郎殿（益田宗兼）三隅（興信）方与御和与之儀、被進正寿院候、仍自屋形（大内義興）以状被申候、公私御取乱之時節候之条、被閣万事御馳走可為肝要之由被存候、就其御約諾之三ヶ所（津毛郷・疋見郷・丸毛郷）事者、無相違御知行無余儀候、相残地事悉被渡遣御和融尤可然候、委細猶正寿院可被申候、恐々謹言、

（明応九年）十二月十九日　興房（花押）

益田入道殿（全田）

御宿所

文亀元年

（明応十・西紀一五〇一）

〇一〇九九　大内義興寄進状案　〇今八幡宮文書

奉寄進

八幡大菩薩御宝前

御太刀一振　銘菊重代

御刀　一腰　号親子刀重代

御神馬一疋　鴾毛印雀目結

右子細者、一昨日卯剋、荻野三郎光豊丹波国御家人去年下着祗候令参詣当社今八幡之処、於拝殿雖奉給此御旗、不能冥慮分別之間、従社頭直至宮司坊真乗坊定了僧都、　御神宝歟否次第如此之由、令語聞、渡置彼　御旗於定了僧都之由、僧都具演説之間、遂拝見之処、宝号胡文字并御意趣之御文童〔章〕寄〔奇〕特不及言語也、仍彼　御旗事令持参、備　上覧之処、御崇敬厳重、則御安置御前之間、寸尺同文字已下一点無所違令模写、所奉納当社御宝殿之状如件、

明応十年二月三日

左京大夫多々良朝臣義興敬白

〇一一〇〇　大内義興感状（小切紙）　〇佐田家文書

城井日向守以下残党等之事、去九日攻落築城郡（豊前国）本庄城、悉追伐合戦之時、郎徒賀来藤兵衛尉被矢疵股之由、注進到来神妙、弥可抽戦功之状如件、

明応十年二月十六日　（大内義興）（花押）

佐田次郎（泰景）殿

〇一一〇一　大内義興書状　〇毛利家文書

（封紙ウハ書）
「毛利治部少輔殿　義興」

為賊徒御退治、九州御進発事被成御下知候、早速被応　上意、被抽軍忠候者可為肝要候、当手前勢已渡海候、豊前国敵城所々令没落凶徒敗北、不慮之儀共重畳候、偏　公方様（足利義尹）

御威光候、此節一段御入魂、公儀事者不及申、於身前々筋
目可為祝着候、仍為巨細令申、雁進禅牧西堂候、不日相待
御下向計候、此等之趣、猶杉次郎左衛門尉(弘相)可申候、恐々謹
言、
(明応十年)二月廿一日　　　義興（花押）
毛利治部少輔(弘元)殿

○一一〇二　今八幡宮宝幡裏書写　○防長寺社証文今八幡宮

右幡者高氏(足利)三十六歳之時、自宇佐八幡給即成天下
之主也、亦末世濁乱之時、此幡之以威勢成天下
八幡大菩薩　本幡絹
太平、当家子孫可繁昌、依有通逼(如本)、亦奉納
宇佐八幡宮也、
建武三年二月卯日　　尊氏(足利)敬白
右ノ幡裏書曰
明応辛酉(十年)二月一日丹波之住人源朝臣萩野三郎光豊、就于今
八幡御宝前参詣之時、此宝幡備于眼覧、光豊無一字之字歟
不分明哉、扣真乗坊之門扉、袖此幡来而告之曰、若在御神
物乎又亡乎、定了権少僧都拝受之而以親侯之、法師定慶則
辰刻被進上多々良朝臣義興(大内)公、于時義興二十五歳矣、義尹(足利)
三十六歳之御時也、定了僧都者源氏之子、産于周州山口、
行年六十焉、依為天下泰平之御瑞世、義興御重代之御腰物
号親子刀・御太刀菊銘・御神馬鴾毛被籠于今八幡御宝殿之時、
宮使源朝臣宮河大蔵丞貞頼尓、又同三日義尹御剣並御神馬
鴾毛以伊勢兵庫助殿(貞紀)之御教書奉納于今八幡、仍御旗之長六
尺七寸也義興御寄進状、同四日御判在于裏書筆者
相良正任　奉謹

○一一〇三　門司固親申状　○門司家文書

「(証判)(大内義興)(花押)」
度々如申入候、我々事此四五ケ年以前大病仕候、自去々年
殊相煩候、近日者以外再発候て更合期不仕候、迷惑千万候、
仍給所等事子にて候才松丸(門司重親)仁相続仕候、若年之間者御公役

事以名代懃仕可申候、万一病気得少減候者自身可致馳走候、
此等之趣可然之様御取合奉頼候、可得御意候、恐々謹言、

（異筆）「明応十辛酉」
三月十二日　　固親（花押）

（武道）杉勘解由殿
参　人々御中

〇一一〇四　大内義興安堵状　〇正法寺文書

長門国（厚狭郡）松岳山玉蔵坊事、帯去文明十八年八月十三日法泉寺（大内政弘）殿証判幷明応九年十二月十一日先師円秀律師譲補状、任申請之旨、云寺家云寺領、民部卿重秀房相続領掌不可有相違之状如件、

明応十年三月十三日
（大内義興）左京大夫（花押）

〇一一〇五　大内義興補任状　〇正法寺文書

補任
重永房
長門国（厚狭郡）松岳山東持坊々主職事
右以人所補彼職也者、早守先例、寺務不可有相違之状如件、

明応十年三月十三日
（大内義興）左京大夫（花押）

〇一一〇六　大内義興袖判補任状　〇西郷家文書

（大内義興）（花押）

補任
西郷蔵人資正
豊前国築城郡高塚村北野御神領坪付在別紙之代官職事
右以人所補彼職也、然者有限於正税者、厳密遂京済之、至余得分者准武恩者也、若背本家命者可有改変之状如件、

明応十年三月十三日

〇一一〇七　大内義興書状　〇因島村上家文書

就所用警固船事申旨候、可然之様可有調法之条、可為祝着候、委細之趣杉次郎左衛門尉（弘相）可申候、恐々謹言、

（明応十年）三月廿一日　　義興（花押）

村上備中守殿

〇一一〇八　杉興照加冠状　〇日置八幡宮文書

加冠

道種

明応十年三月廿三日

興照（花押）

高山弥四郎殿

〇一一〇九　大内義興寄進状　〇興隆寺文書

奉寄進

氷上山御宝前

御剣一腰

神馬一疋

右就年号改元、所奉寄進之状如件、

文亀元年卯月十三日

左京大夫多々良朝臣義興敬白（裏花押）

〇一一一〇　大内義興書状　〇益田家文書

津毛（石見国美濃郡）・引見（同郡）・丸毛（同郡）此三箇所事、先年三隅藤五郎（興信）対其方令約諾、去進之候次第、委細承候了、殊任当知行互不可有違乱之由候之条、肝要候、然之間早々有和融、被専御忠節候者可然候、恐々謹言、

（押紙）明応十 卯月十三日　義興（花押）

益田孫次郎（宗兼）殿

〇一一一一　内藤護道四竪五横秘決　〇内藤家文書

（封紙ウハ書）「四竪五横秘決　興行」

文珠（殊）師利菩薩経

尓時仏告智恵、名所菩提、称名智恵、神通般若、流通大慈悲、本願成就、福徳自在、安穏快楽、信授奉行、

四竪五横文

一笩（筏）場　二東者　三三光

四白虎　五玉女　六朱赤

七三大　八難受　九北斗

或九字文用之

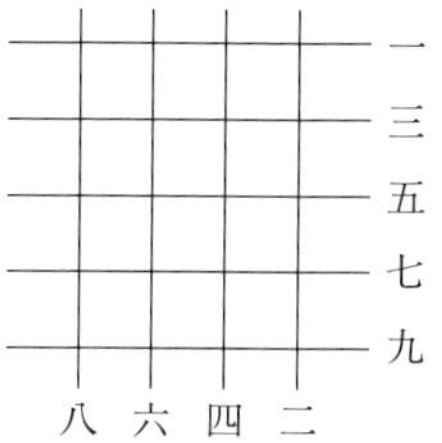

出行大事

五色光明印ニテ光明真言七反唱之　口伝在之

隠行秘決　宝瓶印ニテ　唵摩利支曳某の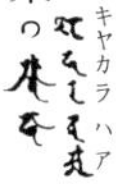《キャカラハア》

文亀元年辛酉卯月日　授与興行（内藤）

内蔵助藤原護道（花押）

〇一一一二　大内義興袖判安堵状　〇杉隆泰家文書

（花押）（大内義興）

親父木工助弘（杉）依所帯事、任譲与之旨、杉専千代丸（興頼）相続不可
有相違之状如件、

文亀元年五月廿六日

〇一一一三　大内義興袖判安堵状写　〇大内氏実録土代安富恕兵衛

御判按義興公

父石見入道（光井）敬正所帯事、去長禄二年九月九日・文明十年八
月廿二日・延徳三年十一月三日三箇度譲補状炳焉也、猶為
令無相違、不謂前後判不可改変之旨別而載文章上者、任遺
約之、光井孫三郎護孝相続所令領承之状如件、

文亀元年五月廿七日

〇一一一四　末宗公綱寄進状　〇北和介家文書『大分県史料』

奉寄進

八幡宇佐宮　田地参段事

右田地者、向野郷（豊前国宇佐郡）内伏田モト、リナシ参段事

為大般若経免、令奉寄宮佐古万徳坊者也、但此内壱段者加
地子百文可有御沙汰候、諸点役等者、従此方可致催促候、
彼経免之事、私至子々孫々不可有相違、仍状如件、
文亀元年辛酉六月八日　末宗蔵人 宇佐公綱（花押）
（裏書）「令存知畢、（杉右明）（花押）」

○一一一五　大内義興書状　○勝山小笠原家文書

（モト封紙ウハ書）「小笠原弾正少弼殿　義興」
（足利義尹）公方様至（周防国）当国被移御座、御入洛御調法最中候、一段御忠節
可為肝要候、雖未申通候、被成御下知候之次第、得其意可
申之由、任被仰出之旨候、何様重々可申承候、恐々謹言、
（文亀元年）六月十三日　義興（花押）
小笠原（貞忠）弾正少弼殿

○一一一六　室町幕府奉行人連署奉書写　○大友家文書録

（大内）義興退治事、早任治罰　綸旨幷　御内書等之旨、相談大友
備前守親治・同子息（大友親匡）五郎以下各御下知之人数、被励忠節者、
尤以可為□
（文亀元年閏六月十三日）　（飯尾清房）加賀前司□在判
（飯尾元行）大和守　在判
大内太郎（高弘）殿

○一一一七　某奉書写　○大友家文書録

（大内）御同名義興御退治事、任治罰之　綸旨幷　御内書等之旨、
被相談大友備州（親治）・同御下知之人数等、此時一段被抽御忠節
候者、尤以可為肝要之由、被　仰出候、恐々謹言、
（文亀元年閏六月十三日カ）□　□在判
（大内太郎）（高弘）□殿

〇一一一八　大内義興感状写　〇竹田文庫資料

連々奉公懃厚、特去文明初比就　帝都錯乱、親父重尚(時枝)事遂
法泉寺殿(大内政弘)供奉之、於畿内所々合戦之時太刀討被疵之次第、
数通之感状具加一見訖、高名之至尤無比類候、弥抽軍忠者
必可行賞之状如件、
文亀元年閏六月十三日　(大内義興)(花押影)
時枝右馬允殿

〇一一一九　大内氏家臣連署奉書　〇檜垣文庫西郷家文書

顕孝院殿(大内教弘女)御領田川郡(豊前国)金田庄内元五拾町分坪付在別紙弐拾町地代官職事、
被補任畢、然者有限於正税米単者厳密令運、至人足・諸済
物者為余得分所充給也、爰件地事、前々者遂検見之条、難
有院務増減之、於向後者不謂熟不、為定米可令弁償之旨被
相定之間、追而被対当院可有御裁判之由、依仰執達如件、
文亀元年閏六月十三日
中務丞(龍崎道輔)(花押)
兵部丞(弘中武長)(花押)
西郷藤左衛門尉殿(氏家カ)

〇一一二〇　足利義尹(義稙)奉行人連署奉書　〇杉隆泰家文書

去春以来在陣事、粉骨之至所被感思食也、殊近日敵出張之
条、弥被竭軍忠者可為神妙之由、所被仰下也、仍執達如件、
文亀元年七月六日
近江守(飯尾貞運)(花押)
沙　弥(諏訪信祐)(花押)
杉木工助(弘依)殿

〇一一二一　大内義興寄進状　〇興隆寺文書

奉寄進
氷上山妙見大菩薩御宝前
御剣壱腰(無銘重代)(号鳶切)
右意趣者、今度九州凶徒退治事、偏以　尊神威力、速達本
意、武運益長久而欲令成天下安全、功勲願望悉為成就之、
依丹祈、所奉寄附之状如件、
文亀元年辛酉七月六日
左京大夫多多良朝臣義興敬白(裏花押)

○一一二二　問田弘胤副状　○興隆寺文書

「（モト封紙ウハ書カ）
氷上山
　別当御坊中　　大蔵少輔弘胤」
　　　　　　　問田

今日於当山御剣壱腰無銘御重代号鳶切任御寄進状之旨、渡進之候、可有御請取候、恐惶謹言、

　文亀元年七月六日　　大蔵少輔（問田弘胤）（花押）

氷上山
　別当御坊中

○一一二三　毛利弘元書状案　○毛利家文書

就九州凶徒等御退治之儀、被成下　御奉書候、則御請申候、仍御副状令披見候、拙者事、依任　義興御屋形御意、以名代致馳走候、内々預御心得之由承候、祝着候、弥奉憑候、恐々謹言、

　（文亀元年）七月十日　　弘元

杉（弘相）次郎左衛門殿
　　御返報

○一一二三〜一一二四号文書は一紙に書かれている。

○一一二四　毛利弘元書状案　○毛利家文書

御奉書幷（杉）弘相之御状御返事両通進之候、可有御註（注）進候、仍豊筑御陣之趣、御味方中御競之様其聞候、目出度候、御左右候者可承候、恐々、

　（文亀元年）七月十　　弘元

蔵田右京進殿
　　進之候

○一一二五　杉弘依合戦太刀討分捕手負注文　○杉隆泰家文書

「（証判）一見了、
　（花押）（大内義興）」

文亀元年七月廿三日於（豊前国京都郡）小馬岳御城詰口太刀討・分捕幷手負人数注文

　（杉）弘依一所衆太刀討人数

門司民部丞（宗房）　兵藤左馬允
香志田五郎　小田村三郎

長野孫七　伊佐彦八(元綱)
高津六郎　貫又次郎
伊福右京進　仲八屋藤左衛門尉(武信)被官 今古田五郎
広津大膳進被官 是吉新七　飯田左近将監(興家カ)被官 石川清四郎
貫弥三郎下人 次郎四郎　同下人 与八郎
弁城彦十郎下人 三郎四郎　飯田五郎下人 九郎兵衛
飯田五郎下人 万右衛門
以上
佐伯陣江最前切上衆
門司彦五郎　貫中四郎
貫吉次郎　門司三郎(相親カ)
門司弥次郎(依親)　門司藤四郎
弘依被官太刀討人数
福江宮内左衛門尉　延入孫九郎
鷹巣与三郎　在住三郎太郎
内藤新三郎　有田次郎四郎

広津藤太郎　弓削田新兵衛尉
以上
分捕人数
頸一　飯田左近将監(興家カ)討捕之
頸一　貫弥三郎討捕之
頸一　勝屋与七郎討捕之
頸一　庄三郎次郎討捕之
頸一　沓屋次郎討捕之
頸一　杉弥七討捕之
頸一　玉井次郎討捕之
頸一　庄三郎五郎討捕之
頸一　副田修理亮討捕之
頸一　早川与次郎討捕之
頸一　片江隼人佑討捕之
頸一　城井弥三郎討捕之
頸一　城井弥九郎討捕之
頸一　同人僕従彦七討捕之

以上

討死

美和孫七　山移弥四郎代　山移新左衛門尉同僕従一人

弘依被官分捕人数

頸一　杉次郎三郎討捕之

頸一　上田源兵衛尉討捕之

頸一　箱田藤三討捕之

頸一　野村与三討捕之

頸一　荒巻助八討捕之

頸一　楊井弥次郎討捕之

頸一　渡辺彦次郎討捕之

頸一　長徳又次郎討捕之

頸一　一松与三兵衛尉討捕之

頸一　中間彦五郎討捕之

頸一　中間彦三郎討捕之

以上

手負注文

片江隼人佑被官　合手木孫太郎　切疵二ヶ所左脛　右手

城井弥三郎被官　桑原四郎　矢疵一ヶ所左腕

城井弥三郎被官　森弥九郎　矢疵一ヶ所右脛

早川与次郎下人　又右衛門　矢疵一ヶ所右眉上

庄三郎次郎下人　彦三郎　矢疵一ヶ所左腕

弁城彦十郎下人　三郎四郎　矢疵一ヶ所胸

貫弥三郎下人　七郎次郎　切疵一ヶ所右脛

貫弥三郎下人　新六　矢疵一ヶ所左肩

城井弥三郎下人　三郎四郎　矢疵一ヶ所右腕

山移弥四郎下人　与三右衛門　矢疵一ヶ所左脛

以上

弘依被官

楊井弥次郎　切疵一ヶ所臂・鑓疵二ヶ所右肩・矢疵一ヶ所瞼

内藤新三郎　鑓疵一ヶ所左股

長十郎　鑓疵一ヶ所右肩

中間　次郎兵衛　切疵一ヶ所左手

中間　次郎　鑓疵一ヶ所右手

中間　弥八　鑓疵二ヶ所右股・左手裏　切疵一ヶ所左肩　以上四ヶ所

以上

文亀元年七月廿六日　杉木工助　弘依（花押）

弘中（武長）兵部丞殿

龍崎（道輔）中務丞殿

○一一二六　龍崎道輔奉書写　○大友家文書録

（筑前国那珂郡）博多興浜事、前々以来准守護領、天役公事以下令催勤仕候
処、近年令違背候、当津代官之所ヵ（存候哉）、地下仁造意候哉、不
可然候、如先規被加下知候者可為肝要候旨、対勝光寺西堂
（光瓚）□□、可被申談由候、恐々謹言、

〔文亀元年七月廿七日ヵ〕□　（龍崎道輔）□

（貞総）神代紀伊守殿

○一一二七　仁保長満丸興棟合戦討死手負注文　○三浦家文書

（証判）「一見了、（大内義興）（花押）」

文亀元年潤六月廿四日於豊前国仲津郡沓尾崎遂合戦、仁保
左近将監護郷討死之時、同道衆幷一所衆、次護郷家人等、
或討死或被疵人数注文

（仁保）護郷同道之衆内討死人数

伴田中五郎討死
同被官　雲野新三郎討死
同下人　助六討死　彦三郎討死
（太、以下同）大郎討死
与七右衛門矢疵四ヶ所　与一矢疵一ヶ所
近藤次郎討死
榑庭新兵衛尉討死
同下人　与五郎討死　次郎左衛門矢疵一ヶ所
倉波弥三郎討死
同下人　大郎討死
木部十助討死
同下人　又七討死
秋穂五郎討死
同下人　四郎五郎矢疵二ヶ所　弥七矢疵三ヶ所
小者才松矢疵一ヶ所
（安郷）波多野彦六討死

（仁保）護郷一所衆之内討死人数

恒富次郎討死
同下人　弥大郎切疵二ヶ所
三浦惣右衛門尉討死
同下人　小次郎討死
(仁保)護郷同道之衆被疵人数
厚助次郎矢疵二ヶ所
同下人　源七鑓疵一ヶ所
厚助三郎鑓疵一ヶ所
三輪又次郎矢疵四ヶ所　切疵一ヶ所
同下人　左近次郎討死
曾我平四郎矢疵一ヶ所
同被官　宇佐木彦六討死
同下人　兵衛四郎討死　三郎次郎矢疵一ヶ所
曾我小四郎矢疵一ヶ所
同下人　又七切疵二ヶ所
片山三郎矢疵二ヶ所
同下人　助左衛門討死

神代弥三郎矢疵二ヶ所　鑓疵一ヶ所
同下人　左衛門九郎切疵一ヶ所　与五郎矢疵一ヶ所
　与大郎矢疵一ヶ所
丸毛次郎矢疵一ヶ所
吉田七郎　小者弟法師討死
仁保平四郎矢疵二ヶ所
已上
(仁保)護郷家人等討死幷被疵人数
郎徒正垣内平兵衛尉討死　同下人弥七郎討死
正垣内右京進討死　吉富与七討死
高橋藤次郎討死　格勤桑原新左衛門尉討死
僕従新三郎討死　六郎次郎討死
喜三郎討死　小者幸松　討死
廏者五郎次郎討死　弥次郎　討死
蒲生平次郎矢疵二ヶ所　同下人与七郎矢疵一ヶ所
吉富源三矢疵四ヶ所　正垣内弥五郎矢疵一ヶ所
蒲生彦六矢疵一ヶ所　高橋左衛門五郎矢疵二ヶ所 鑓疵一ヶ所

僕徒〔従〕源太郎 矢疵一ヶ所　小者 乙法師 矢疵二ヶ所

以上

文亀元年八月三日　（仁保興棟）長満丸

（武長）弘中兵部丞殿

○紙継目裏に弘中武長の花押がある。

○一一二八　大内義興感状写　○多々良氏家法

一豊前国馬岳（京都郡）城事、凶徒大友（親治）勢・同少弐（資元）勢去閏六月廿日以来執詰陣、既及難儀之間、同廿四日俄差遣之処、安楽平（筑前国早良郡）并高祖（同国怡土郡）両城衆内少々令同道則馳籠、同七月廿三日彼敵当日於詰口悉追討之時、自城内打出於切岸遂合戦之、一所衆安楽平城衆并郎従僕従已下軍忠人数注文加一見訖、尤感悦無極者也、各厳重可賀与之状如件、

文亀元年八月十三日

（武総）神代与三兵衛尉殿

○一一二九　大内義興感状（切紙）　○内藤家文書

「（封紙ウハ書）内藤々五郎殿　義興」

去月廿三日於豊前国馬岳（京都郡）城詰口、大友（親治）・少弐（資元）両家衆追討之時、最前切上遂合戦、一所之衆并郎徒・僕従等太刀討被疵、討捕頸彼是注文別紙加裏判 陶次郎興房注進状加一見畢、云高名云忠儀感謝不及言悟（語）、弥励勲功者可令忠賞之状如件、

文亀元年八月十三日　（大内義興）（花押）

（興行）内藤藤五郎殿

○一一三〇　大内義興感状（切紙）　○内藤家文書

「（封紙ウハ書）内藤々五郎殿　義興」

去月廿三日於馬岳（豊前国京都郡）城詰口、凶徒大友（親治）勢・同小弐（資元）勢当日悉追討合戦之時、一所衆并郎徒・僕従等軍忠之次第、同名（内藤）掃部助弘春注進到来、各人数注文加一見了、弥可被抽戦功之状如件、

文亀元年八月十三日　（大内義興）（花押）

（興行）内藤々五郎殿

〇一一三一　大内義興感状写　〇永田秘録杉英勝家証文

「上包
杉四郎三郎殿　義興」

去月廿三日於豊前国馬岳（京都郡）城詰口、凶徒大友（親治）勢幷小（少）弐（資元）勢当日悉追討合戦之時、太刀討粉骨之由杉十郎武連注進到来、尤神妙感悦之至也、弥可抽戦功之状如件、

文亀元年八月十三日　（花押影）（大内義興）

杉（長忠）四郎三郎殿

〇「　」部分は萩藩閥閲録萩町人渡辺与右衛門から補った。

〇一一三二　大内義興感状写　〇武州文書八条村阿川三郎兵衛

去月廿三日於豊前国馬岳（京都郡）城（詰）口、凶徒大友（親治）勢・同小（少）弐（資元）勢当日悉追討合戦之時、討捕萱島新左衛門尉粉骨之次第、同僕従被矢疵之由、神代紀伊守貞総注進到来、尤感悦之至也、弥可抽戦功之状如件、

文亀元年八月十三日　（花押影）（大内義興）

阿川孫七（総康）殿

〇一一三三　大内義興感状写　〇児玉韞採集文書

去月廿三日於豊前国馬岳（京都郡）城詰口、凶徒大友（親治）勢・同少弐（資元）勢当日悉追討合戦之時、太刀討同郎徒僕従等被矢疵之次第、神代紀伊守貞総注進到来、尤感悦之至也、弥可抽戦功之状如件、

文亀元年八月十三日　（花押影）（大内義興）

岡部彦左衛門尉殿

〇一一三四　大内義興感状写　〇大内氏実録土代河津氏

去月廿三日於豊前国馬岳（京都郡）城詰口、凶徒大友（親治）勢・同小（少）弐（資元）勢当日悉追討合戦之時、太刀討分捕、同郎徒山田惣左衛門尉大刀討粉骨之次第、神代紀伊守貞綱（総）注進到来、尤感悦之至也、弥可抽戦功之状如件、

文亀元年八月十三日　花押（大内）義興ノ

河津与三（光種）殿

○一一三五　大内義興感状（切紙）　○門司家文書

（端裏切封）
「（墨引）」

去月廿三日於豊前国小馬岳（京都郡）城詰口、凶徒大友（親治）勢・同少弐（資元）勢当日悉追討合戦之時、太刀討粉骨之次第、杉木工助弘依注進到来、尤神妙感悦之至也、弥可抽戦功之状如件、

文亀元年八月十三日　（大内義興）（花押）

門司民部丞（宗房）殿

○一一三六　大内義興感状写　○萩藩閥閲録門司太郎右衛門

去月廿三日於小馬岳（豊前国京都郡）城詰口、凶徒大友（親治）勢・同少弐（資元）勢当日悉追討合戦之時、至佐伯陣最前切上之由、杉木工助弘依注進到来、尤感悦之至也、弥可抽戦功之状如件、

文亀元年八月十三日　判（大内義興ノ）

門司弥次郎（依親）殿

○一一三七　大内義興感状（切紙）　○浦家文書

去月廿三日於豊前国小馬岳（京都郡）城麓、凶徒大友（親治）勢・同少弐（資元）勢当日悉追討合戦之時、太刀討被鑓疵頤、并郎徒手島隼人佑被鑓疵口肩・林太郎左衛門尉鑓疵臑、僕従二人鑓疵之由、杉小次郎興宣注進之旨、尤神妙感悦之至也、弥可抽戦功之状如件、

文亀元年八月十三日　（大内義興）（花押）

乃美備前守（家氏）殿

（封紙ウハ書）
「乃美備前守殿　義興」

○一一三八　大内義興感状写　○青柳種信関係資料

去閏六月廿四日以来於豊前国馬岳（京都郡）在城、殊難儀日夜防戦、仍被矢疵左（右イ）足粉骨之次第、烏田玄蕃允種通注進到来、尤神妙感悦之至也、弥可抽戦功之状如件、

文亀元年八月十三日　（大内義興）（花押影）

王丸中務丞（種）殿

○一一三九　問田胤世興之書状　○久利家文書

（モト封紙ウハ書カ）
「

問田五郎

久利又次郎殿　胤世」

去月廿三日至豊前国馬岳（京都郡）御城詰口、最前走揚軍忠之段、被減（感）
思食通、以奉書被仰出候間、進之候、最御高名之至目出候、
弥可被致忠節之条肝要候、恐々謹言、

（文亀元年）八月十三日　胤世（花押）

久利又次郎殿

○一一四〇　大内義興感状写　○永田秘録杉隆泰家証文

就九州凶徒退治之御下知、為前勢去春以来令在陣、諸篇別
而入魂、剰去月廿三日為豊前国馬岳（京都郡）城後詰、大友（親治）・少弐（資元）両
家衆追討之時、最前切上之遂合戦、一所衆幷郎徒僕従等太
刀討被疵、討捕頸、彼是注文別紙在之、加裏判之、注進状具加一見訖、
云高名云忠（ママ）議感謝更不及言語候、弥抽勲功者可為肝要之状
如件、

文亀元年八月廿三日　（大内義興）（花押影）

杉木工助殿（弘依）

（モト封紙ウハ書）「杉木工助殿　義興」

○一一四一　陶興房副状写　○萩藩譜録山中八郎兵衛種房写

去月廿三日於豊前国馬岳（京都郡）御城詰口、御高名之次第、致披露
候、仍被成御感状候、御面目至候、弥御馳走可為肝要候、
恐々謹言、

文亀元年八月廿三日　興房　判

長崎小太郎殿（勝親）

○一一四二　杉弘依譲状写　○萩藩閥閲録遺漏大玉新右衛門

長州室津郷（豊西郡）之内弘依給所之事、悉治部丞（来原）盛釼ニ譲渡所也、
然者有限致御奉公知行尤候、自筆譲状如件、

文亀元年かのとのとり八月日　弘依　判

○一一四三　大内義興袖判安堵状写　○萩藩譜録足軽深野某

（大内義興）（花押影）

周防国吉敷郡深野村六拾石地・同長野村内五拾石地・豊前
国規矩郡上得光北方内五十石足・同仲津郡友吉力満七町五

段地・同宇佐郡高家郷内弐拾石足・筑前国三笠郡長岡村弐拾四町地・同杉塚十弐町地・同那珂郡那珂村参拾町地等事、
右件地等事、養父深野修理進弘信任譲与之旨、深野次郎興信相続領掌不可有相違者也者、早守先例可全知行之状如件、

文亀元年九月十三日

○一一四四 神代貞総書状写 ○大友家文書録

□上聞、松田主計大夫方(英致)・飯尾近江(貞運)守方御奉書如此候、給御請文可進覧候、委細修理進申含候、恐々謹言、

(文亀元年)九月十六日　貞綱(総)　在判

立花殿(親直)　御宿所

○一一四五 杉氏家臣連署奉書案 ○到津家文書

就濃州(杉重親カ)御被官四日市次郎左衛門御誅伐之儀、神人等愁訴之段、御注進状致披露候、諸人対其主人緩怠之家人於成敗者、不可有他意様之段勿論候、殊信世上之風説可企愁訴者、太無謂候、以此▒(旨)能々可被申宥之由、可申旨候、恐々謹言、

文亀元
十一月三日　杉勾勘披官(ママ)大橋弥太郎　通徳　在判

内藤隼人佐　盛縄　在判

専使殿

○一一四六 室町幕府奉行人連署奉書写 ○大友家文書録

就義興(大内)退治、任□(治罰之旨)被成　御内書・御下知等、為使節被差下泰甫和尚於安芸・石見両国之処、各可致別忠之段、捧請状之上者、被存知其趣相談之、弥可被抽忠節之由、所被仰下也、仍執達如件、

文亀元年□(十二月二日)　加賀前司(飯尾清房)　在判

大和守(飯尾元行)　在判

大友備前守殿(親治)

大内太郎殿(高弘)

太宰少弐殿(資元)

菊地肥後守(武運)殿
河野六郎　殿
「右連署奉書、
五人分各書也」

文亀二年（西紀一五〇二）

○一一四七　陶弘詮奉書　○興隆寺文書

（モト第二紙切封ウハ書カ）
「(後筆)『大頭注文事』（墨引）陶兵庫頭
相良遠江入道殿　弘詮」

為年始之儀、去十日致参上、只今罷上候、仍
氷上山大頭役御鬮事、法泉寺殿(大内政弘)御在洛御留守中如何候哉、
定可有御覚悟候、若無其儀候者、明日御登山之時、以御尋
具御申通可致注進之由候、恐々謹言、
(文亀二年)正月廿九日　弘詮（花押）
相良遠江(正任)入道殿

○一一四八　相良正任自筆書状案　○興隆寺文書

（端裏書）「文亀二年二月三日
法泉寺殿様御在洛御留守之時、御鬮事相良遠江入道
正任言上案文」

（大内政弘）法泉寺殿様御在京之時、於御留守　氷上山大頭役御鬮事、
預御尋候、御札委細存其旨候、（陶弘護）尾州より来年誰と御伺候し、
（大内教弘室、同政弘母）妙喜寺殿様の　御自筆の　御書まいり候て、都鄙被仰調候
し間、なにと御申候しとハ不存心仕候、当山深秘にて御
座候次第をハ連々御定候し、自明日可参籠仕候之間、尋申
候て委細重而可令申候、恐惶謹言、
（文亀二年）正月廿九日　正任
（弘詮）陶兵庫頭殿　人々御中

○一一四八～一一四九号文書は一紙に書かれている。

○一一四九　相良正任自筆書状案　○興隆寺文書

（大内政弘）法泉寺殿様御在洛御留守中　氷上山大頭役御鬮事、別当源
孝法印に尋申候へハ、其比の時宜無御存知之由被仰候之間、
仏乗坊源俊僧都に尋申候之処、彼被申候ハ、くわしき事を
ハ存知仕候ハねとも、其比（陶弘護）尾州の御そはに不断候て承候し
ハ、未懃の人数を尾州御しるし候て、此内これ〳〵御鬮人
数にて候とて　（大内教弘室、同政弘母）妙喜寺殿様へ御申候て、御鬮をハ　御名代
の御かたいつも　（大内政弘）殿様の御したゝめ候やうに御したゝめ候、
御鬮をめし候やうも不相替候とおほえ候由被申候、京都へ
妙喜寺殿様・尾州なと御伺候しやうハ、去廿九日申候つる
分に候、以此旨可有御注進候哉、恐惶謹言、
（文亀二年）二月三日　正任
（弘詮）陶兵庫頭殿　人々御中

（押紙）明応八年二月九日於　御前、正任依仰書之、

○一一五〇　相良正任自筆書状案　○興隆寺文書

（端裏書）「大頭役未懃注文進上之時、相良遠江入道正任状案
文亀二二三
此注文同十一日返給了」

御奉書謹以拝見仕候、仍　氷上山大頭役未懃人数注文事被
仰出候、別当前にて相共二月会箱を開候て、彼注文撰進上

仕候、此人数御秘密之由、法泉寺殿様（大内政弘）堅被仰含候之間、
うへをつゝミ候て、かたくそこいつけ（続飯付）に仕候て進上仕候、
此折紙のうちに未勲の人のかたに親父の名字をつけさせら
れて候ハ、未勲にてハ候へとも、その家に被勲たるとしの
ちかく候を可被知食ために、明応八年（二月）歟つけさせられたる
物に候、自然御事しけく候て、御心得にくゝも候てハと存
候て言上仕候、以此旨可預御心得候、恐々謹言、
（文亀二年）二月三日　　正任
弘中兵部丞（武長）殿
（押紙）明応八年二月九日於　御前、依　仰正任書之、

○一一五一　問田弘胤奉書案　○杉隆泰家文書

来年　氷上山修二月会大頭役之事、被任御鬮候、然者守先
例可有取沙汰之由、依仰執達如件、
文亀弐年二月十三日　　大蔵少輔（問田弘胤）「（裏書）裏判在之」
謹上　陶兵庫頭（弘詮）殿

○一一五二　大内氏家臣連署状案　○到津家文書

宇佐宮御神領筑前国山野（嘉麻郡）・立岩（同郡）・椿弁分（穂波郡）三ケ所事、雇夫諸
典役以下、任前之支証之旨、去明応九年十二月廿七日被御
下知候、此旨無相違之様御裁許肝要候、此等之趣、具為御
心得裏封案文令進候、恐々謹言、
文亀弐
三月七日　　龍崎中務丞　道輔
杉木工助　弘依
弘中兵部丞　武長
杉勘解由左衛門尉　武道
杉十郎（武連）殿

○この文書は一一五八号・一七〇一号・一七〇二号文書と一紙に書かれている。

○一一五三　大内義興書状写　○萩藩閥閲録　周布吉兵衛

去年三月□八日自京都御下知、細川京兆（政元）・武田豆州（元信）幷大友
備州（親治）・大護院（大内高弘）書状等被進之候、即致披露候、尤神妙之通、
得其心可令申候由被仰出候、恐々謹言、
（文亀二年カ）三月廿六日　　義興　判

周布(元兼)左近将監殿

○一一五四　杉武道請文案　○石清水文書

(端裏書)「武道請状案文」
石清水八幡宮領筑前国所々事
北郷　加灯　逢染　席田　高宮　倉光上下御代官職御
補任之上者、
正税京着百伍拾貫文毎年十月中可致社納候、万一未進懈怠
之時者可有御改易者也、次本米千四拾余石之事、慥致御返
弁候者、雖為何時所々下地之事可去渡申候、至其時不異儀
御直務肝要候、仍為後証請状如件、
文亀二年三月　日　　杉勘解由左衛門尉
武道　在判
田中門跡御内
安(按)察法橋(奏禅)御坊

○一一五五　大内義興袖判下文写　○萩藩閥閲録大庭源大夫

大内義興ノ
判

下　大庭平左衛門尉元景
可令早領知豊前国田川郡赤庄内珠数丸拾壱町大庭形(刑)部丞・盛景先知行分
同所吉永分陸町五段地弘中新兵衛尉兼朝先知行分等事
右以人所充行也者、早守先例可全領知之状如件、
文亀弐年四月七日

○一一五六　大内氏家臣連署奉書写　○防長寺社由来物社八幡宮

就防長両国寺社領半済法度条々之事、以去明応八年卯月廿
一日奉書被仰出之処、彼背奉書之旨、半済給人押妨之由、
社家愁訴無余儀之通被仰出畢、然者任已前奉書旨、畠地山
野河海供僧僕徒社官幷菜園以下等事、為給主不可及濫吹之
由、重而所被仰出也、仍執達如件、
文亀弐年卯月十日　　右兵衛尉(花押影)
(龍崎道輔)中務丞(花押影)
(弘中武長)兵部丞(花押影)
(杉弘依)木工助(花押影)

厚西郡惣八幡宮領
　社官中

〇一一五七　大内義興書状（切紙）　〇浦家文書

（端裏切封）「（墨引）」

長々在陣窮屈令推察候、九州之儀別而加下知子細候之間、定近々可属静謐候哉、其間之事弥馳走可為喜悦候、猶委細杉小次郎（興宣）可申候、恐々謹言、

（文亀二年カ）卯月廿三日　　義興（花押）

乃美備前守（家氏）殿

（封紙ウハ書）「乃美備前守殿　　義興」

〇一一五八　杉武道書状案　〇到津家文書

筑前国御神領郡役事、先年御免許之儀、当役人可有存知通、重而被成奉書候処、存其旨由候、返答之次第御丁寧御申可然候、事々猶期後信候、恐々謹言、

文亀弐
五月一日　　武道

前太（ママ）宮司到津殿
　御返報

〇この文書は一一五二号・一七〇一号・一七〇二号文書と一紙に書かれている。

〇一一五九　大内義興袖判下文写　〇萩藩閥閲録末武与五郎

（義興ノ）判

下　　末武左衛門大夫長安

可令早領（知脱カ）長門国阿武郡椿郷内賀川津五石野田孫右衛門尉・先知行分・豊前国上毛郡酒丸拾五石地森下右衛門次郎先知行分等事

右以人所充行也者、早守先例可全領知状如件、爰件地事、去明応七年十一月七日於豊後国玖珠郡青内山合戦之時、味方無利而右田右馬助弘量于時当陣人躰討死之刻、一所進出太刀（之脱イ）始数箇所被疵、已身命危急之処、郎徒僕従等落合令扶佐之、万死一生之勲功不可勝計之故、所令忠賞之状如斯矣、

文亀弐年五月廿三日

○一一六〇　大内氏家臣連署奉書（切紙）　○浦家文書

（端裏切封）「（墨引）」

就九州之儀、去年以来於杉小次郎（興宣）一所被遂在陣、毎篇馳走、殊陣取或動等之儀、悉皆被加指南候之通、以杉木工助（弘依）、巨細（杉）興宣言上候、尤肝要候、弥無由断相談可為専一候、此等之旨、得其心能々可申之由候、恐々謹言、

（文亀二年カ）五月廿三日　（龍崎）道輔（花押）

（弘中）武長（花押）

（家氏）乃美備前守殿

（封紙ウハ書）「弘中兵部丞
龍崎中務丞

乃美備前守殿　武長」

○一一六一　龍崎道輔書状　○山口家文書

御末寺宝陁寺　御判之事、尊札幷吉田平兵衛尉（正種）吹嘘（挙）之状候通、令披露候之処、無相違被成　御裁許候、尤目出候、此等之趣委細御使僧申候之条、不能巨細候、可得御意候、恐惶謹言、

（文亀二年）六月廿三日　道輔（花押）

妙喜寺　衣鉢閣下

尊答

○一一六二　吉田正種書状　○山口家文書

継目　御判御申次第、某者於山口御留守仁祇候之間、至長府（長門国豊東郡）以龍崎中務丞道輔遂披露候之処、任去文明十年八月十七日　法泉寺殿（大内政弘）様御裁許之旨、去廿三日被成　御証判候、尤目出候、於正文者可被留置本寺妙喜寺之条、裏封案文可被進之由申候、堅可被召置候、仍御寺領事、構無　御判地当時望申仁に候処、可然時分御申肝要之至、御大慶奉察候、恐々謹言、

（文亀二年）六月廿六日　正種（花押）

宝陀寺侍者禅師

○一一六三　大内義興預ヶ状　○冷泉家文書

周防国玖珂郡由宇郷内拾三石高石三郎先知行分・同国都濃郡千世次

保内参拾石地森下右衛門次郎先知行分事、為豊前国宇佐郡千歳丸拾五
石・同国下毛郡松尾牛丸拾五石地代所、預置者也者、早守
先例可被全領知之状如件、
文亀弐年八月三日
左京大夫(大内義興)(花押)
冷泉(興豊)下野五郎殿

○一一六四 大内義興袖判同家臣奉書写 ○萩藩閥閲録 臼杵平左衛門

義昭公 興ナルヘシ
御判
周防国吉敷郡内天花陸段田地野上兵庫入道跡、但彼六段地者預置篠原孫七郎護(弘照カ)為母
云々、彼壱期後者可為長守進退之・同国佐波郡内五石足地元杉孫右衛門尉知行号篠原屋敷
等事、去文明三年四月四日・同十一年八月九日以法泉寺殿(大内政弘)
袖御判両通之、任篠原孫左衛門尉守秀譲与之旨、息四郎長
守領掌不可有相違之由、依仰執達如件、
文亀二年八月三日 右衛門尉 奉

○一一六五 大内氏家臣連署奉書案 ○永弘家文書 『大分県史料』

(端裏書)「正文在□
御奉書□
豊前国下毛郡高□(瀬カ)内拾五町地坪付別紙有之代官職事、所被補任
也、然□付件土貢米之内、宇佐宮番長進止□(米カ)五石幷羅漢
寺正税五石彼是拾石事、毎年厳重致其沙汰、於余得分者、
為当寺旦過免料寺務無相違之処、近年江湖往復一宿一飯令
怠慢由有其聞之、奸曲之至、不可誡者一円雖可有改易之、
別而以優恕之儀、右分米事被付寺家畢、若悔先非致如法沙
汰者可被還補条、先被召預之旨所被仰出也、仍執達如件、
文亀弐年八月廿三日
中務丞(龍崎道輔) 在判
兵部丞(弘中武長) 同
木工助(杉弘依) 同
永弘式部之丞(氏輔)殿

○一一六六　益田宗兼代々忠節之条々　○益田家文書

代々致忠節候条々事

一筑前国深井〔江カ〕(怡土郡)御合戦之時、於石見国者兼理(益田)一人援出、討死仕、致忠節候事、
付就津毛(美濃郡)・疋見(同郡)・丸毛(同郡)三ヶ所儀、兼理依数年歎申候、御約束事、

一兼理息藤次郎、於九州御陣死去仕立御用候事、

一祖父兼堯(益田)、芸州矢野(安南郡)・倉橋(同郡)御陣之時、出張仕抽忠節候事、

一芸州己斐(佐西郡)御陣之時、兼堯参陣仕、親類被官数十人分捕太刀討被疵、致忠節候事、

一伊与(予)御陣之時、親候全田(貞兼)御供仕、於所々親類被官数十人分捕太刀討被疵、致戦功候次第、石見国者共細川殿(勝元)江就訴申候、祖父兼堯於京都預御成敗候之際、以種々儀至当所山口罷下候事、

一御一乱之時、法泉寺殿(大内政弘)様御上洛仁全田御供仕、於所々致忠節候之処、御留守就御分国忩劇、罷下可抽忠功由被仰付候間、下国仕、石見国者共雖致御敵候、全田一人陶弘護申合致忠節候事、

一道頓(大内教幸)至賀年(長門国阿武郡)、石州者共致馳走、御出張候之処、為後巻全田出陣仕、豊田城(石見国美濃郡)・同井手懸城・小倉城・高津小城(同郡)責落、乱入仕候之間、賀年御敵即時没落候、道頓御引分之時節、覃度々、捨悴家全田御味方仕候、御感状数十通于今所持仕候事、

一法泉寺殿様九州御進発之時、全田御先勢御一所仁於所々致忠節候、其已後　法泉寺殿様赤間関(長門国豊東郡)迄御下向之時、是又最前仁全田参陣仕、抽戦功候事、

一内藤肥後守(弘矩)於防府(周防国佐波郡)御成敗之時、不廻時日宗兼(益田)参陣仕、親類被官数十人分捕太刀討被疵、抽忠節候事、

一明応六年九州御進発之時、宗兼出張仕、於城山(筑前国御笠郡カ)惣御陣太刀始、親類被官数十人分捕高名仕、被疵候、就城山落居、筑前国御敵当日仁退散候、一段抽忠節候、同於肥前小城(小城郡)御陣も致粉骨候事、

一豊州佐田(豊前国宇佐郡)御陣之時、悴者共数十人被疵、致戦功候事、

一以御扶持代々悴家相抱候、殊愚領津毛・疋見・丸毛三ヶ所之事、当　御屋形(大内義興)様御一行頂戴仕候、忝存候、弥得御扶持可致忠節事、

右、代々罷立御用候次第、少々御私迄注進覧之候、雖事
新様候、以此筋目、於向後も為可抽忠節申入候、以御次
可然様奉頼御意得候、恐々謹言、
(文亀二年カ)十月十日　　宗兼（花押）
陶(興房)殿　参
○この文書の裏に大内義興の花押がある。

○一一六七　大内義興書状　○益田家文書

(モト封紙ウハ書カ)「益田孫次郎殿　義興」
代々異于他申承候之段歴然候之間、去年御出陣遅々如何由
申候之処、依委細承候散積鬱候了、尤可然候、仍永享三年
筑前国深江(怡土郡)合戦之時、於曾祖父徳雄(大内盛見)一所兼理(益田)討死候、其以
来対当家被成深甚勲功候之次第、十二ケ条注給候之趣、
連々存其旨候、惣別者、自其已前不准自余之通候之儀、定
而可有御存知候、年来別而自他無等閑候事、如此之因候之
条無余儀候、殊当時相兼公私可被抽忠節旨、其外猶又条々、
対我々於宝印裏以　神名承候之通、六ケ条彼是両通具遂披
閲候、然上者、至無御心中相違者、宗兼之進退不可令見放
候、此旨　妙見大菩薩可有照覧候、恐々謹言、
(文亀二年カ)十月十三日　　義興（花押）
益田孫次郎(宗兼)殿
(第二紙切封)「（墨引）」

○一一六八　大内義興書状　○毛利家文書

(封紙ウハ書)「毛利幸千代丸殿　義興」
代々申承候之次第、自他不相替之処、今度又三箇条以
神名御懇承候、尤本望之至候、然上者、
氏神可有　照覧之候、弥別而不可有疎略候、心事猶杉二郎(弘相)
左衛門尉可申候、恐々謹言、
(文亀二年カ)十月十三日　　義興（花押）
毛利幸千代丸(興元)殿

○一一六九　陶興房宛行状写　○萩藩譜録河内山甚右衛門光通

(周防国都濃郡)大道理弐拾石地西殿先御知行分坪付別紙在之事、為新給所宛行也者、早守

先例全領知、弥可抽奉公之状如件、

文亀弐年十月廿九日　興房　判

奈良橋主計允殿

〇一一七〇　大内義興書状　〇満盛院文書

当社領早良郡（筑前国）分事、就境目所用之儀暫時可致殊沙汰之由、相企候之処、数通　公験証文等雑掌随身候、拝閲之旨　神慮難測候故、当時修造最中之由候之条、旁以社務不可有相違之通、厳密之加下知候、弥早速被遂造功候者尤可為肝要候、此等之旨猶杉十郎（武連）可申候、恐々謹言、

（異筆）「文亀弐壬戌」

十一月十三日　義興（花押）

満盛院

〇一一七一　大内氏家臣連署奉書　〇満盛院文書

（モト封紙ウハ書カ）

「（異筆）『到文亀弐壬戌十一廿二』

杉木工助

弘中兵部丞

龍崎中務丞

満盛院

社家御中　弘依」

当宮領早良郡（筑前国）分事、就安楽平（早良郡）御城方之儀暫時可有半済之由議定候之処、御造営最中上、往古以来如此臨時天役以下別而御免許之次第、数通　公験証文等以雑掌御注進趣、慥遂披露候、　神慮尤難測候、殊及此御沙汰候者造功不可成就由候之条、旁以被閣候、就之被成御書候、一段御敬神之至候、然者不日造畢之様可被励筋力候、仍対郡代神代与三兵衛尉（武総）直被加御下知候、当所務以下聊無相違之様、　社納可為肝要候、此等之旨猶杉十郎（武連）可申調之由被仰出候、尤目出候、恐々謹言、

（文亀二年）十一月十三日　（龍崎）道輔（花押）

（弘中）武長　御用他出

（杉）弘依（花押）

満盛院

社家御中

○一一七二　大内義興書状案　○満盛院文書

(端書)「御書案文　文亀二壬戌」

太宰府　天満宮御領早良郡分事、就安楽平(筑前国早良郡)城方之儀暫時加下知子細候之処、以社家証文幷僧官以下連署状訴訟之通得其心候、　神慮難測候之上、当時殊造営最中之由候之条、旁以不可有相違候、弥不日造畢馳走可為肝要之旨可被申与候、恐々謹言、

(文亀二年)十一月十三日　　義興　御判

杉十郎(武連)殿

○一一七三　大内氏家臣連署奉書写　○青柳種信関係資料

太宰府天満宮領早良郡(筑前国)□(分事、就安楽平カ)御城方之儀半済事被仰出候処、□御免之辻当時御造営□ニ候、旁以□(可)由、一社連署幷吹挙□社家雑掌随□□(身)令披露候、数通公験証文等上覧候、国中寺社領之事、暫時可有殊御沙汰候由、被仰出候上者、何以雖不可有勝劣候、当社事既御造営最中之処、及此義候者造功難有成候間、別而為御敬神御免之旨、以更御書被　仰出候、尤目出候、然者当所務已下聊無相違之様、可被加裁判候、仍対神代与三兵衛(武総)尉被成　奉書、□(以)此旨不日当□□畢様、可被申談之由候、□□(恐々)謹言、

文亀二
十一月十三日

杉木□□(工助)(龍崎中務丞)　道□(輔)
弘中兵部丞　武□(長)
(杉木工助)龍崎中務丞　□□(弘依)

杉□(十)郎(武連)殿

○一一七四　大内氏家臣連署奉書　○満盛院文書

(モト封紙ウハ書カ)
「(異筆)『到文亀弐　十一廿四』
杉木工助
弘中兵部丞
龍崎中務丞
神代与三兵衛尉殿　弘依」

就当御城安楽平御用、早良郡(筑前国)中以寺社領半済之准拠、太宰府　天満宮領事、暫時可被借召候由、以前雖被仰出候、

当宮事造営最中候、就此儀作事等令停止、神官・社僧愁鬱
以外之由、其聞候上、以雑掌古来如此天役不及沙汰旨、
公験証文歴々上進候之間、別而為御敬神被閣候、然者当所
務以下聊無相違様、対社家可被沙汰渡候、此等之旨猶杉十(武連)
郎可有裁判之由候、恐々謹言、

(文亀二年)十一月十三日　(龍崎)道輔（花押）

(弘中)武長御用他出

(杉)弘依（花押）

神代与三(武総)兵衛尉殿

文亀三年（西紀一五〇三）

○一一七五　大内義興安堵状案　○興隆寺文書

(端裏書)「御判案文　福成寺継目　武員　奉」

安芸国東西条福成寺事、任代々裁許之旨、云寺家云寺領、
如先例領掌不可有相違之状如件、

文亀三年三月六日

左京大夫多々良朝臣(大内義興)　御判

氷上山別当御坊

○一一七六　問田弘胤副状案　○興隆寺文書

安芸国東西条福成寺事、今日被成
御判候之間、令進之候、誠目出存候、恐惶謹言、

三月六日　弘胤　在判

(裏書)「文亀三癸亥」

氷上山
　別当御坊中

〇一一七七　大内義興預ヶ状写　〇萩藩譜録阿曾沼内記秀明

周防国小周防(熊毛郡)内国衙領東西坪付別紙有之事、所預置也、爰件地事、就温科大蔵少輔国親本復之儀、所帯等還補之条、代所事以便宜地可令裁許之、然者、其間有限於正税者毎年厳重被致其沙汰之、至余得分者、守先例可被全領知之状如件、

文亀三年三月六日　　在御判之(大内義興)

　阿曾沼近江守(弘秀)殿

〇一一七八　大内義興書状（切紙）　〇右田毛利家文書

(端裏切封)「（墨引）」

近日者依無其題目相過候、非疎意候、長々御在陣窮屈令推察候、対年寄共一段加下知之子細候之間、弥相談可為喜悦候、此等之旨猶杉小次郎(興宣)可申候、恐々謹言、

(文亀三年カ)卯月十三日　　義興（花押）

　天野民部大輔(興次)殿

〇一一七九　白崎八幡宮棟札銘　〇白崎八幡宮

防州岩国(玖珂郡)白崎八幡宮者、中古当国遠石(周防国都濃郡)八幡化白鷺垂迹于室木矣、爰有清縄左衛門尉息男弯弓欲射暴死、亦蘇自託宣曰我是八幡大菩薩当境旺化済度衆生、故於彼琵琶頸、建長二年庚戌正月廿日願主清縄左衛門尉・大工藤原元国建立小社、奉致薄尊祭祀也、厥后貞和三年戊子九月十七日願主弘中堂内源兼胤遷宮于白崎山、寄進社領定社役等、巍々宮殿堂々奇麗鳥居表[梵字]字空門緋玉垣者[梵字]字形也、出入者必消滅無始罪障也、其後山名細川之弓箭天下二分之兵乱也、両家不遑剣鉾、然応仁元年五月十日多々良(大内)政弘上洛也、弘信(弘中)致供奉為公私帰国之祈念上葺焉、文明亖年壬辰四月初二日源左衛門尉弘信堂内五代子孫也、同修造司瑞光寺喜昱蔵主俗姓源氏也、大工平兼宣也、百年后罹明応第五歳六月二十七夜之火災神宮焼燼、其年八月吉日源弘信重興当社之処、厥冬少

弐一族蜂起、筑之前州太守多々良(大内)義興公引率軍勢発向、敵
方処々城郭輒追落、剰討得少弐父子四員也、肥前国令探
題・千葉等諸将構細柳営可謂禱虚回然間、次歳春中弘信再
興当社当年戊午(明応七年)春三月十八日僅御宝殿造畢也、先祖分限等
雖巨多、弘信(弘中)親源兼勝之代澄清寺殿(大内持世)・勝音寺(大内持盛)両家御弓矢之
時、勝音寺殿依為御家督御供仕、依負方本領已下相違也、
築山殿(大内教弘)御代彼神領計対兼勝(弘中)令安堵畢也、文亀三年癸亥四月
二十八日上棟卯剋迂宮戊刻　舞殿籠所等如形茅店造畢、遷宮于旧所、
且夫資財之力不足乎、且又擬　御伊勢太神之宮居者乎、若
又吾家子孫中、信力与神助相応而富貴繁昌時、復旧観者也、
仍作銘々曰、白崎大社、中洲開基、八幡三所、化白鷺児、
六道郡類、仰青竜姿、北闕修好、南風為綏、元在室木、子
葉孫枝、今遷当所、丹鶴緑亀、外現菩薩、内秘阿弥、慕晋
楚富、供夏殷楽、神子神楽、吹損吹篪、清和玄冒、弘中白
眉、百年寿命、万行慈悲、庶幾宋廟、久於僧祗、鎮護家国、
至三会時、

文亀三年癸亥四月二十八日　大工平信家

願主弘中右衛門尉源弘信法名源忍同嫡男興輔

○一一八〇　大内義興袖判安堵状写　○元重実家文書

(大内義興)
(花押影)

父十郎盛信(弥富)一跡事、任去明応七年八月廿二日与奪之旨、弥
富孫十良依重相続領掌不可有相違之状如件、

文亀三年六月十三日

○一一八一　日積村八幡宮棟札銘　○大帯姫八幡宮

本願性泉　大工藤原朝臣孫左衛門尉元定
奉造立日積村(周防国玖珂郡)八幡宮御宝殿　大宮司塚原式部太夫
文亀三年八月十三日大檀那平朝臣重兼

○一一八二　大内氏家臣連署奉書写　○青柳種信関係資料

安楽平(筑前国早良郡)新御城衆弐拾人被差下去年以来在国候、各無足□
候之条、以早□(良郡中カ)寺社領半済可被加御扶□□(持之)由、□

有子細不被及御沙汰候畢、□帰国之由候、不□候、
仍筑前□除氷上・宇佐・天満宮・箱崎等無用捨御合力□大村
日向守（重継）被仰談、以当土貢可□於余処分者、当国□（無足衆カ）
先□之前被相計可有配□（分カ）、然者其人数□（追カ）銘々可有
注進之由候、恐々謹言、

文亀三亥
九月六日　前与相違 龍崎中務丞 道輔
弘中兵部丞 武長
杉木工助 前与相違 弘依

杉十郎（武連）殿

○一一八三　杉武連奉書写　○筑前国古帖証文『新修福岡市史』

筑前国早良郡櫛田宮領野花庄三町四段大 半済壱町七段小・那珂郡薬院村拾四町
半済七町之内三町三段三百歩之事、御扶持之、然者任打渡
旨不可有所務相違者也、但寺家還補之時者可被進相当代所
由、被成御下知候、仍而執達如件、

文亀三年九月十八日（伝写ノ誤歟〔転〕）　武連 書判

石津弥五郎殿

○一一八四　須々万八幡宮十六善神裏書写　○防長寺社由来 須々万八幡宮

（周防国都濃郡）須々万村八幡宮ニ有之十六善神裏書写

奉寄進須々万郷八幡宮御宝殿
文亀三年癸亥十月一日
願主勝屋貴為《ムチタメ》

右八十六善神裏に古キ紙ニ調、押紙ニて調有之、
元禄十四辛巳十月一日奉再表具寄進願主
木村伝右衛門尉家続

○一一八五　杉武連奉書　○大村家文書

筑前国糟屋郡宇美宮御神領六拾八丁 半済三十四町内五町事、御扶助
之、然者任打渡旨不可有所務相違者也、但社家還補時者相
当代所可被遣之由、被成　御下知候、仍執達如件、

文亀三年十一月廿七日　武連（花押）

大村（重成）新左衛門尉殿

○一一八六　大内義興安堵状　○正法寺文書

長門国厚狭郡松岳山普門坊々主職事、任去文亀三年五月十二日円意僧都譲与旨、云寺家云寺領、円城律師領掌不可有相違之状如件、

文亀三年十二月六日

左京大夫（大内義興）（花押）

永正元年（文亀四・西紀一五〇四）

○一一八七　興隆寺修二月会頭役差文　○興隆寺文書

差定

興隆寺修二月会大頭役事

明年大頭　杉美濃守重親

脇頭　長門国豊田郡

三頭　同国厚東郡

右所差定之状如件、

文亀三年二月十三日

左京大夫多々良朝臣義興（大内）（花押）

○一一八八　白石重勝半済坪付　○平野家文書

豊前規矩郡吉田村　八幡龍王□（免カ）

半済相分坪付事

合

一所　五反内廿五代不　南　元倉畑
一々　卅代　北　沼尻
一々　□（卅）代　北　円堺
一々　拾五代不　南　大サウキ
以上六反廿五代

右田□外、五段之事不知行之由宮司頻申之間、先以此前相分仕畢、五反地落着之時、重而可相分状如件、

（永正元年）
文亀四年三月五日　白石平左衛門尉　重勝（花押）

八幡龍□（上）免　宮司

○この文書の紙背には花押が三顆ある。

○一一八九　陶興房書状　○満盛院文書

今度　社頭御炎上之時、当院御重書御紛失之由承候、無勿躰候、就其親候尾張守（陶弘護）之時、彼御案文等写給候、只今可進之通蒙仰候、雖相尋候于今不求出候、雖為何時出来候者可進之候、聊不可有御等閑候、仍唐莚壱枚被懸御意候、畏入候、猶委細自法泉寺（徳宥）可被仰候、恐々謹言、

（永正元年）
閏三月十二日　興房（花押）

満成院
御返報

○一一九〇　法泉寺徳宥書状　○満盛院文書

（モト封紙ウハ書カ）
「（異筆）『到文亀四閏三十六』　法泉寺
満盛院御返報　徳宥」

当院重書案文事、則陶殿（興房）江申候、御使を留久可相尋之由被仰候之間、抑留申候、数日御尋候へ共未到来候間、自陶殿（興房）御返事候、涯分尚々可有御尋之由被仰候、何時も被見出候者自是態可持進候、不可有無沙汰候、又清布壱端送給候、祝着候、毎々御芳志忝候、案文を被認出候者可進候、其時委細可申候、恐々謹言、

（永正元年）
閏三月十二日　徳宥（花押）

満盛院　御返報

立紙

〇一一九一　大内氏家臣連署奉書写　〇今川家文書

国衙領小周防内、(周防国熊毛郡)対阿曽沼近江守(弘秀)方被預遣残分寺社折中分佰五十四石三斗余地事、為公用方被遂催促、米麦銭収納次第可有運送之由被仰出候、御代官事、追而可被仰出候、其間者両人執沙汰可為肝要之由候、恐々謹言、

文亀四(永正元年)
卯月十七日　道輔(龍崎)　在判
弘胤(問田)　在判

五葉院
得富右衛門尉(茂貞)殿

上書
五葉院　問田大蔵少輔
得富右衛門尉殿　御奉書案文　龍崎中務丞
弘胤

〇一一九二　細川澄元カ書状写　〇安富勘解由左衛門尉筆記

永正元細川殿御書
一御内書頂戴忝畏入存候、仍御太刀一腰安家・御馬一疋進上仕候、可然之様可預御披露候、恐々謹言、

(永正元年)
八月廿四日　六郎(細川澄元カ)
大内左京大夫(義興)殿

〇一一九三　細川道空成之書状写　〇安富勘解由左衛門尉筆記

永正元讃州ノ状也
一就御馬進上儀　御内書拝領忝畏入存候、抑重比〔被〕官人等御下知被成下候、面目之至不可過之候、各可致忠節旨堅可申付候、此趣宜預御披露候、恐々謹言、

(永正元年)
八月廿四日　道空(細川成之)　在判
大内左京大夫(義興)殿
うら書
慈雲院

〇一一九四　山名豊重書状写　〇安富勘解由左衛門尉筆記

永正元
一就御入洛之儀、被成下
御内書候、畏頂戴仕忝存候、雖為何時可致其覚悟候、不存疎略緩怠之旨宜預御披露候、恐々謹言、

ウハ書ハ如此
十月七日　治郎少輔豊重　判
謹上　大内左京大夫(義興)殿
うら書
山名

〇一一九五　飯田氏カ袖判同家臣連署奉書写　〇防長風土注進案宮崎伊織

袖御判在

就厚保（長門国美禰郡）両社官之儀被致注進趣、則遂披露候処、被成御分別候、鼓頭役幷師太宮司役任前々例左衛門太夫被仰付候、然者御寄進之地之内元三田三段小事、以先規令遣〔進カ〕退之不可有相違之儀之趣、可被申与之旨、依仰状如件、

永正元年甲子十一月廿六日　貞国　判

頼重　判

飯田式部殿

〇一一九六　大内義興袖判下文写　〇河津伝記

凌雲院殿（大内義興）袖判

下　河津与三興光

親父掃部（河津）允弘業所帯之事、任譲与之旨、興光相続領掌不可有相違之状如件、

永正元年十一月廿七日

〇一一九七　大内義興袖判安堵状写　〇河津伝記

凌雲院殿（大内義興）御判

筑前国粕屋郡福万庄内大森神領四町・内〔同イ〕社務職事、如先証専神役以余得勤仕武役、任親父掃部（河津）允弘業申請之旨、河津与三興光守先例可遂其節之状如件、

永正元年十一月廿七日

〇一一九八　大内義興下文写　〇田原家文書

〔御判脱カ〕

下　沼小三郎興国

可令早領知長門国美禰郡加万別府内参拾石地弘中孫八先知行分事

右以件人所充行也者、早守先例可全領知之状如件、

永正元年十二月十三日

永正二年（西紀一五〇五）

〇一一九九　陶興房禁制　〇禅昌寺文書

禁制　　禅昌寺

右当寺甲乙仁等濫妨狼籍〔藉〕事、堅被加制止畢、若有違犯之輩
者、可処厳科之由、依仰下知如件、

永正弐年二月六日　　中務少輔（陶興房）（花押）

〇一二〇〇　興隆寺修二月会頭役差文　〇興隆寺文書

差定

興隆寺修二月会大頭役事

明年大頭　内藤彦太郎興盛

脇頭　筑前国嘉摩郡

三頭　（同国脱）鞍手郡

右所差定之状如件、

永正弐年二月十三日

左京大夫多多良朝臣義興（大内）（花押）

〇一二〇一　大内義興安堵状　〇冷泉家文書

周防国都濃郡河内郷内拾五石地号地頭方在坪付別紙事、任冷泉五郎
興豊約諾状之旨、玉信僧都進止永不可有相違之状如件、

永正弐年二月廿三日　　左京大夫（大内義興）（花押）

〇一二〇二　大内氏家臣連署奉書　〇興隆寺文書

就公方様（足利義尹）御上洛御用、去年永正元被相懸御分国中加増段銭
内　氷上山領分事、御申通以御札遂披露候、仍彼御要脚事
雖被定御足付候、当山領事別而可被免除候由被仰出候、
此外者縦前々雖御免許在所候、不可準之旨、能々可申由候、
恐々謹言、

（永正二年）二月廿九日　　武清（伴田）（花押）

貞頼(宮川)（花押）

問田大蔵少輔(弘胤)殿

○一二〇三　問田弘胤遵行状　○興隆寺文書

就公方様(足利義尹)御上洛御用意、去年永正元被相懸御分国中加増段銭候間、当山事　御代々諸役御免除候、殊当御代(大内義興)別而被成御判候旨、具達　上聞候間、被分聞召、去廿九対弘胤(問田)奉書如此候、然者末寺已下此趣早速重々可被相触候、恐々謹言、

(永正二年)三月八日　弘胤（花押）

氷上山
　別当御坊中

○一二〇四　大内義興袖判下文　○三浦家文書

(大内義興)（花押）

下　仁保次郎興貞

可令早領知筑前国穂波郡高田村肆拾弐町四段余地杉平太郎武廉跡事

右以人所充行也者、早守先例可全領知之状如件、

永正弐年四月十九日

○一二〇五　老松社棟札銘写　○『筑前国続風土記拾遺』

大檀那多々良朝臣弘詮(陶)、地頭代平秀盛大多和加賀守云云、
永正二年卯月如意珠日

○一二〇六　大内義興安堵状　○持世寺文書

長門国厚東郡持世寺事、以去嘉吉二年九月廿八日築山殿(大内教弘)・応仁元年五月四日法泉寺殿(大内政弘)・明応七年卯月十三日証判等之旨、重而加裁許畢者、云寺家云寺領執務不可有相違之状如件、

永正弐年六月十三日

左京大夫多々良朝臣(大内義興)（花押）

当寺住持

○一一〇七　大内義興安堵状写△　○弘済寺旧蔵文書

周防国白松（吉敷郡）弘済鎮国寺事、以去嘉吉二年九月廿八日築山殿（大内教弘）・応仁元年五月四日法泉寺殿（大内政弘）・明応七年卯月十二日証判等之旨、重而右〔加〕裁許畢者、〔云脱カ〕寺家云社領寺領執務不可有相違之状如件、

永正弐年
六月十三日

左京太夫多々良朝臣（大内義興）
弘重

当寺住寺〔持〕

○一一〇八　大内氏家臣連署奉書　○興隆寺文書

当山領後田（周防国吉敷郡）元杉平左衛門尉（武明）居住跡内弐段地事、近日宗閑雖請之、於他所構住所之条、別人可被充下之由被仰出畢、仍右地内壱段森平六盛治任申請旨、可令居住之由被仰付訖、然者件地事可被打渡盛（森）治之、於有限地料銭者可遂社納之、無沙汰之時者堅固被加催促、若及異儀者就子細注進、可有還補之由所被仰出也、仍執達如件、

永正弐年六月十三日　隼人佑（花押）
右衛門尉（見島弘康）（花押）

氷上山別当御坊

○一一〇九　興隆寺大般若経奥書写　○防長風土注進案興隆寺

大般若経六拾笈

大品般若経第一巻奥

祐能大徳依心願以一筆全部六百軸奉遂書写之功云々、因茲初百巻分調料紙筆墨以下要途令寄附者也、武運長久之精祈仰般若之奥文而已、

永正二年七月五日　中務少輔興房（陶）

○一一一〇　大内義興袖判安堵状　○門司家文書

（大内義興）
（花押）

父三郎四郎固親（門司）一跡事、譲補之由、任申請之旨門司才松（重親）相続領掌不可有相違之状如件、

永正弐年七月十一日

○一二一　佐田泰景軍忠状　○佐田家文書

「一見了、（証判）（花押）（大内義興）」

軍忠　　　佐田次郎泰景

一去明応七年十月二日豊後勢（大友親治）至佐田庄（豊前国宇佐郡）令乱入之間、執構菩提寺弾正忠俊景（佐田）一所楯籠之処、同五日敵寄陣於追上、則当所菩提寺相懸之条、砕手討捕頸二進上之、敵毎日雖手仕、従二日至八日支置大勢待申御合力畢、九日晩加飯田但馬守宅所、翌日十於彼構一来口終日矢師仕、被官等数輩被疵粉骨之次第、重清（杉）人数存知矣、

一同十三日御人躰着郡以後、飯田山・佐田山所々御陣等泰景（佐田）馳走之段、御前勢御面々衆存知上者不及注申歟、

一明応八年七月廿五日令渡海於所々馳走刻、至下毛郡（豊前国）寒田被官人討捕頸一、弘固（杉）陣所送進之、同十月上旬宇佐郡（豊前国）院内衆同心仕、執誘妙見尾（豊前国宇佐郡）致在城之処、豊後一国勢令出張之、剣山仁陣取城内計策状遣之間、彼書状飛脚共重清（杉）・武道（杉）江則令注進畢、然而敵之猛勢寄陣於茂峰従方々雖責上、味方稠防戦之条、引退詰口於本陣剣山、為当城手当戸次・田原衆・木付・大神以下者共残置、諸勢者西郡打通国中手仕以後、又当城詰寄之間、安心院（公定カ）・飯田中合、一旦遠慮之儀以仲山左馬允（資頼カ）具言上畢、

一依彼思案豊後罷越事誠無念至也、然者非野心緩怠之段、自豊後以雑掌言上仕、挿帰参之大望於心中偏軽身命、明応九年正月七日夜豊後勢家（大分郡）旅宿忍出陵山野江河、十日夜半菩提寺罷着迄、昼夜不受食物、同十八日漸着関之中間、一身辛労、宜有　御高察耶、

一文亀元年正月五日当郡衆渡海之犠、任御奉書之旨申調、十三日各乗船、為名代同名（佐田）左衛門大夫仁相副人数到中津（宇佐郡）河着岸之、廿九日妙見尾伐取時、我世（悴）者賀来神兵衛尉太刀討、郡衆所被存知也、

一右之渡海御前勢無人数之通注進之時、重而神代紀伊守（貞総）方被相催之条、泰景（佐田）事正月廿九日中津河罷渡、船衆申合、二月九日至城井城（豊前国仲津郡）涯分馳走焉、

一同年（文亀元）七月廿三日馬岳（豊前国京都郡）合戦時者、依為重清（杉）一所、後陣笠松（宇佐郡）在陣仕相動畢、然而中陣可馳向之由蒙仰之間、不移時日罷越之処、着郡以前敵敗北之、乍去於所々数人討留畢、

右条々粉骨之次第、達　上聞、御感御書参通幷御奉書数通頂戴仕畢、同以此一巻仁申請　御証判、備後胤亀鏡、弥為抽忠懃、粗注進如件、

永正弐年七月　日　右衛門尉（見島弘康）（花押）

進上　御奉行所

氷上山別当御坊

○この文書の継目裏に杉弘依の花押がある。

○一一一二　大内氏家臣連署奉書　○興隆寺文書

当山領畠地壱段後田（周防国吉敷郡）杉平左衛門尉（武明）跡内事、為伊佐彦八元綱居住屋敷、任申請之旨御領納畢、彼地事以前雖被下宗閑、令住宅他所之条如此、但於地料銭者如御定法、従給主可遂収納之、若無沙汰之時者堅固可被加催促、猶無其実者就子細於注進被尋究、可有御下知之由所被仰出也、仍執達如件、

永正弐年八月廿九日　隼人佑（花押）

○一一一三　讃良幸安譲状写　○萩藩閥閲録差出原本宇野勘右衛門

「（証判）（大内義興）（花押影）」

護与

讃良隠岐入道幸安一跡之事

右、美禰郡（長門国）赤郷内三石六斗足号屋敷分幷玖珂郡（周防国）与田保内十五石足・筑前国早良郡内山戸中河原ヨ十八名三町等事、対幸安御扶持之地仁候、然処依無自男子候、孫ニ候千代女ニ無余儀与奪候畢、御奉公之事者、波多野縫殿允（弘通）之息道祖松方事、号婿公契約候之間、全勤仕可申候、万一対千代女彼道祖松方事離別之儀候者、相続云給所云、以余人御公役等之事、無油断懃仕続可申者也、如此堅譲渡候上者、他之妨、又者一家一類中余利兎角申方候共、不可有違乱煩之儀候、依為後日譲与状如件、

永正弐年乙丑十月十三日　幸安　判

千代女　まいる

○一二二四　大内氏家臣連署状写　○竹田文庫資料

文儀事、承候処、致省略候、

永正弐年十月廿八日　治部丞（阿川勝康）（花押影）

左近将監（曾我正信カ）（花押影）

平（杉興重）（花押影）

時枝右馬允（尚継カ）殿

○一二二五　大内義興袖判下文　○大村家文書

（大内義興）（花押）

下　大村新左衛門尉重成

可令早領知筑前国三笠郡上空閑内参拾石地神代与三兵衛尉武総先知行分、坪付別紙有之事

右以人所充行也者、早守先例可全領知之状如件、爰近年就九州錯乱之、所々陣執城構以下兵略之相伝、以連々嗜上遂其節之条、尤神妙之至、所令感悦之条如斯矣、

永正弐年十二月廿三日

○一二二六　足利義尹（義稙）御内書写　○多聞院日記

一筑紫公方様（足利義尹）御自筆之御内書

就上洛之儀、尚慶（畠山）相共可抽忠節之由、以誓文被申通候、無比類感悦候、仍発足之事来二月十日相定候、於戦功者弥憑思食候、尚義興（大内）可述候也、

（永正二年）十二月廿三日　（足利義尹）御判

畠山上総介（義英）とのへ

○一二二七　大内義興副状写　○多聞院日記

一大内殿（義興）副状

去八月十四日貴札今月五日到来候、抑就御入洛、早々可被進御馬候、可有御馳走之由以御神名御申候、致披露候、仍被成御内書候、御吉日等事被仰出候、方々御調之趣重而猶可有御注進候、従是又可令申候、恐惶謹言、

左京大夫義興

(永正二年)
十二月廿七日

(義英)
謹上畠山殿

永正三年（西紀一五〇六）

〇一二一八　問田弘胤実名書出写　〇椿社記幷御判物写

(問田弘胤)
（花押影）

忠定

永正参正月十一日

伊桑治部殿

〇一二一九　大内義興書契写　〇続善隣国宝記

日本国防長豊筑肆州大守[太]大内左京兆尹多多良朝臣義興、

奉書

朝鮮国礼曹参判足下、宓承

殿下威震海外、道協天心、僕雖処異域、以同系之好、無任

屛営之至、欽惟、

僕之西鄙赤間関(長門国豊東郡)有神廟、号曰亀山、創草于今六百四十七年也、厥神之霊験、分和光影於日月、而吾朝一方之鎮護也、而比年以来、依国之多故、不瓦不釘、梁棟傾斜、柱礎之摧朽、観者靡不嗟惜也、然則不憑
殿下扶助之力、争俾延宏旧構之基址矣、繇旃、
差通信使安中西堂、聊表寸誠、所献菲瑣物件具別幅、
采納惟幸矣、仰望、
綿紬壱仟匹、綿布壱仟匹、付回使、以全壊宮再興之盤困者、実覍藻之悦、億兆無窮之賜也、亀之気号、不遮風雨、亀之栫号、不中梁柱矣、庶幾察僕之卑懐、前契勿渝矣、
余寒料峭、春風未温、
能自珍嗇、

永正参年二月十日

大内左京兆多多良　義興

○一二二〇　大内義興書契写　○続善隣国宝記

日本国大内左京兆多多良朝臣義興、重奉書

朝鮮国礼曹参判足下、
伏以如先書所載、僕譜系出于
貴国、迄于今殆九百年之、青黄、山川草木、厥色雖異、
祖宗之睦
殿下、胸無一点之胡越、
殿下亦顧瓜瓞、偏如慈母於赤子、以故年年疏書往来、自佗以為恒典也、而近年之音耗、凡疏書旧例、而恩恵不腆、寔僕之所怪也、想是使令之姦謀耶、仰希、従今以往、任上古之例、蒙　恩賜者、何幸大於此矣、故遣専价宗梵首座、渓諭其意矣、仍従景泰四年(享徳二年)、天順・成化之際、所賜之疏帖三篇、式進献、　謹為備
叡覧也、頑銅伍佰斤貢納、少旌遠情而已、　伏乞叱留、惟
祈至祝、

永正参年二月　日

大内左京兆多多良　義興

○一一三一　杉興宣袖判安堵状写

○萩藩諸臣中須村百姓所持御判物写

（花押影）（杉興宣）

防州都濃郡遠石庄仲須郷内光永名事、任□〔先カ〕代御判旨知行候処、近年両殿就御用雖相違候、彼名田事、有限納所公事無懈怠於沙汰者、守先例内山四郎左衛門令還補所也、若至納所公事無沙汰者、雖宛行不可有其実候者、領掌不可有相違之状如件、

永正三年三月廿八日

○一一三二　相良為続七回忌追悼連歌抜書

○相良家文書

相良左衛門尉藤原為続殿御連哥付句入于新撰菟玖波集分抜書

秋下連哥の中に、時雨はれ行嶺の松はらといふ句に、

藤原為続

夕日さす木のまの紅葉色そひて

冬連哥の中に、忘しな春のあけほの月の秋といふ句に、

ゆふへの雪にむかふとをやま

恋中の連哥のなかに、わかこと人のおもはぬそうきといふ句に、

恨てもいまさらたれにいひよらむ

恋下の連哥の中に、ふかきおもひはよそにしられしといふ句に、

枕にも心をかるゝひとりねに

雑四の連哥の中に、もとのなさけそはてはあたれるといふ句に、

いときなきほとをいさめぬおやもうし

右件撰集事、以　勅定宗祇老禅遂終備、明応四年乙卯六月十九日奏覧畢、左衛門尉為続句令入于此集給事、偏依従四位上左京兆尹多々良政弘（大内）朝臣御芳恩、達名望之旨、一段忝之由連々蒙仰之通、某正任存知彼御素意之間、今日相当七回忌、追慕愁歎之余、披尊書拝見之次、不顧憚、於彼玉章之裏令書写彼御句五句、以奉献呈無量寿院殿西華蓮船（為続）

大禅定門真前、擬称名念仏回向所希云尒、
相良遠江入道俗名正任《タ、タウ》
沙弥正任《シャウシン》九拝
永正三年丙寅六月廿日

又

延徳二年三月宗祇老禅へ為続(相良)より御尋の御句、彼合点内、此尊書之裏、有余地之限、少々奉書加之、御発句同御付句内、

さえなからかすむやこゝろ春の月
うちきらしかすむを音か春の雨
風やしるゆふへを荻の心かな
たれに見よとの筆のあとかは
春をいまうつす絵島の朝かすみ
かはれはやあさき心を見せつらん
長 春たつけさの庭のしら雪
さそふとてわれにはたれかともなはん
あはれひとりのしてのやまみち
庚戌七十七歳
同日　正任合爪

「かりにこし契りするな難波津の
大
右石とのへ
よしあしわかぬ我身なりとも　宗祇
右之一首、兔玖波集ニ付て御使之時也、
時雨ゆふふかき枕にわすれゆふ
我をうらむもといとけなし」

○この文書は八〇一号文書の継紙に書かれている。また、「　」部分は同文書の写より補った。

○一二一三　大内氏家臣連署奉書　○波多野家文書

祖父(波多野)勘解由左衛門尉安貞一跡事、以次男小太郎成郷安郷一腹舎弟可為家督之由雖安貞申之、既親父彦六安郷安貞嫡子数年為安貞名代遂都鄙之奉公、剰去文亀元年潤六月廿四日於豊前国(仲津郡)沓尾合戦時討死之上者、云其忠節、旁以彼安郷息相続不可有余儀之処、背道理次第太不可然、至譲与儀者任父母之意由雖為本条、銘文於如此儀者御口入之旨又勿論候条、可譲渡安郷息虎法師丸当年七歳由、去年永正弐十月十三日御沙汰決断畢、然処成郷近年致無足奉公之間、先以成郷為代官可被懃公役

旨所被仰出也、惣別其名代年記如御定法者、雖可至幼少仁拾五歳、対成郷以御優恕之儀、限虎法師丸拾六歳期可遂其節之、然者従拾七歳春可被直懃之、若代官中致不儀者令改変、以別人可被懃諸役之由、依仰執達如件、

永正参年七月十日

左兵衛尉（吉田正種）（花押）

中務丞（龍崎道輔）（花押）

木工助（杉弘依）（花押）

波多野虎法師殿

○一二二四　大内義興寄進状　○乗福寺文書

奉寄進　乗福寺

長門国阿武郡得佐郷内百五拾石地本寺領検知出田分事 坪付在別紙之

右件地事、為修造料所令寄附者也者、早守先例可被全寺務之状如件、

永正三年七月廿三日

左京大夫多々良朝臣義興（花押）

○一二二五　陶興房契状写　○防長風土注進案瑠璃光寺

吉敷郡（周防国）仁保庄内小高野地仁保加賀守盛安跡参拾石足云云事、建忠（陶弘護）知行之時為妙栄（陶弘房室）御一期領被進置云云、然処去延徳四年之比於彼地為古文月（陶弘房）御菩提所有建立於一寺 大庵和尚（大庵須益）為開山被奉請全岩和尚（全厳東純）被号瑠璃光寺之趣具令承知畢、但雖為彼御一期領既被遂此宿望之条、同者以小高野有寄附于当寺度之由御望之次第、愚意以為同前之間則諾申畢、爰為右参拾石地代所同郡平野保内星野給地号弐拾石足之此地者古文月之時限永代、対妙栄被売渡内被奉譲与貴所云云 為不足拾石地分八木百石以上彼是参拾石足渡給畢、為先考御追善之間自他所希也、然者雖不及代所之儀尚以尽未来際為令無相違、云下地云現物、令領納受用畢者、早小高野事限永代御知行不可有相違者也、若於子孫中有及異儀之族者可為不孝之仁候条、為後証契約状如件、

永正三年七月廿四日　中務小輔興房　在判

兵庫頭殿（陶弘詮）

○一二二六　大内義興書状（切紙）　○畠山家文書『國學院大學図書館紀要』

（封紙ウハ書）
「謹上畠山殿人々御中　左京大夫義興」

就湯河孫三郎御礼言上之儀、貴札之趣達上聞候、委細被聞召分候、誠面目之至、定可為祝着候、弥忠節肝要之由可申入之旨候、恐惶謹言、

（永正三年カ）八月六日　左京大夫義興（花押）

謹上畠山殿（尚順）人々御中

○一二二七　杉興重奉書（折紙）　○永弘家文書

（裏打紙端裏書）
「永正三
行幸会雑仕女ノ事」

□（宇佐宮御行幸会）来丁卯式年候、然者雑仕女事、□（以封民）御供所□（別当仁可差渡）之由候也、仍熱（ママ）達如件、

□（永正三カ）□（八月六日）　（異筆）「杉兵庫助」興重（花押）

（豊前国宇佐郡）向野郷司殿

○一二二八　杉興重奉書（折紙）　○永弘家文書

□（宇佐宮御行）幸会（来脱）丁卯式年候、然者瀬社御供米、□（任カ）先例公方以□（御下行之准カ）拠候、御供所別当仁可令勘渡之由候也、仍□（執）達如件、

□（永正三カ）□（八月六日カ）　（異筆）「杉兵庫助」興重（花押）

（豊前国宇佐郡）瀬社々司殿

○一二二九　杉興重奉書（折紙）　○永弘家文書

宇佐宮御行幸会来丁卯式年候、□（然者雑仕）女事、以封民、御供所別当仁可差渡□（之由候カ）也、仍熱（ママ）達如件、

永正三□（八月六日カ）　（異筆）「杉兵庫助」興重（花押）

（豊前国下毛郡）野仲郷司殿

○一二三〇　杉興重奉書（折紙）　○永弘家文書

宇佐宮御行幸会来丁卯式年候、然者雑仕女事、以封民、御供

所別当仁可差渡之由候也、仍熱（ママ）達如件、

永正三

八月六日　　（異筆）「杉兵庫助」興重（花押）

（豊前国下毛郡）大家郷

（豊前国上毛郡）吉富郷司殿

○一一三一　杉興重奉書（折紙）　○永弘家文書

宇佐宮御行幸会来卯丁式年候、然者雑仕女事、以封民、御供

所別当仁可差渡之由候也、仍熱（ママ）達如件、

永正三

八月六日　　（異筆）「杉兵庫助」興重（花押）

（豊前国宇佐郡）高家郷司殿

○一一三二　杉興重奉書（折紙）　○永弘家文書

宇佐宮御行幸会来卯丁式年候、然者瀬社御供米、任先例公方

任御下行之准拠、御供所之別当仁可令勘渡之由候也、仍熱（ママ）

達如件、

〔永正〕□三

〔八月〕□六日　　　興重（花押）

〔大〕□根川社司殿

○一一三三　宇佐下宮仮殿次第注文案　○小山田家文書

（端裏押紙）
永正三年八月廿五日下宮仮殿造立入目等之儀番長重幸注文写　十六番

御当社永弘言上

（宇佐宮）下宮御仮殿次第注文事

一先一殿分（ミノフキ）　六尺間三間、妻二間幷天井御床　御几帳構築事、入目百弐拾余貫文、

一構（ママ）演〔延〕堂（カヤフキ）　八尺間七間、妻二間、入目弐拾五貫文余、

一廻廊（カヤフキ）　八間妻九尺、入目弐拾貫文余、

一御供所竈殿（カヤフキ）　七尺間三間、妻二間、入目拾五〔五〕貫文余、

一御輿宿（カヤフキ）　八尺間三間、妻六尺五寸間三間、拾貫文余、

一竈殿御在所ハ、　御仮殿御座候、雖然先例彼竈処ニ御門

を被造付候、今程御門無御座候間、御行幸会之時、御神

者下宮於　御鵜羽屋御調被申候て、本社ニ御幸候、御門

無御座候てハ如何ニ候之間、御門仮ニ被召候する入目拾

貫文、
以上、先此前弐百余貫文、此外材木採用以下之入目等
之事ハ、日数不相定候之間、不及記申候、
此外北辰殿一宇、幣殿一宇、湯殿一宇、経蔵一宇、北門、南門、
西門、此前不及記申、
一就御行幸会御新之（ママ） 御ゝ（尊）神様ハ、下宮より上宮ニ御遷り
候へハ、上宮に御座候 御ゝ（神）躰ハ、下宮のことく御うつ
り候之処ニ、就（依）御回禄一円 御社無御座候間、仮殿分記
申候、御殿ハ弐の宮作檜皮葺にて御座候、其外宮屋（具家）等ハ、
丸柱荒葺にて御座候へとも、御行幸会於御執行ハ、難調
候之間、御神慮如何ニ存候へ共、萱葺等之儀記申候、
一下宮御敷地就御回禄一円汚穢仕候之間、御仮殿相定候者、
石さし并土をのけさせられ、海の砂を持せ、石くみを可
被仕替候、人足之事ハ内封四郷之役にて候歟、可被成御
奉書候哉、其後諸秡可有御座之事社例候、料物以下事ハ
其時可申候、
一月次御神事等ハ、於下宮御執行候之処ニ、御回禄以来芝
居にて、御神事等御執行候、諄以御非礼候、 御神慮可
有如何候哉、殊ニ季大察〔祭〕并正月三日年分成御神事、於彼
構（ママ）延（演）堂被行候次第等相定候之処、近年彼御社無御座候
之条、社例之儀相違候、先以此分ニ御仮殿をも被召候者、
御神慮と申、旁以可為御祈禱専一候、
右御仮殿目録大概如件、
永正三年八月廿日　宇佐宮　番長大夫（永弘）重幸
進上　御奉行所

○一二三四　法泉寺殿在洛之時以来書札案奥書写　○相良武任書札巻

右散位書の事、此比御当官の人、武家にあまた御座候間、
左京太夫を辞申候て、前官に如此書候、其後還任の口宣を
頂戴仕候而より、又左京太夫を当官に用来候、
永正三年丙寅九月六日　相良遠江入道七十七才　正任　在判
其一身の覚悟ニて候間、他の御用ニハ不可立候得共、御意
にて候を違背の様候間、をよそ書付申候、他見あるへから

す候、老耄と申、中風を煩候て、弥其憚多候、よく存知の人に御たつね候て、なをし候て、これを八破捨、可畏入候、梅公余蒙仰候間、神明も照覧候へ、暁窓《ケウソウ》灯下ニて任筆候、

○一二三五　陶弘詮寄進状写　○防長風土注進案瑠璃光寺

奉寄進　瑠璃光寺当時桃岳(桃岳瑞見)和尚御住

周防国吉敷郡仁保庄小高野加元安養寺自牧庵領等事

右当寺者為先考文月(陶弘房)菩提所開山大庵(大庵須益)和尚中興開山全岩(全厳東純)和尚去延徳四年令建立、以彼地所奉寄附之状如件、爰件地者建忠(陶弘護)領知以来対老母妙栄(陶弘房室)為一期領雖預置之、既於此地遂寺家造畢之功之条、同者則以彼地為寺領者弥可為本懐之次第、対中務少輔興房(陶)相談之処、孝貞異于他之上者尤同心之由雖令諾、是又子孫至末代為令無違変、為件地代所同郡平野保内星野給文月之時限永代妙栄買得対弘詮譲与也并彼地土貢不足分八木自今以後者不可及八木沙汰之等申定、云替地云現物慥渡付畢、然者興房契約状并彼被官老者等連署状子細載之等明白也者、早限永代為当寺領可被全寺務者也、但有限於物国段銭并天役者百姓等可懃之由加下知畢、若於子孫中有違背之族者可為不孝之仁、敢勿違越矣、

永正三年十一月十五日　兵庫頭弘詮（花押影）

○一二三六　大内義興袖判同家臣奉書写　○萩藩閥閲録渡辺儀右衛門

大内義興ノ判

補下　渡辺新三郎重

長門国豊西郡室津郡(郷カ)八幡宮大宮司職并公文職役田等目録在別紙等之事

右以件人、被補彼職訖者、早守先例可遂其節之由所被仰出也、仍執達如件、

永正三年閏十一月十三日　遠江守(宮川貞頼)奉

○一二三七　東郷弘寿書状　○石清水文書

態注進申候、

抑弘寿(東郷)拘申糟屋(筑前国糟屋郡)東郷御正税内五智輪院へ御寄進分弐拾石并

運賃等之事、御在国以来御門跡へ可有御収納之由被仰下候
間、近年運上候処、於院主山口(大内義興)御屋形様江依御申、御奉書
以前備上覧候畢、然而彼廿五石事相加年之儀、当納可致収
納候之由、中将公切々ニ催促申候、彼正税事以前モ被召放、
御門跡へ一円収納候事候間運上申候、於御公事落着者、当
納より馳走可仕候由雖申候、無承引、結句東郷半分預所下
地之事、弘中兵部殿(武長)江契約可申候由ニて、武長(弘中)より杉武連
への書状・同奉書案文・世良大蔵左衛門尉状幷院家より補
任案文、為御披見進上候、彼東郷之事、弘寿代々名字之地
候、御門跡代々御御〔衍〕補任、殊　生清様御補任頂戴仕候事明
白候、預所職下地等院家御進退とハ不見候処、如此被仰掠
候、言語道断次第候、早々此趣　御屋形様へ御申肝要候、
於御延引者不可然候、我等神代紀伊守殿(貞総)国役之時モ度々抽
忠節候、今度肥前於御弓矢も為一番衆、最前出陣仕致忠節
候、此等之次第、定而　御屋形様へ十郎殿(杉武連)よりも可有御注
進候哉、此由可預御披露候、恐惶謹言、
(永正三年)壬十一月十三日　弘寿（花押）

進上　按察少別(当脱カ)御房
宮内卿法眼御房

○一一三八　大内氏家臣連署奉書　○善導寺文書

於博多(筑前国那珂郡)善導寺諸人寄宿事停止之由、任先年御法度之旨、弥
厳重可有其沙汰之由候、恐々謹言、
(永正三年)閏十一月十六日　(龍崎)道輔（花押）
(弘中)武長穢産
(杉)弘依（花押）
飯田弥五郎(興秀)殿

(第二紙切封ウハ書)
「『到(異筆)永正三
壬十一十六』（墨引）連署
飯田弥五郎殿　道輔」

○一一三九　飯田興秀書状　○善導寺文書

(封紙ウハ書カ)
「『永正三』(異筆)
飯田弥五郎
興秀
善導寺
侍者御中」

於当寺諸人寄宿事、停止之御法度候処、当時杉十郎（武連）方可有寄宿之由、内々就被及聞召候、山鹿弾正忠所迄蒙仰候、以其旨遂披露候、仍十郎（杉武連）方江被成奉書候、弥厳重可申沙汰之由、対興秀（飯田）仁別而奉書候間、近日寺家可被召置候、恐惶謹言、

（永正三年）閏十一月十六日　興秀（花押）

善導寺　侍者御中

永正四年（西紀一五〇七）

○一二四〇　大内義興安堵状　○西郷家文書

親父遠江守資正一跡事、任譲補之旨、相続領掌不可有相違之状如件、

永正三年二月廿三日　（大内義興）（花押）

西郷弥七郎（正満カ）殿

○一二四一　右田氏袖判同家臣連署奉書　○渡辺家文書

（右田某）（花押）

依申請菅太夫被補訖、仍執達如件、

永正四年二月廿六日　如親（花押）

如信（花押）

菅太夫殿

○一二四二　伊佐弘滋請文　○成恒家文書

就成恒雅楽允(盛種)御公事之儀、重畳蒙仰、又者存分之通申入候幾、仍愚領之内彼方相拘分土貢并諸公事已下、数年無沙汰候間、既経　上載(裁)之処、色々預御口入候条、少事跡付参百疋収納之、於于今者、前々儀対重治(杉)申致承伏候、然間至後々年土貢諸公事等被仰定条々、

一小奈良田壱町分土貢辻伍斗本器、毎年不謂風旱損可有収納事、

一屋敷五段分、至山口廿日夫料並銭弐貫文仁被相定事、

一某下向之時於地下逗留中、其拵人足幷節料・節合等、不可有無沙汰之由事、彼成恒見一筆候、併於此上尚以自然聊爾子細候者、何時も被改、以前御公事辻被達　上聞、一段被仰詰、被懸御意候者畏入候、恐々謹言、

(異筆)「永正四」三月十日　　弘滋　(花押)

(第二紙切封ウハ書)
「(異筆)『永正四丁卯』　　(墨引)　　伊佐雅楽允
杉彦左衛門尉殿(重治)　人々御中　　弘滋」

(裏書)「任此一筆、於後年無沙汰如在之儀候者、可被改易彼地之由、対伊佐雅楽允(弘滋)方申渡候、可被存其旨候、かしく、

同日　　重治(杉)　(花押)

成恒雅楽允(盛種)殿　」

○一二四三　大内義興書状　○杉孫七郎家文書 多々良の麻佐古

三隅(興兼)事、御和融之儀、任申旨以告文三ヶ条自今以後約諸之趣、尤可然存候、然上者諸篇深重有相談、弥別而無御等閑候者可為祝着候、此等之次第、猶杉木工助(弘依)可申候、恐々謹言、

(永正四年)五月十三日　　義興　(花押)

益田治部少輔(宗兼)殿

○一二四四　大内氏家臣連署奉書　○永弘家文書

（裏打紙端裏書）
「永正四ヨリ
　明和九マテ二百六十五也
　□奉行衆　」

就御行幸会当役執沙汰候、祝□拘等事、以旧規之旨注進状令披露候、下宮御仮殿自只今難有御成就候之間、以注進之旨、対作事奉行人被成奉書候、殿舎等事、先以仮屋又者如桟敷可被相構候、次唐櫃幷朱漆入目等事、是又如右被申候、弥以大概可被仰付候、可被得其意候、広板事於此方茂急度可出来候、所詮於其方可然板下木被見立採用、奉行人被申談大小共可令遂其節由候、恐々謹言、

（異筆）「永正四丁卯」
六月三日　（異筆）「杉伯耆守」正信（花押）
（異筆）「杉兵庫助」興重（花押）

宇佐宮（永弘重幸）番長大夫殿
（第二紙切封）「（墨引）」

○一二四五　広津興連奉書　○永弘家文書

轡共之請取□〔おかれ候へく〕候、
今度御神馬□〔之事〕、御成敗一着候間、預り可令申由候、恐々謹言、

「永正四」
六月廿日　興連（花押）

（永弘重幸）番長大夫殿

馬ハ陶殿（興房）葦毛、飯田弥五郎殿（興秀）鹿毛二疋ニて候、

○一二四六　杉興重奉書　○永弘家文書

（裏打紙端裏書）
「永正四六月晦日
　行幸会御供料事」

当年丁卯御行幸□任順年□執行候、然□〔者〕先例之儀毎事有御馳走、被遂其節候者可為肝要之由候、恐々謹言、

（異筆）「永正四」
六月晦日　（異筆）「杉兵庫助」興重（花押）

（永弘重幸）番長大夫殿

〇一二四七　杉興重奉書写△　〇矢治家文書

宇佐宮御行幸会御□(神カ)事、任順年御執行候、然者宇佐郡中諸
役□(不脱カ)之儀、急度相滞様御馳走肝要ニ候、右依仰如件、
永正四六月晦日　杉兵庫助
興重（花押影）
郡代
矢治九郎次郎殿

〇一二四八　大内氏家臣連署奉書　〇三浦家文書

周防国熊毛郡麻合郷宝篋院領号善入寺領事、有子細、近年被
補御料所訖、然者、為御代官職土貢以下可有執沙汰之由、
所被仰出也、仍執達如件、
永正四年八月廿八日　左兵衛尉(吉田正種)（花押）
右衛門尉(喜什弘頼)（花押）
仁保太郎殿(興棟)

〇一二四九　大内義興加冠状　〇毛利家文書

加冠　興元
永正二年十一月六日　左京大夫(大内義興)（花押）
毛利少輔太郎殿

〇一二五〇　大内義興袖判下文　〇大村家文書

(大内義興)
（花押）
下　大村新左衛門尉重成
可令早領知筑前国鞍手郡吉川庄内陸町四段・同国穂波郡
内壱町地椿・飯塚両所有之云々、以上公役三拾石足、山中五郎三郎跡坪付別紙有之等事
右件地事、為三笠郡上空賀内三拾石地代所充行也者、早守
先例可全領知之状如件、
永正四年十一月十三日

〇一二五一　大内義興袖判安堵状写　〇萩藩譜録頓野七左衛門政久

義興御判
親父右衛門大夫盛種(頓野)一跡事、任譲与之旨、息頓野弥四郎宣
種相続領掌不可有相違之条如件、

永正二年十一月十五日

○一二五二　大内義興袖判安堵状写　○萩藩閥閲録久芳庄右衛門

大内義興ノ判

安芸国西条内久芳大炊助跡并久芳保内弐拾貫文地久芳左馬允跡等
事、帯法泉寺殿（大内政弘）裁許之状、親父甲斐守重時任譲与之旨、息
久芳孫八郎明貞相続領掌不可有相違之状如件、

永正四年十一月十五日

○一二五三　大内義興袖判安堵状　○西光寺文書

（花押）（大内義興）

長門国豊東郡保木村安養寺住持職事、勝光座元任附属之旨、
云寺家云寺領、通珍蔵主可全執務之状如件、

永正二年十一月十七日

多々良朝臣（マヽ）

○一二五四　源有経解案　○武久家文書

袖判

散位源有経解　申請　国裁事
請殊任実正理、申賜　国判八幡領本公験等、去乱□□〔逆〕
為山落軍兵被奪取子細状
一八幡本領主膳太子調度文書幷譲状
祖父国基朝臣譲状
親父経房朝臣譲状
四至　限東苫坂　限南与保津長尾横道
　　　限西海坤黒崎乾亀淵　限北羽世打無毛原
於田畠荒熟者、里坪有限之、
一見島次郎宗祐預置文書等
一向津奥三明房湛西預置文書等
右謹検案内、八幡領先祖相伝于今無異議、而間於□検文書
等者、以去文治元年三月卅日九郎判官殿（源義経）追討平家之間、讃
岐御目代字後藤兵衛尉之歩兵、号山落入豊西南条（長門国豊浦郡）小山野山被
奪取畢、仍為後代証文、所請留守所幷在庁暑〔署〕判也、望請

国裁、任証判旨賜　国判、欲為永代之公験矣、勅子細言上
如件、以解、
　文治四年十月日　　散位源有経　上
左兵衛佐兼大介藤原朝臣　在判
（裏書）「令校合候訖、
永正四年十一月廿日　阿川治部丞 勝康（花押）」

○一二五五　大内義興官途吹挙状　○岡部家文書

蔵人所望事、可令挙之状如件、
永正三年十一月廿三日　（大内義興）（花押）
（岡部カ）□□又五郎殿

○一二五六　大内義興書状　○相良家文書

（封紙ウハ書）（異筆）「『永正四年十二月四日到来』
相良宮内少輔殿　義興」
（端裏切封）「（墨引）」
去月廿三日御札去廿一日到来、委細令披閲候訖、態示給候、

祝着之至候、如仰京都之躰不慮成就之様候、仍　公方様（足利義尹）御
上洛四海泰平時節純熟、尤御大慶候、致供奉候之間、本意
満足御察之前候哉、弥天下静謐肝要候之間、在国之方者各
専無為被抽勲功候者、忠節不可依国之遠近候之条、於其境
猶可被成此御心得候哉、然者御感不可有疑之由存候、肥前
国時宜尋承候、彼辺在郡衆此方留守之仁等可申談之由加下
知候、自然之儀無御等閑候者可為喜悦候、次肥後守（菊池政朝）方事、
就御状令存知候、御一味之由承候之間、可然之様不可過御
調法候、如承候、彼方代々深甚申通候之処、世上之習近年
踈遠心外候、既　御動座之砌候之間、不及他事候、目出
連々猶可申承候之条、令省略候、恐々謹言、
（永正四年）十一月廿三日　義興（花押）
相良宮内少輔（長毎）殿

○一二五七　問田弘胤奉書　○周防阿弥陀寺文書

当寺別当職事、対松尾山先別当従南都雖帯補任、依戒行坊
寛深張行、令難渋相論之段達　上聞、併為可貧寺得基之条、

右寛深令進退之地之事、被中途云々、然而寛深猶以於寺内無法之企重畳之間、彼寛深事末代被追放寺家了、仍本堂湯屋幷諸堂坊舎已下、于今無建立之通当時令披露之間、被聞召分、右中途地事被還補之者也、然者専再興御祈禱、勤行聊無退転、守旧儀可被寺務之旨、依仰執達如件、

永正四年十一月廿五日　大蔵少輔弘胤（花押）

阿弥陀寺

大覚坊寛海

○一一五八　大内義興官途吹挙状写　○萩藩閥閲録榎本織衛

弾正忠所望事、可令挙之状如件、

永正四年十二月二日　大内義興ノ判

榎本彦三郎（幸忠）殿

○一一五九　大内義興官途吹挙状　○波多野家文書

左衛門尉所望事、可令挙之状如件、

永正三年十二月十五日　（大内義興）（花押）

波多野助太郎（秀信）殿

○一一六〇　大内氏家臣連署奉書　○三浦家文書

（端裏切封）「（墨引）」

御料所熊毛郡（周防国）麻合郷当土貢米麦銭幷小済物等種々・同京夫等事、就今度　御上洛供奉儀、為御合力被遣畢、然者、以此旨可被受用之由、所被仰出也、仍執達如件、

永正四年十二月十六日

左兵衛尉（吉田正種）（花押）

右衛門尉（喜什弘頼）（花押）

仁保太郎（興棟）殿

○一一六一　大内義興官途吹挙状　○長岡家文書

大炊允所望之事、可令挙京都之状如件、

永正三年十二月十九日　（大内義興）（花押）

長岡助八（盛実）殿

○一二六二　問田弘胤奉書　〇杉隆泰家文書

弘依(杉)事、御相伴衆可被召加之由、被仰出候、可被存其旨候、
仍執達如件、

永正四年十二月十九日　　　大蔵少輔(問田弘胤)（花押）

杉木工助(弘依)殿

永正五年（西紀一五〇八）

○一二六三　大村重成書状　〇大村家文書

就殿様(大内義興)御上洛、重成(大村)事可致御供之由被仰出候之間、参上候、仍我々給地長州厚東郡棚井村四石弐斗七升地・筑前国鞍手郡吉河庄参拾石地幷屋敷分狩倉一円・同国那珂郡警固六町地・糟屋郡宇美社領御半済之内五町地等事、新四郎(大村)家頼有相続、可致御奉公候、雖然此内老母与兄太郎家重・同妹与ニ少事宛譲与者也、別紙ニ一筆在之、但彼一期後者一円ニ家頼可為進退候、次重成事　殿様之御供仕雖罷上候、当国(筑前国)御用之時ハ、家頼事高鳥居(筑前国糟屋郡)令在城、可被致御奉公候、然者実子未所持候、養子之事不可有油断候、委細之段興家(大村)へ具申置候、自然之時者可被申合候、尚々重成当知行分之事、　御判・御奉書在之、何様目出度下向之時可申候、

恐々謹言、
（異筆）「永正五年」
正月五日　　　　重成（花押）
「（第二紙切封ウハ書）（墨引）
大村新四郎（家頼）殿　　　重成」

○一二六四　大内義興官途吹挙状　○久利家文書

右兵衛尉所望之事、可令挙之状如件、
永正五年正月七日　　（大内義興）（花押）
久利又次郎殿

○一二六五　大内義興書状　○三浦家文書

此一巻まいらせ候、吉日ニ出来間、一段目出候、重々口伝
候へく候、恐々謹言、
（永正五年カ）二月十三日　　（大内義興）（花押）
平子太郎（興棟）殿

○一二六六　足利義澄御内書案　○室町殿御内書案

今出川（足利義尹）入洛、既至芸州出張之由注進之間、相談大友（親治）・少弐（資元）
已下、不移時日切入豊筑防長、一段抽忠節者尤以可為神妙
候、随戦功可有恩賞也、
（永正五年）同日（二月廿三日）
大内太郎（高弘）とのへ

○一二六七　大内義興書状（切紙）　○渡辺家文書

就蒲苅（安芸国安南郡）御着岸之儀態承候、於安芸国竹原浦（沼田郡）達　上聞候、一
両日中又可被進御船候、然上者御京着可為近々候、各有相
談一段御馳走此時候、委細□寿共可申候、恐々謹言、
（永正五年）三月十九日　　義興（花押）
筒井殿

○一二六八　深川庄八幡宮棟札銘写　○防長寺社由来深川庄八幡宮

奉棟上深川庄（長門国大津郡）八幡宮御宝殿一宇造立事

右意趣者、奉為天長地久御願円満天下泰平国土安穏、別
而地方領家大檀那息災延命福禄寿生之子孫栄楽家門繁昌、殊
者蒙十方施主資助、為終再興之願、勧信男信女貴賤懸、
願主二六時中心本願在之、祈子孫繁昌二世願望、重乞子
葉皆入潤屋、孫枝悉栄福遮、各中所願皆令満足故也、

永正五年戊辰四月十二日

地頭　正為
（鷲頭カ）多々良興定
地頭代為成
願主　資好
勧進沙門聖順 幷聚福院住朝海僧都
納所　祐秋
時之檀那藤原重延
大宮司上田内臓〔蔵〕太夫久光
大工藤原宗重
鍛冶　信吉

〇一一六九　大内氏家臣連署禁制写　〇疋田家本離宮八幡宮文書『島本町史』

禁制

右当手軍勢甲乙人等濫妨狼藉事、堅固加制止訖、若有違乱
族者、可処厳科之由、依仰下知如件、

永正五年卯月廿一日

（問田弘胤）大蔵少輔　判有
（神代貞総）紀伊守　判有
（杉興重）兵庫助　判有
（杉興宣カ）左衛門尉　判有
（内藤興盛）藤原　判有
（陶興房）中務少輔　判有

〇一一七〇　大内義興書状　〇石清水文書

（端裏切封）
「（墨引）」

就上洛之儀、御祈禱之巻数幷御香水拝領候、恐悦之至候、
近日可令京参候之条、猶期面賀存候、恐々謹言、

（永正五年）卯月晦日　　義興（花押）

竹院主
　尊答

○一二七一　大内義興書状　○西大寺文書

就上洛之儀、御祈禱之巻数拝領畏存候、弥天下康寧御丹誠、
併可為肝要之由、可得御意候、恐惶謹言、
（永正五年）卯月晦日　　左京大夫義興（花押）
謹上　西大寺
　侍者御中

○一二七二　問田弘胤書状　○離宮八幡宮文書

（封紙ウハ書）「　問田大蔵少輔
大山崎惣衆御中　弘胤」

就　御入洛之儀、　公私御宿等事、態御丁寧注進遂披露候、
御悦喜之由候、
（足利義尹）公方様御宿事、自松田左京亮可被申候、何様在洛中被申合
候、　御京着近々候之間、猶期面上時候、恐々謹言、
（永正五年）五月一日　　弘胤（花押）

大山崎惣衆御中

○一二七三　大内義興書状　○石清水文書

（端裏切封）「（墨引）」
就上洛之儀、御使、特太刀一腰・馬一疋送給候、承悦候、
仍同両種進之候、併表賀礼計候、恐々謹言、
（永正五年）五月十七日　　義興（花押）
竹院主阿子丸殿

○一二七四　足利義尹（義稙）御内書案　○御内書案『大日本史料』

就今度入洛之儀、陶（興房）・問田（弘胤）其外諸侍無疎略由被及聞食候訖、
尤以神妙、能々可褒美候也、
（永正五年）五月廿四日
大内（義興）左京大夫とのへ

○一二七五　大内義興寄進状　○尊経閣文庫所蔵石清水文書

奉寄進

石清水　八幡宮御宝前

御剣壱腰国吉

御馬壱疋河原毛印雀目結

右、所奉寄進之状如件、

永正五年六月十五日

左京大夫多々良朝臣義興敬白（裏花押）

○一二七六　問田弘胤副状　○菊大路家文書

至当社左京大夫（大内義興）奉寄進候　御剣壱腰国吉・御馬壱牽河原毛印目結雀

調進之候、猶以直書被申候、此等之趣可得御意候、恐々謹

言、

（永正五年）六月十五日　弘胤（花押）

竹院主

進覧之候

○一二七七　大内氏家臣連署書状　○座田家文書

当国守護職事、当方江被仰出候、然間各一族寄合中被申合、

早々有出京、諸事可被申談候、各知行等事、不可有相替候、

旁以早速参勤相待存候、不宣、

七月十三日　弘中兵部丞武長（花押）

神代紀伊守貞総（花押）

（山城国愛宕郡）波多枝

寄合沙汰人御中

○一二七八　大内氏家臣連署書状（折紙）　○井関家文書

当国守護職事、当方江被仰出候、然間各一族寄合中被申合、

早々有出京、諸事可被申談候、各知行等事、不可相替候、

旁以早速参勤相待存候、不宣、

（永正五年）七月十三日　弘中兵部丞武長（花押）

神代紀伊守貞総（花押）

（山城国葛野郡）嵯峨南北

寄合沙汰人御中

○一二七九　大内氏家臣連署書状（折紙）　○久我家文書

（端裏書）「先代
御下知とも」

当国守護職事、当方江被仰出候、然間各一族寄合中被申合、
早々有出京、諸事可被申談候、各知行等事、不可相替候、
旁以早速参勲相待存候、不宣、

七月十三日　弘中兵部丞
武長（花押）
神代紀伊守
貞総（花押）

東久世（山城国乙訓郡）
寄合沙汰人御中

○一二八〇　大内義興禁制写　○黄薇古簡集

禁制　神祇官

一竹木剪伐事、
一繫飼牛馬事、
右条々堅令禁遏訖、若有違犯族者、可処厳科者也、仍下
知如件、

永正五年七月廿七日
左京大夫多々良（大内義興）（花押影）

○一二八一　後柏原天皇口宣案写　○口宣綸旨院宣御教書案

上卿　中御門中納言（宣秀）
永正五年八月一日　宣旨
正五位下多々良（大内）義興
宜令叙従四位下
蔵人頭左近衛中将藤原（中山）康親奉

○一二八二　室町幕府奉行人連署奉書写　○建武以来追加

一撰銭事、近年令超過先規之条、為世為人不可不誡、所詮
於古今渡唐銭者、悉以可取用之、次悪銭売買儀停止事、
被定御法被打高札於洛中訖、可令存知之由、被仰出也、
仍―（執達如件）

永正五
八月七日　（諏訪）信祐

(飯尾)貞運

城州
大山崎名主沙汰人中
一摂州同前右京兆(細川高国)へ遣之、
一堺北庄名主沙汰人中、
一山門使節御中、
一青蓮院御門跡庁務御房、
一興福寺衆徒御中、
一山門三院衆徒御中、
一大内左京大夫(義興)、
一右京兆代、

○一一八三　杉興重書状案　○東寺百合文書

(山城国)愛宕郡々代職事、(杉)興重可致執沙汰之由候、然者権門勢家御領幷不謂守護不入之地、可告知申通就下知、至在々所々悉(差カ)遣境(使カ)節候、仍当所之事縦雖(ママ)去年雖有遵行先証等、来十五日以前重而調様(給カ)可致拝見候、若遅々候者、当所務之事可支申候、恐々謹言、

(永正五年)九月七日　　杉兵庫助
　　　　　　　　　　　　興重

○一一八四　杉興重家臣連署状案　○壬生家文書

(端裏書)「当国守護代折紙案」
(山城国)愛宕郡々代職事、(杉)興重可致執沙汰之由候、然者権門勢家御領幷不謂守護不入之地、可告知申通就下知、至在々所々差遣使節、仍当所之事、縦去年雖有遵行先証等、来十五日已前重而調給候、可致拝見由候、若遅々候者、当所務事可支申候、恐々謹言、

(永正五年)十(九)月七日　　(杉)橘兵庫助代(広田)
　　　　　　　　　　　　　　重延
　　　　　　　　　　　　(稲田)道俊
　　　　　　　　　　　　　　道房

○一一八五　後柏原天皇口宣案写　○口宣綸旨院宣御教書案

上卿　甘露寺中納言(元長)　　(足利義材、義尹、義稙)恵林院殿御執奏
永正五年九月十四日　宣旨　　為御入洛供奉賞、御中御沙汰在之、拝領之、
従四位下多々良(大内)義興朝臣

宣叙従四位上

蔵人頭左近衛中将藤原（中山）康親奉

○一二八六　室町幕府奉行人連署奉書　○尊経閣文庫所蔵東福寺文書

東福寺南明庵雑掌申、山城国葛野郡中河原散在田畠事、任当知行之旨、被成奉書訖、早沙汰付寺家雑掌、可被全所務之由、所被仰下也、仍執達如件、

永正五年九月廿一日　前丹後守（松田長秀）（花押）

近　江　守（飯尾貞運）（花押）

大内左京大夫（義興）殿

○一二八七　室町幕府奉行人連署奉書　○吉田家文書

城州富森（紀伊郡）事、当知行之処、右京兆（細川高国）被官人柳本入道宗雄押領云々、早退彼妨、可被沙汰付雑掌之由、所被仰出也、仍執達如件、

永正五年九月廿九日　近江守（飯尾貞運）（花押）

大内左京大夫（義興）殿

散　位（斎藤時基）（花押）

○一二八八　後柏原天皇口宣案写　○口宣綸旨院宣御教書案

上卿　甘露寺中納言（元長）

永正五年十月十四日　宣旨

故従四位上多々良（大内）政弘

宜贈従三位々記

蔵人右少弁藤原（万里小路）秀房奉

○一二八九　大内義興書状　○尊経閣文庫所蔵石清水文書

就当職之儀、清若丸殿（田中尤清）与御相論事、公儀未決候哉、其間分国中　御神領所々事者、先以可為御知行之由加下知候、可被成其御心得候、恐々謹言、

（異筆）「永正五」

十月十五日　義興（花押）

田中清徳丸（兄清）殿

○一二九〇　室町幕府奉行人連署奉書　○東寺百合文書

（封紙ウハ書）
「大内左京大夫殿　対馬守英致」

東寺　八幡宮領城州久世庄并所々散在名田畠目録在別紙事、早退押妨之族、任寺家当知行旨、可被全雑掌所務、更不可有遅怠之由、所被仰下也、仍執達如件、

永正五年十月廿八日　対馬守（松田英致）（花押）
美濃守（斎藤基雄）（花押）

大内左京大夫殿（義興）

○一二九一　竹内基治書状案　○久我家文書『久我家文書』

（端裏書）
「森・法久寺事　弘中兵部丞方へ　永正五　十一」

家門領久我庄（山城国乙訓郡）内森・法久寺・山内分等事、御遵行就被申請、支証正文可有御披見之由候、法久寺分事、当御下知相副正文四通、且付進之、次森分事者、今度猶有訴訟之儀、以別奉行斎藤美濃守（基雄）〔証文〕被備　上覧之処、于今被召置御前候之条、以案文被申候、若御不審（有私曲）之儀候者、可預如何様御糺明候、以如此之請文雖被申候、猶御不審之儀候者、其趣奉行方江相届可明申候、以此等之旨、急度預申御沙汰候者、尤可為祝着候、尚能可申存（ママ）候、恐々謹言、

（永正五年）十一月十二日　基治

弘中兵部丞殿（武長）
御宿所

○一二九二　大内氏家臣連署奉書写　○金光寺文書

洛中市屋道場号金光寺領并諸末寺領目録別紙在之、証文等事、当寺炎上之時紛失之段、文亀二年十一月十八日御下知以為歴然之上、任御当知行旨、弥可被全寺務之由候也、仍執達如件、

永正五年十一月廿三日　兵部丞（弘中武長）
紀伊守（神代貞総）

金光寺雑掌

○一二九三　大内氏家臣連署奉書　○泉涌寺文書

山城国西九条内以証跡之上、当知行在所事、弥可被全寺務

之由候也、仍執達如件、

永正五年十一月廿三日

（弘中武長）兵部丞（花押）

（神代貞総）紀伊守（花押）

泉涌寺幷諸院家雑掌

○一二九四　弘中武長家臣・神代貞総家臣連署奉書（折紙）　○賀茂別雷神社文書『賀茂別雷神社文書』

山城国綴喜郡之内賀茂社領奈島事、如前々任当知行之旨、
無相違可被全執務之由候也、仍如件、

永正五
十一月廿三日

池内大膳進
長頼（花押）

稲田与一兵衛尉
総右（花押）

当所名主百姓中

○一二九五　大内氏家臣連署奉書　○東寺百合文書

（封紙ウハ書）
「（後筆）『御奉書』」

東寺　八幡宮領城州久世郡（ママ）幷所々散在名田畠目録在別紙事、任

去月廿八日　御下知之旨、可有御知行之由候也、仍執達如
件、

永正五年十一月廿七日

（弘中武長）兵部丞（花押）

（神代貞総）紀伊守（花押）

○一二九六　山城国西九条出作之領主・寺社本所雑掌・東九条諸侍中等申状案　○九条家文書

（山城国紀伊郡・葛野郡）
当国西九条出作之領主・寺社本所雑掌・諸侍等申
右子細者、当年貢之事、為御成敗悉被押置之条迷惑之処、
剰伊勢八郎方号拝領、可有催促之由候、彼在所之事者、奉
始　禁裏御料所、寺社本所料幷諸侍等為散在入組、当知行
之処、如此次第不及覚悟者也、此旨被分聞召、退無理違乱、
預厳重御成敗、為全所務、以烈参粗申状如件、

永正五年十一月　日

東九条諸侍中　判

浄教寺　判

宝幢三昧▨寺　判

西芳寺　判
浄住寺　判
法花山寺　判
善能寺　判
戒光寺諸塔頭雑掌
万寿寺幷諸塔頭等
東福寺幷諸塔頭等
東寺雑掌
平野社雑掌
吉田社雑掌
稲荷社雑掌
石清水八幡宮領雑掌
九条殿御領雑掌
御室御門跡雑掌
禁裏御料所雑掌

神足〔代〕紀伊守殿（貞総）
弘中兵部▒〔丞〕殿（武長）

○一二九七　大内氏家臣連署奉書　○久我家文書

山城国（乙訓郡）久我庄内森分幷法久寺分事、任御下知之旨、可被全御知行之由候也、仍執達如件、

永正五年十二月二日　兵部丞（弘中武長）（花押）
紀伊守（神代貞総）（花押）

久我殿御雑掌

○一二九八　問田弘胤打渡状案　○東寺百合文書

（端裏書）「問田打渡案」

今度烈参衆御知行分事、任遵行之旨、可被全所務之由候也、仍打渡之状如件、

永正五年十二月三日　大蔵少輔弘胤　判

（山城国）西九条
寺社御中

○一二九九　大内氏家臣連署奉書　○九条家文書

（封紙ウハ書）「御雑掌　兵部丞武長」

九条殿御領山城国(久世郡)宇治内水田事、任御当知行之旨、弥可被
全御知行之由候也、仍執達如件、
永正五年十二月四日　兵部丞(弘中武長)（花押）
紀伊守(神代貞総)（花押）
御雑掌

○一三〇〇　大内氏家臣連署打渡状（折紙）　○九条家文書

九条殿御領山城国久世郡宇治内水田之事、去□遵行之旨打
渡畢、然者可被全御領知者也、仍状如件、
□□(永正)五　十二月六日　康成（花押）
盛釼(来原カ)（花押）
□(御)雑掌

○一三〇一　内藤興盛奉書　○随心院文書

「(封紙ウハ書)
随心院殿御雑掌　内藤彦太郎
興盛
進覧之候　」
御本所領(山城国)乙訓郡小塩庄事、為当国(山城国)守護代相拘之、致其沙汰
候之処、当時対別人被仰付之由候、如何候哉、任前々儀御
下知可為肝要之旨、先内々可令申入之由候、恐々謹言、
(永正五年カ)十二月十六日　興盛（花押）
随心院殿御雑掌
進覧之候

○一三〇二　大内氏家臣連署打渡状　○久我家文書

山城国(乙訓郡)久我庄森分幷法久寺・山内分等事、任去二日遵行之
旨、所打渡申也、然者被専先例、可有御知行之状如件、
永正五年十二月十七日　左衛門尉(貫武助)（花押）
左馬允（花押）
主計允（花押）
久我殿
御雑掌

永正六年 （西紀一五〇九）

〇一三〇三　問田弘胤書状写　〇実隆公記紙背文書

問田大蔵少輔（弘胤）状

新春御慶重々不可有際限候、抑就国衙儀委細御伝達之趣慥
内々申聞候処、昨日直被申入候、自南都雑掌早々上洛候て
諸篇申談度候、連々別而無疎略次第御存知事候、涯分可申
沙汰候、万事目出重々可申承候、恐々謹言、

（永正六年）正月十五日　弘胤　判

（在重）勘解由小路殿進覧之候

〇一三〇四　大内義興禁制写△　〇防長風土注進案常元寺

禁制
蓬莱山

一二二（四三五）

右諸軍勢甲乙人等、濫妨狼籍諸殺生竹木猥ニ採用之事各堅
加判悪畢（ママ）、若有違犯之族者可処厳科者也、仍下知如件、

永正六己巳正月廿一日　多々良朝臣（大内義興）　書判

〇一三〇五　大村重継書状写　〇青柳種信関係資料

貴所御奉公之趣、殊去年御敵出張之刻、一段御馳走之通、
至京都遂注進候之処、忝被成
御感状候、尤以目出候、弥御馳走肝要存候、恐々謹言、

（永正六）三月廿八日　重継（花押影）

飯田四郎殿

〇一三〇六　野上護景裏封案　〇松江八幡宮大般若経紙背文書

永正六年己巳六月一日　護景　在判

如此之御裏封在之、
猶々文明九年巳後八、千躰寺（周防国熊毛郡）五分一米事七斗四升支配候、
請取をも所持

○一三〇七　宇佐宮造営条々法度　○小山田家文書

（裏打紙端裏書）「永正六年七月十九日御造営木屋法度三ケ条御下知之状十七番」

条々　永正六 七 十九

一朝者従辰剋入木屋、夕者限入日可帰宿之事、
一遅参同早帰仁事、日別料一時拾文宛可減少之事、
一作事時剋之内、不可専自用之事、
右依御下知法度如斯、背此条於任雅意輩者、可有出仕お
停止候者也、仍執達如件、

七月　日　　（佐田）大膳亮泰景（花押）

宇佐宮大々工殿

○一三〇八　大内義興書状　○尊経閣文庫所蔵石清水文書

為八朔祝儀、太刀一腰祝着之至候、同一振令進之候、併表
賀礼計候、仍御祈念儀弥丹誠所仰候、恐々謹言、

（異筆）「永正六」八月朔日　　義興（花押）

（東竹城清）竹院主

○一三〇九　室町幕府奉行人連署奉書写　○小早川家証文

小早川梨子羽左京亮元春申安芸国梨子羽（沼田郡）郷地頭公文両職・
同国安直本郷内時弘名幷北城新田真良弐分方吉野六郎入道跡等
事、任当知行旨被成奉書畢、早速可渡付彼代官之段、可被
相触之由、所被仰下也、仍執達如件、

永正六年八月三日　　（飯尾之秀）下野守（花押影）
（治部貞兼）左衛門尉（花押影）

（義興）大内左京大夫殿

○一三一〇　大内義興袖判下文　○千葉家文書

（大内義興）（花押）

下　神保新右衛門尉信胤

可令早領知、安芸国西条（賀茂郡）寺家村内国松名肆貫文足完戸四郎次郎先知行分・同三永方田口村内仏師名拾貫文足松橋与三郎先知行分・
同黒瀬村内岩屋名参貫七拾文足黒瀬彦三郎重実先知行分・同助実
方内女子畑行武国重分弐貫陸百文足黒瀬三郎氏清先知行 地等事

右、以人所充行也、爰件所々事雖令買得（ママ）之、准給恩地可遂
公役之由、任申請之旨令裁許畢者、早守先例可全領知之状
如件、

永正六年八月十三日

〇一三一一　大内氏家臣連署奉書写　〇永田秘録山形家証文

近日少弐凶徒等至筑前蜂起之由候、定而雖不可有差事候、
不日可加成敗之旨御下知厳重候、然者当城堅固可為肝要候、
京都事、当時弥被任御本意候之間、於御下向者聊雖不可
遅々候、猶早速彼残党以下為可追討之、先相副諸勢人躰被
差下候、各着国之間事、別而一味同心、可被抽忠節之覚悟
可為専一候、於忠賞者不可有余儀之由、得其心能々可申旨
候、恐々謹言、

永正六
八月廿三日　龍崎中務丞　道輔　在判
弘中兵部丞　武長　同

安楽平御城衆中

〇一三一二　大内義興書状（切紙）　〇真田家文書古文書鑑

就御敵御退治之儀、被成　御内書候、当国衆殊連々被相談
候衆、一味同心可有御馳走候、依一左右京都諸勢発向日限
可相定候、委細之旨民部卿可令演説給候、恐々謹言、

（永正六年）
閏八月十四日　義興（花押）

蒲生刑部大輔（秀行）殿

〇一三一三　大内氏家臣連署奉書案　〇石清水文書

八幡田中殿御当職事、清若殿（田中尤清）・清徳殿（田中兄清）就御相論之儀、去年
永正五
十月十五日対清徳殿御書案文封裏進之候、御分国中御
領所々事、被得其心可被相触之由候、委細彼代官可被申候、
恐々謹言、

永正六
閏八月十四日　（弘中）武長　在判
（龍崎）道輔　同

（弘詮）陶兵庫頭殿
（弘依）杉木工助殿
（正種）吉田平兵衛尉殿

○一三一四　足利義尹義稙御内書案　○御内書案

就敵退治之儀、各申談、別而可抽戦功、依忠可有恩賞、委細右京大夫（細川高国）・大内（義興）左京大夫可申候也、

（永正六年）閏八月十八日

佐々木小三郎（山内就綱）入道とのへ

佐々木中務少輔（京極高清）入道とのへ

蚖塵軒（蒲生貞秀）蒲生事也、

蒲生刑部大輔（秀行）とのへ

○一三一五　大内義興官途吹挙状　○得富家文書

右京進所望事、可挙申　公家状如件、

永正六年九月二日　　（大内義興）（花押）

得富八郎（興資）殿

○一三一六　陶興房請文写　○上司家文書

預申　東大寺領周防国富田保（都濃郡）地頭職事

右当保者東大寺修造要脚也、依厳密御沙汰、所有一円遵行也、而就歎申所預給也、仍可弁済年貢条々事

一雖為当保土貢抜群之地、近年令減少間、毎年地頭得分米伍百石分、自当年無未進懈怠可致其沙汰事、

一干水風損幷臨時課役万雑公事軍役等雖出来、以此得分之内不可申立用之、但天下平均大損亡時者可被遂検見事、

一年貢運送時者十一二両月中国庁納所可送渡事、

以前条々如斯、若此分雖為一事有違変者、一円被召上当保下地之時、不可申一言之子細、若致違乱煩者被申　公方、於自余所帯之地可被召放、

若此条偽申者、　奉始梵天帝釈四大天王日本国中大小神祇、殊者大仏八幡幷当家氏神等御罰可蒙、仍為後日預申状如件、

永正六年九月五日　　中務少輔興房　判

○一三一七　問田弘胤書状　○六親紙背文書

被下成　御書候、過分至畏存候、抑先日者一折現来候間、致進上候処、尊意之趣面目至候、仍彼正税事更不存疎略、

毎事申付候、于今無一途事於私失面目候、雖然猶以申触候、弥不可有油断之儀候、随而渡唐之事延引候間、先度龍崎中務丞（道輔）ニ仰之趣、大夫（大内義興）承候てはや申下候、只今御書之次第具申聞、重而可申下候、必近日以祇候可申上候、尤可捧御請文候処、中々其憚候間、御私迄申入候旨、御心得所仰候、恐々謹言、

（永正六年）九月十一日　　弘胤（花押）

礒山弥三郎（光康）殿

○一三一八　佐田泰景証状案　○到津家文書

妻垣山座主職御進退証文具令披覧之訖、仍為後日一筆如件、

永正六

九月十三日　　佐田大膳亮 泰景　在判

宇佐宮佐古山

心乗坊

○一三一九　問田弘胤書状　○実隆公記紙背文書

一昨日左京大夫（大内義興）致祇候候処、種々御懇之儀誠過分之由、自是可申上由存候処、余酔以外候之間延引候之処、結句昨日被成　御書候、忝候由捧御請文可預御取合候、随而対私御書頂戴面目之至忝存候、尤御請文雖可申上候、中々其憚候之間致斟酌候、可然様御心得奉憑候、必近日以参上可致御礼候、恐々謹言、

（永正六年）十月十四日　　弘胤（花押）

礒山（光康）殿　御宿所

○一三二〇　室町幕府奉行人連署奉書写　○勧修寺文書

勧修寺宮御門跡領城州宇治郡勧修寺八幡田・新八幡田幷末寺願興寺・安祥寺・大宅寺・新御領同寺辺散在田畠山林等事、諸役以下為先々免除地、去年被成奉書之処、近日又被押置所務云々、太不可然、不日可止催促之旨可被加下知之由、所被仰下也、仍執達如件、

永正六年十月十五日　　対馬守（松田英致）判

散位　判

大内左京大夫（義興）殿

○一三二一　杉興重遵行状　○宝鏡寺文書

（封紙ウハ書）
「祥雲院殿御雑掌　兵庫助興重」

山城国松崎（愛宕郡）内田地事、任去閏八月三日　御下知旨、云下地云当土貢、御知行不可有相違之状如件、

永正六年十月廿一日　兵庫助（杉興重）（花押）

祥雲院殿
御雑掌

○一三二二　杉興重打渡状案　○室町家御内書案『大日本史料』

山城国東松崎（愛宕郡）田地・同山野等佐脇五郎方先知行分、事、為御料所可有執御沙汰之由、任御下知之旨所打渡申之状如件、

永正六年十月廿三日　兵庫助（杉興重）在判

伊勢右京亮（貞遠）殿
御雑掌　立文一紙、御下知如調進、

上巻

伊勢右京亮殿
御雑掌　兵庫助杉兵庫助事也、

○一三二三　弘中武長書状　○菊大路家文書

為　公方（足利義尹）様御祈禱御神馬一疋青毛被進宮中候、委細馬奉行自杉次郎（興宣）左衛門尉可被申入候、尤以珍重候、恐惶謹言、

永正六
十月廿九日　武長（花押）

小篠播摩（ママ）法眼
御房

○一三二四　大内氏家臣連署奉書　○山野井家文書

山口雑説之由、就風聞被馳参之次第、尤神妙之至也、何様至京都可被注進之、仍　御感之旨、所仰執達（ママ）如件、

永正六年十一月二日

左兵衛尉（吉田正種）（花押）
木工助（杉弘依）（花押）
伯耆守（杉重清）（花押）
兵庫頭（陶弘詮）（花押）

能美四郎（仲次カ）殿

○一三二五　杉興宣書状　○菊大路家文書

神馬一疋青糟毛印雀目結致進　宮候、御啓白可畏存候、此等之趣
可預御披露候、恐々謹言、
永正六
十一月二日　興宣（花押）
小篠播磨法眼御房

○一三二六　秋吉武総奉書案　○勧修寺文書

一勧修寺宮御門跡○（領落歟、本ニナシ）山城国宇治郡所々散在等之事、任先々
支証之旨、為守護使不入地不可有相違之由候也、仍執達
如件、
永正六年十一月四日　（武総）秋吉与三兵衛尉　左兵衛尉　判
勧修寺御雑掌

○一三二七　杉興宣安堵状　○『賀茂別雷神社文書』

（封紙ウハ書）
「当社雑掌　左衛門尉興宣」
城州綴喜郡奈島郷事、当御知行之上者、任先例弥可有其沙
汰之状如件、
永正六十二月三日　（杉興宣）左衛門尉（花押）
当社家雑掌

○一三二八　杉興宣家臣連署状（折紙）　○『賀茂別雷神社文書』

城州綴喜郡之内賀茂社領桑（奈）島郷事、任当知行旨左衛門尉興（杉）
宣令尊（遵）行了、然之上者、為不入無相違可有御知行者也、仍
状如件、
永正六
十二月十日　（押紙）菅田三郎兵衛　相真（花押）
（押紙）仲子備前守　通定（花押）
賀茂祝殿
御雑掌

○一三二九　大内氏家臣連署状案　○東寺百合文書

禁裏御料所内蔵寮領陸路河上四方八之口内鳥羽（山城国紀伊郡）分事、於貴
寺領被仰付候由在之、然者自然之儀可加警固之旨、可有御
下知之状如件、

永正六
十二月十三日　(杉)興重 判
(杉)興宣 判
(内藤)興盛 判
(野田)興方 判
(問田)弘胤 判
東寺執行代御坊

〇一三三〇　冷泉興豊請文写　〇北野社家日記『史料纂集』

是ハ去年到来也、写置者也、
一任御判之旨預リ申北野宮寺領摂州(菟原郡)得位時枝内号領家分代官職事、
右件御神領者、為請切之地不論旱水風損・一切臨時之課役之儀、毎年京着三千疋宛執沙汰可申候、若寄事於左右無沙汰難渋儀在之者、被経　上意、御代官職事早速可有改動者也、仍請状如件、
永正六己巳歳十二月十三日　興豊 判

〇一三三一　大内義興書状　〇実隆公記紙背文書

(封紙ウハ書)「権大夫殿　義興」
寔左暦嘉祥珍重候、仍企参賀候之処、御懇尊書恐悦候、必来春以祗候猶可申述旨可得御意候、恐惶謹言、
(永正六年)十二月廿六日　義興（花押）
(藤原重種)権大夫殿

〇一三三二　伊勢貞陸書状　〇益田家文書

(モト第二紙切封ウハ書カ)「(墨引)　伊勢守
弘中兵部丞殿　貞陸」
就益田(宗兼)治部少輔方節朔出仕之儀、先々次第被望申候間、内々可致披露覚悟候、但貴殿江尋申度候、此之趣、宜被申入候、恐々謹言、
(押紙)永正六年己巳
十二月廿八日　貞陸（花押）
(武長)弘中兵部丞殿

〇一三三三　蜷川親順書状　〇長府毛利家文書筆陣

益田治部少輔（宗兼）殿節朔御出仕之儀、先々以筋目望御申候間、内々致披露候処、上意之趣可然之様御座候、雖然此等之段、其御屋形（大内義興）様江伊勢守（伊勢貞陸）先尋申候儀候、宜御披露肝要候、恐々謹言、

（永正六年）十二月廿八日　親順（花押）

弘中兵部丞（武長）殿　御宿所

〇一三三四　弘中武長書状　〇益田家文書

（モト第二紙切封ウハ書カ）
「（異筆）『永正六十二廿九日以兵庫殿披露、』（墨引）弘中兵部丞
蜷川三郎殿　武長」

就益田治部少輔（宗兼）節朔出仕之儀、貴殿尊札之趣申聞候、如前々預御取合候者、於此方可畏入之由申候、此由可預御心得候、恐々謹言、

十二月廿九日　武長（花押）

蜷川三郎（親順）殿

永正七年（西紀一五一〇）

〇一三三五　杉興重奉書案　〇宮成家文書『大分県史料』

妻垣宮寺社例先規可令勤仕之、

条々

一御神馬清秡料花米（カ）誦経物等事、

一宮山竹木等事、

一祝神人等事、

一鳥居造立等事、

一御神田支配等事、

右任御代々御判之旨、全当知行、聊無他綺座主坊権律師清忠金正不可有相違之、若社司与言祝有違犯族者、就交名注進可被処厳科之由、依仰執達如件、

兵庫助（杉興重）在判

永正七年二月三日

補任

○一三三六　大内義興補任状　○周防阿弥陀寺文書

権少僧都寛海

周防国佐波郡阿弥陀寺寺務職事
右以人所補彼職也者、応国衛命、云寺家云寺領、可被全執
務之状如件、

永正七年二月十三日

従四位上行左京大夫多々良朝臣（大内義興）（花押）

○一三三七　大内氏家臣連署奉書　○周防阿弥陀寺文書

防州阿弥陀寺事、被成補任　御判候、然者惣寺領等毎篇如
先例有裁判、寺家所々造営以下厳重可有執行之条可為肝要
候、但彼土貢分近年為国庁大仏殿修造方、候人衆収納候了、
於于今者定終功候哉、眼代有御相談勘文等御調進可然之由
候、恐々謹言、

永正七年二月十三日

道輔（龍崎）（花押）
弘胤（問田）（花押）

浄林坊寛海僧都御坊

○一三三八　大内氏家臣連署奉書　○周防阿弥陀寺文書

阿弥陀寺之般若坊領事、前住退転之以後未尽之由候、惣寺
務御補任之上者、弥厳重被遂糾明、毎事任先例可有其沙汰
之条可為肝要之由候、恐々謹言、

永正七年二月十三日

道輔（龍崎）（花押）
弘胤（問田）（花押）

寛海僧都御坊

○一三三九　大内義興書状写　○萩藩閥閲録矢田庄左衛門

渡唐船近々可有出津之由注進到着、可然候、目出来期所待
入之状如件、

（永正七年カ）二月廿六日　大内義興ノ判

矢田治部丞（義宣）殿

○一三四〇　大内義興感状（切紙）　○佐田家文書

上洛以来其堺之儀別而馳走、剰去年八月下旬凶徒（大友・少弐）令徘徊之処、郡（豊前国宇佐郡）内衆被相談之、依堅固調議、不日属静謐之由注進状到来、尤感悦之至也、弥入魂可為肝要之状如件、

永正七年三月廿三日　（大内義興）（花押）

佐田大膳亮（泰景）殿

○一三四一　神代貞総書状（切紙）　○相良家文書

（封紙ウハ書）
「（異筆）『永正七年七月七日於八代庄到来』神代紀伊守
相良殿　人々御中　御返報　貞総」
（端裏切封）
「（墨引）」

短冊百枚進覧之候、比興憚多候、

悉相調観音寺御下国候、目出候、長々御在京事、公儀候之条可有御察候、種々彼御方御心仕不及申候、京都之儀一途御料簡事候、可為天下泰平候、六角方一段懇望之子細候、貞総（神代）事、就所用当時和泉堺在津候、近日可上洛仕候、相応御用連々可蒙仰候、観音寺御上候時面革五枚拝領、畏入候、旁以奉期後音候、恐々謹言、

（永正七年）卯月卅日　貞総（花押）

相良近江守（長毎）殿
人々御中
御返報

○一三四二　大内義興書状（切紙）　○相良家文書

（封紙ウハ書）
「（異筆）『永正七年七月七日於八代庄到来』
相良宮内少輔殿　義興」
（端裏切封）
「（墨引）」

就　公方様（足利義尹）御入洛之儀、被啓御礼候、御気色可然候、如仰万邦弥被任御下知候之条、目出候、随而太刀一腰・表革三十片、令祝着候、仍太刀一腰持・織物弐端緋進之候、併表賀礼計候、猶可有観音寺演説候、恐々謹言、

（永正七年）五月三日　義興（花押）

相良宮内少輔（長毎）殿

○一三四三　大内義興書状（切紙）　○相良家文書

（封紙ウハ書）
「（異筆）『永正七年七月七日於八代庄到来』
相良近江守殿　義興」
（端裏切封）
「（墨引）」
御受領事、観音寺申談、経　公儀候之処、無相違被　仰出候、尤御面目之至候、早々御礼可然候、恐々謹言、
（永正七年）五月三日　義興（花押）
（長毎）相良近江守殿

○一三四四　弘中武長書状（切紙）　○相良家文書

（封紙ウハ書）
「（異筆）『永正七年七月七日於八代庄来到』
謹上　相良近江守殿　弘中
参御返報　兵部丞武長」
（端裏切封）
「（墨引）」
為御上洛御祝儀、以観音寺御礼御申候、尤以珍重候、仍於洛中調次第、如御存分成就、御本望奉察候、殊御受領被仰出候、（大内義興）屋形執沙汰之趣、次某致馳走候通、御使僧可有御伝達候、就中面革五牧（枚）拝領畏入候、就者包丁二牧（枚）・美濃関兼門令進入候、寔表祝儀計候、事々期後信之時候、恐惶謹言、
（永正七年）五月十一日　兵部丞武長（花押）
謹上　（長毎）相良近江守殿参御返報

○一三四五　大内義興進物注文写　○後鑑『大日本史料』

永正七
五十七、於吉良殿御所一献申沙汰在之、
初献　御太刀〔一カ〕　一腰持
御馬　一匹鴾毛
三献　御絵二幅　御盆一枝
五献　唐糸十斤　紅御盆一枚
御太刀一振　御刀一腰
以上　大内左京大夫義興

○一三四六　大内義興官途吹挙状写　○萩藩閥閲録山形新左衛門

右兵衛尉所望事、可挙申公家之状如件、
永正七年五月廿三日　（大内義興ノ）判

山形平次郎（頼宗）殿

○一三四七　山田カ興朝直状写　○宗家御判物写『長崎県史』

当津（筑前国博多）船公事已下、依被申子細候、令免許候畢、於以後聊不可相違之儀候、仍如件、

永正七年

庚午五月吉日　　興朝（花押影）

篠崎平左衛門尉殿

○一三四八　問田胤世興之書状　○実隆公記紙背文書

一昨日為御使被懸御意候、過分之至候、必可祗候候、仍雖軽微左道至候、両種進上仕候、可然之様御取合所仰候、恐惶謹言、

（永正七年）六月廿七日　　胤世（花押）

（光康）礒山殿　進覧之候

○一三四九　犬追物手組写　○犬追物手組日記『続群書類従』

犬追物手組事　　於大内（義興）殿馬場在之（有イ）

左京大夫（大内義興）殿　　小笠原刑部少輔（長隆）殿

内藤彦太郎（興盛）　　杉次郎左衛門尉（興宣）

仁保次郎（興貞）　　仁保太郎（興棟）

江口与三（興郷カ）　　飯田弥五郎（興秀）

杉彦三郎（興道）　　杉四郎（興安）

野田九郎　　弘中小太郎（興兼）

益田治部少輔（宗兼）殿　　平賀蔵人大夫殿

検見　　喚次

伊勢守（伊勢貞陸）殿　　弘中次郎左衛門尉（右イ）（殿イ）

永正七年七月七日

於大内左京大夫（義興）殿在之（有イ）、彼内衆計也、

○一三五〇　安富弘誠請文写　○永田秘録安富家証文

写

櫨野庄（周防国吉敷郡）中領村正税事、自当秋於国元対信賢坊代遂皆済、執

請取状、可備　上覧候、猶以無沙汰候者、為　上意可被仰付之由被仰出候、存其旨候、内々如令申候、彼在所之事、近年堤破損無一向正躰候、於其上涯分致馳走、執請取状可注進仕之由可申付候、不可存無沙汰之通、御披露可畏入候、

（永正七年カ）七月十三日　弘誠

龍崎中務丞（道輔）殿
神代与三兵衛尉（武総）殿

○一三五一　大内氏家臣連署状案　○永弘家文書

（端書）「従山口奉書、当郡御段銭事ハ、依地下仁愁訴ニ不調候間、八月四日ニ又注進候、」

宇佐宮年中御神用銭漆拾六貫参百文云（ママ）任社家之所々進上重清（杉）封裏、仍永正六□（七）両年分、以上百伍拾□（二カ）貫六百文之事、任□（京）都奉書永正六十二廿三日（ママ）之□（旨）、以宇佐郡今秋段銭之内、対社家□（役）人有勘渡、如先□（例）置執行彼請取□（状）、追而可被遂散用之状如件、

□（永）正七
七月十九日　杉伯耆守重清　在々（ママ）

佐田大膳亮（泰景）殿

宮川遠江守貞頼　同
吉田平兵衛尉正種　同
杉木工助弘依　同
陶兵庫頭弘詮　同

○一三五二　大内氏家臣連署状案　○蜷川家文書

洛中諸口駄米事、背先規近日付置小売在所、次於他所立市事、為新儀之条、如先例可付場之由、任　御下知之旨、堅固可申付之状如件、

永正七
八月十三日

（杉）興重
（杉）興宣
（問田）弘胤

上座下座
米場沙汰人所

○一三五三　杉興相加冠状写　○萩藩諸臣中須村百姓所持御判物写

加冠　　相続

永正七年八月廿八日　興相（花押影）

川村小三郎殿

○一三五四　室町幕府奉行人連署奉書　○櫟谷七野神社文書

（押紙）七野神領証文

高砂大明神社領之事、蓮台寺領分紛失、及難義之由訴申之間、所々相改糺明候処、支証顕然之上者、悉被返付社領畢、神宮寺寺僧等以私之契約、嘉吉已来於令下々押領、同志之百性（姓）等被為成追放候、七野之内所々散在之田畠、早可被沙汰付高砂領之由、所被仰下候也、仍而執達如件、

永正七年九月二日　近江守（飯尾貞運）（花押）

下野守（飯尾之秀）（花押）

大内左京大夫（義興）殿

○一三五五　大内義興書状　○尊経閣文庫所蔵石清水文書

師檀之事、以前々筋目不可有相違候、然者弥御祈念所仰候、恐々謹言、

（異筆）「永正七」十月四日　義興（花押）

竹院主（東竹城清）

○一三五六　足利義尹（義稙）御内書写　○薩藩旧記雑録

渡唐船之事致警固、於自然儀者、無疎略者可為神妙、仍太刀一振・刀一腰遣之候、巨細猶大内左京太夫（義興）可申候也、

（永正七年）十月十日

島津陸奥守（忠昌）とのへ

右、見于御内書案文永正七年

○一三五七　大内義興書状　○六親紙背文書

尊書拝閲忝存候、誠今度之儀、当日快晴毎編無事□□（本望カ）之至候、御懇被仰出候、恐悦候、必以祇候可申上之由、可得御

意候、恐惶謹言、

（永正七年）十月十七日　義興（花押）

（藤原重種）権大夫殿

〇一三五八　松田英休書状写　〇萩藩閥閲録差出原本周布吉兵衛

（興兼）御門役事当月分周布被勤候、就其候て昨日安富隼人殿（弘員）為御使、当月迄御沙汰候旨蒙仰候、然者俄之事候間、余人ニ被仰付候共不可事成候、余明日之儀朔日之事候へ者不可然之間、先相拘置候へき段被仰付候ハヽ、可然候、勢州（伊勢貞陸）只今談合仕候、御門あき候へ者無勿躰候間、猶々可申候旨被申候、（安富弘員）安隼中〱不可事行之由承候得共、勢州異見之間重き事候、周布方之儀御存知之由承及候間申候、恐々謹言、

（永正七年）十月廿九日　英休　判

「（モトウハ書）（興重）杉兵庫助殿　松田対馬守

英休」

〇一三五九　杉興重書状写　〇萩藩閥閲録差出原本周布吉兵衛

就御門役之儀預御状候、存其旨候、三日之朝者縦不被請取候といふとも可有御明候、松田殿（英休）へも其分申候、恐々謹言、

（永正七年）十一月一日　興重（花押影）

（興兼）周布次郎殿　御返報

（モト第二紙切封ウハ書）「到永正七十一朔　（墨引影）　杉兵庫助

周布二郎殿　興重」

御返報

〇一三六〇　陶興房吹挙状写　〇萩藩譜録山中八郎兵衛種房

写

（安親）長崎助太郎事、去八月已来病気仕候、存命不定候条、為養子同名（長崎元康）才徳丸申談之由申候、以此旨御披露肝要候、恐々謹言、

永正七

十一月七日　興房　判

（武長）弘中兵部丞殿

裏書ニ

此書札令披露候、被成　御心得候畢、

同日

弘中兵部丞 武長 判
神代紀伊守 貞総 判

○一三六一　大内義興書契写　○続善隣国宝記

日本防長豊筑雍芸石七州大〔太〕守大内多多良左京兆中大夫義興、　奉書
朝鮮国礼曹参判足下、
恭惟
殿下文経恊天、　衈黎首於万代、　武緯馭国、　鎮玉攣〔鸞カ〕於三韓、同系不違、　異域勿隔、　至祝至祝、　頃承　吾邦西藩鯨海有島、号曰対馬矣、　平氏宗義盛菜邑之地也、　以為貴国隣封、年年舟檝之往徠、　疏牒之消息、　辱蒙附庸恩恵巨多、　誰不敢歆羨焉乎、　雖然今春以来、　俄称不庭之陰謀、　依是驍勇犴猾之士卒、　数侵貴国辺境云、　人欲耶、　天縦耶、　寔惟出于意外者也、　僕偶貴国瓜瓞、　勠力官軍、　而討之必矣、　而尤而效、　則招罪於天者如何哉、　仍遣使于彼島、　咨寇掠之是非、　且復名字某為正官人、　専要聞貴国良震之安否焉、
殿下仰望、　今所献疏牒之蕪辞、　併感僕丹誠、　詳達
叡聡者、　繆挙尸禄之諺、　定一時涓散歟、　然則仁厚之所及、凶徒亦復于旧制、　而牽肉袒之羊、　有何疑也、　先聖不言哉、観乎天文以察時変、　観乎人文以化成天下、　兵強則滅、木強則折、　丁此時、　寧論強弱輸羸〔贏〕也、　畢竟伝和親之策、于僧隠峯之空中錫、　則
殿下億兆之大〔太〕平、　島中附庸之旧制、　僕攸庶幾也、　次晋呈菲瑣之物件、　具于別幅、　顒祈采納焉、
隆寒氷結、　穆如春陽、　能自珍嗇、
永正庚午〔七年〕仲冬　日
大内多多良左京兆　義興
奉書
上書引合中書之　日本国大内左京兆尹兼防長豊筑四州大〔太〕守多多良――　謹封
朝鮮国礼曹参判足下、

○上書は本来は別文書のものと思われる。

○一三六二　問田胤世興之書状　○六親紙背文書

昨日者致祗候万申上候、忝存候、仍而古今持せ進候、可然様ニ預御披露候者可為本望候、委昨日申上候、被加御筆候者一段難有存候、御取合奉憑候、将亦御出題之事明日之用に候、誠恐多事共候、恐惶敬白、

(永正七年)十二月六日　胤世（花押）

「(第二紙切封ウハ書)（墨引）　問田五郎

(光康)礒山殿　参　胤世」

永正八年（西紀一五一一）

○一三六三　問田氏袖判同家臣連署禁制　○南明寺文書

(問田某)（花押）

南明寺□□□〔立山制〕札事

右任　御代□〔々〕御判之旨重加制止畢、但四至者東西南北先証在之、御領□□□〔内縦雖〕他領背此旨、至材木□□□〔幷薪等〕随意於採用之仁者、差交名可有注進之、依其左右堅固可加成敗者也、□〔仍〕□□〔制札〕如件、

永正八年二月一日

(師井)綱繁（花押）

胤国（花押）

○一三六四　大内義興書状　○石清水文書

御家督事、尤清(田中)御房雖被及相論候、　公験証文等炳焉之次第、就執申之、御安堵之儀、被成　御判候、本望之至候、弥天下静謐之被抽御祈禱誠精候者、可為肝要候、恐々謹言、

「永正八」(異筆)
二月廿日　義興（花押）
田中清徳丸(兄清)殿

○一三六五　問田弘胤書状　○実隆公記紙背文書

被下成　御書候、誠面目之至候、尤雖可捧御請文候、中〱其憚候条、御心得偏所仰候、近日必致祗候可申上候、仍唐船事其後無其左右候、依便聞可申上候、御次之時可預御心得候、恐々謹言、

(永正八年)三月二日　弘胤（花押）
礒山弥三郎(光康)殿
御宿所

○一三六六　問田弘胤書状　○実隆公記紙背文書

其以後不致祗候候、自然御用等可蒙仰候、近日所用依繁多致無沙汰候、必以参候可申上候、今比雖不珍候只今現来候間、笋一束進上仕候、御次之時可預御心得候、恐々謹言、

(永正八年)五月朔日　弘胤（花押）
礒山弥三郎(光康)殿
御宿所

○一三六七　大内氏家臣連署奉書　○恵良家文書

豊前国宇佐郡恒松名内小河内屋敷弐ヶ所長寿寺領云々本檀那(斎藤)三郎左衛門尉益実裁許和談状在之、幷田河郡弓削田庄内六町地松岡新太郎跡等事、被充行恵良三郎盛綱訖者、云下地云当土貢、任先例可被沙汰之由、所被仰出也、仍執達如件、

永正八年五月廿三日
中務丞(龍崎道輔)（花押）
兵部丞(弘中武長)（花押）
兵庫助(杉興重)（花押）
杉伯耆守(重清)殿

（封紙ウハ書カ）
「杉伯耆守殿　兵庫助興重」

○一三六八　陶弘詮請文　○上司家文書

預申　国衙領吉木保（周防国吉敷郡）司職事

右国領内吉木保者国庁進止地也、而今度在洛之時、奉対東大寺惣国衙還補之処、各拘分国領在々所々、寄事於左右種々致違乱、正税等無沙汰之条、厳重可相催之旨、重而対弘（陶）詮奉書数通到着永正八五廿之間、所至心任及詞致裁許抽忠節畢、加之候人等不憚御目代機嫌雅意無方（法）働等在之、殊以加炳誡、偏任国衙再興心当時既如此、自今以後猶不可存毫分之疎意之旨、対御目代令蜜（密）契之条、以彼等忠節彼地申預者也、仍可存知条々事

一当保正税定米陸拾五石七斗四合子細別紙載之　勘科銭参貫五百文秋銭以年内為期限、可為庁納事、

一依上件忠節預申上者、対国衙聊有疎意見所之儀者、雖為何時可被召放彼地、更不可同余人国領拘之儀事、

一国衙申次雖不致其沙汰、不相替前々可令馳走事、

右条々存其旨、若又御目代者雖相替、可為同篇忠功、此等之儀為一事令違犯者、奉始氏神八幡等、日本国大小神祇、殊大仏御罰可罷蒙者也、仍請状如件、

永正八年辛未六月一日　兵庫頭弘詮（花押）

○一三六九　白崎八幡宮棟札銘写　○吉川家中幷寺社文書白崎八幡宮

一楼門棟札

明応七年戊午三月十八日御宝殿造畢、文亀三年癸亥四月廿八日上棟遷宮在之、翌年楼門所相企、明応九年庚申十二月晦日、従京都将軍家（足利義尹）至楊井津（周防国玖珂郡）御下向、於同津御越年、同（明応十年）辛酉正月二日被移御座於山口、乗福寺御在国八ケ年、諸点役繁多依是相延畢、然者永正四年丁卯十一月廿五日将軍家御帰洛、御屋形（大内義興）供奉御上洛在之、源忍（弘中弘信）息興輔（弘中）御供之故弥延年、雖然為京都御祈禱祈禱ス、去永正七年庚午自二月初四日楼門作事焉、同（永正八年）辛未四月廿九日造畢、幷彫刻

門客人六月二日安置于左右之、仍上棟文鏡也、
永正八年蒼竜辛未六月二日　大工平信家
願主弘中右衛門尉源弘信法名源忍
于時永禄五年壬戌三月八日
右之棟札之案文之儀、弘治元年九月一日自防州陶治賢（晴）至
厳島敗軍也、然者毛利（芸州）右馬頭大江朝臣出向散々追罰、九
月朔日一人不残防州衆被打取候者也、其折被案文破失之
処、不思儀又永禄五三之頃求之、
持主 岩国八幡宮司中尾坊慶恕
右筆者備後泉庄泉光寺澄鑑書之生年廿四歳也、余本所属
之叢罷成、条、先以書写置也、

○一三七〇　東大寺年預補任状案　○上司家文書

（端裏書）「平野保
富田補任案」
補任周防国衙領平野保（都濃郡カ）代官職事
陶中務少輔興房
右以人所補任也、但正税以下種々課役無懈怠可被致其沙汰、
若於無沙汰者速可有改補之旨、依寺門評定所補任之状如件、
永正八年辛未六月十三日　年預五師英憲　判

○一三七一　大内義興書状（切紙）　○多賀谷家文書

（端裏切封）「（墨引）」
今度敵動之時、於堺南庄（和泉国）諸篇甲斐敷料簡之次第、感悦候、
猶以可被成其心得之通、以龍崎中務丞（道輔）申候、方々任下知、
期面賀候也、不宣、
（永正八年）七月十三日　（大内義興）（花押）
多賀谷宮内少輔殿

○一三七二　大内義興書状（切紙）　○保阪潤治氏旧蔵文書

泉州辺之儀其後無殊事候哉、此節各有相談、一段可被抽忠
節条可為御本意候、早速御馳走肝要候、猶京都之儀者、諸
家申談、可致勲功覚悟一味候之間、可御心安候、弥廻計略
計候事候、猶重々可申承候、恐々謹言、

（永正八年）
七月十八日　　　義興（花押）

大和衆御中

〇一三七三　大内義興感状写　〇萩藩譜録浅田勘右衛門豊玄

□至摂州灘此件リ上下切テ不知御敵出張之時、相副秋吉与（武総）三兵衛尉差遣之処、去廿六日於同所遂合戦太刀討粉骨之次第、武総（秋吉）注進之、尤令感悦畢、然者為其賞補任右京進之儀可挙申之、弥抽忠節候者可為神妙之状如件、

永正八年七月廿九日　　大内義興公
御判年号月日ヨリ奥切テ不知

〇一三七四　龍崎道輔書状　〇六親紙背文書

就当時世上之時宜、内々申上子細候、可然之様可預御心得候、近日殊無沙汰仕候、方々儀不得隙候之通、定而可為賢察候之条、不及言上候、恐惶謹言、

（永正八年カ）
八月五日　　道輔（花押）

（光康）
礒山殿　人々御中

〇一三七五　大内義興書状（切紙）　〇皇學館大学恵良宏氏研究室収集文書

世上之儀慮外候、就其申旨候、委細尚陶中務少輔（興房）可申候之条、先閣筆候、恐々謹言、

（永正八年カ）
八月六日　　義興（花押）

浦上幸松殿

〇一三七六　杉弘国書状　〇東寺百合文書

尚々、町人事明日雇数給候者可為目出候、殊奉行を御副候ハヽ、屋形（大内義興）祝着可被申候、

昨日為使参之処、今朝御懇預御使候、恐入候、仍普請事明日屋形（大内義興）被越候て可申付之由被申候、さ候間柳原（山城国）町人被仰付、預御合力候者可為目出候、同者役人を御副候て可被懇御意候、近日敵可付寄之由申候間、普請之事被急候、定本陣よりか様御礼可被申候、恐々謹言、

（永正八年カ）
八月九日　　弘国（花押）

（第二紙切封ウハ書）
「（墨引）　杉右京亮

東寺　役人御中　　弘国」

〇一三七七　大内義興書状写　〇萩藩閥閲録周布吉兵衛

就今度御帰洛最前被致供奉之、于今御祗候御忠節此事候、剰国衆内少々闕落候之処、弥御覚悟無相違之由厳重承候、雖勿論候無比類候、対予別而御厚志、永不可令忘却候、然者当時御敵退治、殊京都可為堅固之旨、義興（大内）無二心底氏神可有照覧之候、一切無曲節候、此時任本意候者、御忠賞之次第一段可致其届候、曾以不可有聊尓之儀候、恐々謹言、

永正八年也
八月十四日　　義興　判

周布次郎（興兼）殿

〇一三七八　大内義興書状　〇益田家文書

（モト封紙ウハ書カ）
「益田治部少輔殿　　義興　」

就今度御帰洛最前被致供奉、于今御祗候御忠節之至此事候、剰国衆内少々闕落候之処、弥御覚悟無相違之由厳重承候、雖勿論候無比類候、対予別而御厚志、永不可令忘却候、然者当時御敵退治、殊京都可為堅固之旨、義興無二心底氏神可有照覧候、一切無曲節候、此時任本意候者、御忠賞之次第一段可致其届候、曾以不可有聊尓之儀候、恐々謹言、

（永正八年）
八月十四日　　義興（花押）

益田治部少輔（宗兼）殿

〇一三七九　大内義興書状　〇益田家文書

芸石衆内少々闕落候之処、被遂在洛之、弥可抽御忠節之旨、御覚悟無二之通、黐宝印以罰文承候、御心底連々存知之上、猶不及疑貽候、本望祝着無極候、御敵退治之趣、幷可為京都堅固之議、定委細陶中務少輔（興房）可申候之条、不能詳候、恐々謹言、

（永正八年）
八月十四日　　義興（花押）

益田治部少輔（宗兼）殿

〇一三八〇　大内義興感状写△　〇平賀家文書

今度於城州舟岡山一戦、首十六分捕、追払大敵被疵引取之

条、前代未聞之働無比類、神妙被
思食候、追付可有恩賞之状如件、

永正八年八月廿四日　左京太夫（大内義興）（花押影）

平賀尾張守殿（弘保）

◯一三八一　大内氏家臣連署奉書写　◯大内氏掟書所収文書

急度被差下飛脚候、抑今度被開京都至丹波御動座之儀、諸
家被仰談次第、御武略一段之儀候処、如案御敵細川典廐（政賢）・
同刑部少輔殿和泉守護殿号上屋形・三上兵庫助・三宅出羽守・九里
六郎次郎・遊佐河内入道印叟・山中遠江守・荻野弥十郎・
赤沢孫次郎・竹内孫三郎九里弟以下、為人躰以一万五六千上
洛候間、去廿三日　公方様（足利義尹）如高雄（山城国葛野郡）被寄御陣候、細川房州（政国）
当細川殿御親父其外奉公衆悉被遂供奉候、細川右京兆（高国）・畠山能登
屋形（義元）造作・御当方被仰談、至長坂山被取付陣候、御敵紫野（山城国愛宕郡）・
船岡・今宮林於三ヶ所陣取候間、今日廿四被懸合候処、以
猛勢雖相支候、御当方衆為一番勢　御屋形様（大内義興）御自身被寄御
旗候条、諸勢同時至船岡切上合戦被得勝利、御敵数千人被
打取候、人躰事者不及申候、其以下輩者至諸口雖落行候、
於洛中辺土被打留候人数不知其数候間、只今不及注候、江
州事、依両佐々木（六角・京極）忠儀、香厳院殿（足利義澄）無御上洛候、御無念之
由候、定而是又可被任御本意候、御大慶不及申候、就今度
之儀者、依遠路田舎定而種々可有雑説候間、急度可申下之
由候、恐々、

（永正八年）八月廿四日　龍崎中務少輔（ママ）道輔
弘中兵部丞武長
神代紀伊守貞総

杉伯耆守殿（重清）
杉木工助殿（弘依）
陶兵庫頭殿（弘詮）

◯一三八二　大内義興禁制　◯臨川寺文書

禁制　天龍寺臨川寺幷諸塔頭

右当手軍勢甲乙人濫妨狼籍〔藉〕竹木採用事、一向令停止訖、若於違犯族者、可処厳科者也、仍下知如件、

永正八年八月廿五日　　左京大夫（大内義興）（花押）

○一三八三　大内氏家臣連署禁制　○東寺百合文書

禁制　　東寺

右当手軍勢甲乙人濫妨狼籍〔藉〕事、堅令禁遏訖、若於違背之族者、可被処厳科者也、仍下知如件、

永正八年八月廿七日

紀伊守（神代貞総）（花押）

左衛門尉（杉興宣）（花押）

中務少輔（陶興房）（花押）

○一三八四　大内氏家臣連署書状写　○新井本東福寺所蔵文書

至当寺被移陣所之由依風聞、当手者打陣札之由候、当陣事者、於本能寺被相定候上者、不可相替候、若雖打陣札仁候、不可有御承引旨、可被相触寺中并門前候、恐々謹言、

（永正八年）八月廿七日　　喜什源右衛門尉　弘頼（花押影）

弘中兵部丞　武長（花押影）

東福寺御侍者中

○一三八五　龍崎道輔書状　○実隆公記紙背文書

就今度之儀、対左京大夫（大内義興）被成　御書候、問田大蔵少輔（弘胤）討死仕候之間、愚拙申聞候、仍奉献御返書候、内々可預御心得候、某祗候無沙汰、是又心外候、必一両日中可致出仕候、恐惶謹言、

（永正八年）八月廿七日　　道輔（花押）

（光康）礒山殿人々御中

○一三八六　大内義興書状写　○仏光寺文書

今度城北船岡一戦　御利運付而、即刻参着、尤以神妙之由上意候、重而期便宜可令申之条、早々馳筆候、恐々謹言、

（永正八年）九月一日　　「管領大内」（異筆）義興

「高羽」（行見）大沢殿
　御宿所

〇一三八七　大内義興副状写△　〇河津伝記

去八廿四辰於洛北舟岡山合戦之時各父子被励勲功、大軍即時令退散之段、誠無比類高名驚目候、則御感被下候赴（趣）、厳重之至候、尚必可被賞行之条、執達如件、

永正八年九月二日　　（大内義興）多々良朝臣　判

河津（弘業）左衛門大夫殿
河津（興光）民部少輔殿

〇一三八八　大内氏家臣連署奉書写　〇新井本東福寺所蔵文書

去月十六日至丹波国就諸勢陣替之儀、（山城国久世郡）槙島在陣衆出京之時、自宇治渡口悪党等令蜂起、不分前後左右合戦及難儀候処、於当所ニ属無事之間、各心安相退云々、殊種々馳走之儀神妙之通、対貴寺令啓之条、定可被賀与候、仍執達如件、

永正八
　九月三日　　（杉）興宣（花押影）
　　　　　　（陶）興房（花押影）

法性寺柳原地下衆中

〇一三八九　陶興房書状写　〇新井本東福寺所蔵文書

去月十六日至丹波国就諸勢陣替之儀、（山城国久世郡）槙島在陣衆出京之刻、於路次悪党等令蜂起、合戦及難儀候之処、至貴寺門前之地下仁致忠儀、殊種々馳走候由各申候、併連々被加御下知故哉、誠神妙之至候、祝着之通、先得其心可申入候旨候、
恐々謹言、

（永正八年）九月三日　　興房（花押影）

東福寺都聞禅師

包紙
陶中務少輔

○一三九〇　天野元連軍忠状写△　○深野家文書

（証判）
「（大内義興）（花押影）」

天野中務大輔元連申
早賜御証判、欲備末代之亀鏡軍忠之事
一去月廿四日　帝都船岡山（山城国愛宕郡）合戦之時、我等家人討死蒙疵輩
備左、

打死　河村佐渡守
　　　田中内蔵允
手負　左肩上山玄蕃允
　　　右足内蔵兵吉
　　　右手野村吉六
　　　左足野田右馬允
　　　左手伊賀崎主馬首
　　　右肩佐伯左馬允
　　　矢疵　左足千原弥三次
　　　鑓疵左右足世良田宮松
　　　矢疵右足舟田与十郎
　　僕従
　　　矢疵左足　平九郎
　　　鑓疵面　賀三太
　　　同　右手　力助
以上
　証人　深野平左衛門尉（房重）
永正八年九月六日　元連（花押影）
大内左京大夫殿（義興）

○一三九一　杉興重遵行状写　○守光公記

山城国金剛勝院藤宰相入道殿家領、任今月今日（永正八九十一）御下知之旨、
不可有御知行相違之由、所被申也、仍如件、
永正八年九月十一日　兵庫助（杉興重）
冷泉宰相殿（永宣）御代

○一三九二　大内義興感状（切紙）　○浦家文書

就今度上洛之、数年別而奉公之上、至丹波令供奉之、剰去

月廿四日於船岡山（山城国愛宕郡）御敵退治之時馳走、感悦令重畳了、弥抽
忠節者可為肝要之状如件、

永正八年九月十三日　（大内義興）（花押）

乃美小太郎殿（賢勝）

（封紙ウハ書）
「乃美小太郎殿　義興」

○一三九三　杉興宣副状（切紙）　○浦家文書

今度御上洛已来数年別而奉公之上、至丹波被遂供奉、剰去
月廿四日於船岡山（山城国愛宕郡）御敵御対治之時馳走之、御感状尤以目出
候、弥被抽奉公忠者可為肝要之由候、恐々謹言、

永正八
九月十三日　興宣（花押）

乃美小太郎殿（賢勝）

（封紙ウハ書）
「杉越前守
乃美小太郎殿　興宣」

○一三九四　杉興宣副状写　○石井英三家文書

（朱筆）
「横紙書翰」
今度御上洛已来数年別而御馳走上、至丹波被遂供奉、剰去
月廿四日於船岡山（山城国愛宕郡）御合戦之時太刀討之、御感状任官尤以目
出候、弥被抽忠節者可為肝要候、恐々謹言、

永正八
九月十三日　興宣

石井孫兵衛尉殿

○一三九五　益田宗兼討捕頸幷太刀討注文　○益田家文書

（モト端裏書カ）
「於城州舟岡山軍忠之注文　永正八」
永正八年八月廿四日於船岡山（山城国愛宕郡）討捕頸注文

頸一　益田又次郎討捕之
頸一　大谷与三次郎討捕之
頸一　斎藤平三討捕之
頸一　垣石十郎兵衛尉討捕之
頸一　中間　孫左衛門討捕之
　切疵一ヶ所、右ノ手

太刀討注文　益田弾正左衛門尉

波田木工助
大草弥次郎
大谷与三左衛門尉
鑓疵一ヶ所、右ノ足 大谷与三兵衛尉
鑓疵一ヶ所、左ノ手 下孫七
切疵一ヶ所、左ノ手、鑓疵頭二ヶ所、脇一ヶ所 討死 小原民部丞
鑓疵一ヶ所、左ノ手 山崎木工允
鑓疵一ヶ所、左ノ足 小原兵庫助
大谷孫七
府藤左衛門尉
矢疵一ヶ所、左ノも、 仁保弥三郎
大谷与三
大草新三郎
田村五郎左衛門尉
窪田助五郎
矢疵一ヶ所、左ノ足 大塚新兵衛尉

波多野弥次郎
豊田新四郎
仁保新七
増野彦七
城一弥六
中村与三
鑓疵一ヶ所、右ノ手 中間弥三郎
矢疵一ヶ所、左ノ足 中間三郎次郎
矢疵一ヶ所、右ノも、 中間大郎左衛門
矢疵一ヶ所、右ノ足 中間新三郎
已上
（永正八年）九月十三日 益田治部少輔 宗兼（花押）

○一三九六 大内義興書状写△ ○深野家文書

今度城州於船岡山（山城国愛宕郡）合戦之時、一番鑓戦功無比類候、御面目之至候、弥馳走可為肝要候、恐々謹言、
（永正八年）九月十七日 義興（花押影）

杉長門守殿

○一三九七　大内義興副状　○右田毛利家文書

去月廿四日於船岡山（山城国愛宕郡）合戦之時、被摧手候、御忠節無比類候、
仍以　御内書被成　御感候、殊受領事被仰出候、御面目之
至候、弥御馳走併可為肝要候、恐々謹言、
（永正八年）九月十七日　義興（花押）
天野讃岐守（興次）殿

○一三九八　大内義興副状写　○三卿編年文書

去月廿四日於船岡山（山城国愛宕郡）合戦之時、被摧手候、御忠節無比類候、
仍以御内書被成　御感候、殊受領事被仰出候、御面目之至
候、弥御馳走併可為肝要候、恐々謹言、
（永正八年）九月十七日　義興　在判
天野中務太輔（元連）殿

○一三九九　大内義興奉書写△　○毛利家文庫遠用物

周防国熊毛郡三尾郷弐百貫・高森弐百貫之事、去月廿四日
於船岡山（山城国愛宕郡）合戦之時抽忠節候条、為勲功之賞被宛行者也、守
先例可有領知之旨、依　仰執達如件、
永正八年九月十七日
多々良朝臣義興　在判
天野中務太輔（元連）殿

○一四〇〇　大内義興副状　○円清寺文書

去月廿四日於船岡山（山城国愛宕郡）合戦之時、太刀討分捕、被蒙疵候、御
忠節無比類候、仍以　御内書被成御感候、殊受領事被仰出
候、御面目之至候、弥御馳走併可為肝要候、恐々謹言、
（永正八年）九月十七日　義興（花押）
永安太和守殿

○一四〇一　陶興房感状写　○防長風土注進案江良弾蔵

去月廿四日至城州船岡山（愛宕郡）御敵御退治之時、於虎口太刀始分

捕頸一志宇知源太被疵二ケ所之左手内左之足次第、粉骨無比類候、仍被成下
御感状候、面目之至候、予祝着不及言語候、為其賞都濃郡（周防国）須々万之内廿三石之地進之候、可被知行候、弥被抽忠節者可為肝要之状如件、

永正八年九月十七日　興房（花押影）

江良藤兵衛尉殿

○一四〇二　内藤興盛感状写　○萩藩閥閲録差出原本内藤小源太家来

去月十六日至丹波国公方様（足利義尹）被遷御座時、於城州千本口合戦之時蒙矢疵、同月廿四日従丹波国御入洛之時、至船岡山（山城国愛宕郡）分捕頸壱到来、於度々粉骨之次第、尤高名之至無比類者也、弥抽忠節者必可行其賞状如件、

永正八年
九月廿一日　興盛　判

勝間田右馬（春実）

○一四〇三　大内義興感状写　○萩藩閥閲録内藤小源太

在京馳走、剰有調儀、至丹波国下向之処、遂供奉之、去月廿四日帰洛船岡山（山城国愛宕郡）合戦之時、於陶尾張守興房一所太刀討分捕頸一本郷宮内大輔幷被切疵右腕矢疵左足二ケ所之次第、注進一見了、感悦非一之、仍為忠賞令吹挙左衛門尉者也、弥可抽忠節之状如件、

永正八年九月廿三日　大内義興ノ判

充所切テ無之

○一四〇四　大内義興感状写　○武州文書八条村阿川三郎兵衛

在京馳走、殊諸家有調議、去月十六日至丹波国下向之処、遂供奉、同廿四日帰洛、於船岡山（山城国愛宕郡）合戦之時、為神代紀伊守（貞総）一所太刀討候次第、貞総（神代）注進一見畢、感悦非一、弥抽忠節者可為肝要之状如件、

永正八年九月廿三日　（大内義興）（花押影）

阿川孫七郎（総康）殿

○一四〇五　大内義興感状（切紙）　○久利家文書

在京馳走、剰諸家有調議、去月十六日至丹波国下向之処、遂供奉之、同廿四日帰洛、船岡山（山城国愛宕郡）合戦之時、於問田大蔵少輔弘胤一所鑓穿之次第、問田掃部頭興之注進一見畢、感悦非一之、弥可抽忠節之状如件、

永正八年九月廿三日　（花押）（大内義興）

久利清兵衛尉殿

○一四〇六　大内義興感状写　○萩藩閥閲録差出原本三輪四郎兵衛

在京馳走、殊諸家有調議、去月十六日至丹波国下向之処、遂供奉之、同廿四日帰洛、於船岡山（山城国愛宕郡）合戦之時、為神代紀伊（貞総）守一所太刀討之次第、貞総注進一見畢、感悦非一、弥抽忠節者可為肝要之状如件、

永正八年九月廿三日　義興公御判計

当テ所なし

○一四〇七　大内義興感状（切紙）　○安富家文書

在京奉公、剰諸家有調議、去月十六日至丹波国下向之、令随駕之、同廿四日帰洛、於船岡山（山城国愛宕郡）御敵退治之時、被官島田源三矢疵一ヶ所・津村弥六幷僕従二郎三郎・新六・弥八郎太刀討之次第、感悦非一之、弥抽忠節者可為肝要之状如件、

永正八年九月廿三日　（花押）（大内義興）

安富弾正（弘誠）忠殿

○一四〇八　大内義興感状写　○萩藩諸臣証文櫛辺家証文

在京奉公、剰有諸家調議、去月十六日至丹波国下向之処、遂供奉、同廿四日帰洛、於船岡山（山城国愛宕郡）御敵退治之時、於陶中務（興房）少輔一所太刀討之次第、興（陶）房注進一見感悦訖、仍為忠賞令吹挙越中守者也、弥可抽忠節之状如件、

永正八年九月廿三日　（花押影）（大内義興）

櫛辺藤蔵人殿

「櫛部藤蔵人」

○一四〇九　大内義興感状写　○萩藩閥閲録楊井神平

在京奉公、剰有諸家調儀、去月十六日至丹波国下向之処、
遂供奉、同廿四日帰洛、於船岡山(山城国愛宕郡)御敵退治之時、於杉次郎(興宣)
左衛門尉一所太刀討之次第、興宣(杉)注進一見了、感悦之至也、
仍為忠賞令吹挙修理進訖、弥抽忠節者可為肝要之状如件、
　　永正八年九月廿三日　　　大内義興ノ判
　　　楊井弥七殿(国盛)

○一四一〇　大内義興感状写　○萩藩閥閲録来原利右衛門

在京奉公、剰有諸家有調議、去月十六日至丹波国下向之処、
遂供奉、同廿四日帰洛、於船岡山(山城国愛宕郡)御敵退治之時、馳走感悦
令重畳訖、弥可抽忠節之状如件、
　　永正八年九月廿三日　　　大内義興ノ判
　　　来原藤六殿

○一四一一　大内義興感状写　○林家文書

在京馳走、剰諸家有調議、去月十六日至丹波国下向之処、
遂供奉、同廿四日帰洛、船岡山(山城国愛宕郡)合戦之時、於問田大蔵少輔
弘胤一所太刀討被疵之次第、問田掃部頭興之注進一見了、
感悦非一、仍為忠賞令吹挙刑部少輔者也、弥可被抽忠節之
状如件、
　　永正八年
　　　九月廿三日　　　義興(花押影)
　　　　小笠原刑部少輔殿(長隆)

○一四一二　大内義興感状(切紙)　○安富家文書

在京奉公、殊依河摂両国忩劇之、為細河(高国)勢合力差遣山崎(山城国乙訓郡)之
処、就不慮之儀悉開陣之刻、京都又諸家有調議之子細之、
去月十六日至丹波下向之条、凌路次難儀之来着、同廿四日
令帰洛之、於船岡山(山城国愛宕郡)御敵退治之時、太刀討被疵鑓疵幷被官
金田次郎兵衛尉被鑓疵之次第、感悦重畳訖、弥可抽忠節之
状如件、
　　永正八年九月廿三日　　　(花押)(大内義興)
　　　安富新三郎殿(弘季)

〇一四一三　大内義興感状（切紙）　〇弥富家文書

在洛奉公、剰諸家有調議、去月十六日至丹波国下向之条、
令随駕、同廿四日遂帰洛之、殊於船岡山（山城国愛宕郡）御敵退治之時、馳
走感悦重畳訖、弥抽忠節者可為肝要之状如件、
永正八年九月廿三日　（大内義興）（花押）
矢富孫十郎（依重）殿

〇一四一四　大内義興感状写　〇児玉韞採集文書

在洛奉公、殊諸家有調儀、去月十六日至丹波国下向之処、
遂供奉、同廿四日帰洛、於船岡山（山城国愛宕郡）合戦之時、為神代紀伊守（貞総）
一所馳走之次第、貞総（神代）注進一見訖、感悦非一、弥抽忠節者
可為肝要之状如件、
永正八年九月廿三日　花押（大内義興）同前
岡部彦左衛門尉殿

〇一四一五　大内義興感状（切紙）　〇大村家文書

在洛以来奉公、剰諸家有調議、去月十六日至丹波国下向之
条、令随駕、同廿四日遂帰洛、殊於船岡山（山城国愛宕郡）御敵退治時馳走、
感悦重畳訖、弥抽忠節者可為肝要之状如件、
永正八年九月廿三日　（大内義興）（花押）
大村新左衛門尉（重成）殿

〇一四一六　大内義興感状（切紙）　〇池永家文書

在洛以来奉公、剰諸家有調議、去月十六日至丹波国下向之
刻、於千本口（山城国）合戦之時馳走、同廿四日帰洛、船岡山（山城国愛宕郡）凶徒退
治之砌太刀討感悦重畳訖、弥抽忠節者可有其賞状如件、
永正八年九月廿三日　（大内義興）（花押）
池永三郎殿

〇一四一七　大内義興感状写　〇萩藩閥閲録小野貞右衛門

去春以来在洛奉公、殊諸家有調儀、去月十六日至丹波国下
向之所遂供奉、同廿四日帰洛、於船岡山（山城国愛宕郡）合戦之時、為神代
紀伊守（貞総）一所馳走之次第、貞総（神代）注進一見了、感悦非一、弥抽
忠節者可為肝要之状如件、

永正八年九月廿三日　　義興〔ノ脱カ〕判
小野小次郎（資種）殿

○一四一八　大内義興感状写　○萩藩閥閲録楫杜伊織

就上洛之、代官楫杜新左衛門尉奉公、剰有諸家調儀子細、去月十六日至丹波国下向之処、遂供奉、同廿四日帰洛、於船岡山（山城国愛宕郡）御敵退治之時、馳走之次第尤神妙、以此旨可被賀与之状如件、
永正八年九月廿三日　　大内義興ノ判
楫杜信濃守（弘康カ）殿

○一四一九　大内義興感状写　○萩藩閥閲録渡辺儀右衛門

就上洛、為代官原田小四郎令供奉之、殊諸家有調儀子細之、去月十六日至丹波国下向之随駕（之）也、同廿四日帰洛、於船岡山（山城国愛宕郡）御敵退治之時馳走之次第、弘中源次太郎興勝注進加一見了、令感悦者也、以此旨可賀与之状如件、
永正八年九月廿三日　　大内義興ノ判
渡辺新三郎（重）殿

○一四二〇　大内義興感状写　○萩藩譜録横山新之允藤賢

就在洛之為寺役最前以来方々馳走、剰去月十六日至丹波国被移　御座刻、凌難儀之遂使節之、同廿四日於船岡山（山城国愛宕郡）御敵退治之時随駕之、所令感悦重畳状如件、
永正八年九月廿三日　　（大内義興）判
上包ニ
広厳寺祥省蔵主　　義興

○一四二一　大内義興感状（切紙）　○都野家文書

御入洛以来在京、殊為槇島（山城国久世郡）在城衆雖差遣之、有調議各帰洛事相催之処、敵慕跡及難儀之条、数箇度依遂合戦、度々射能矢之次第、武長（弘中）・弘明注進、剰去月十六日至丹波国下向之時、於千本口（山城国）凶徒令蜂起之刻、切疵蒙数箇所、感悦非一候之、仍為忠賞令吹挙右衛門尉訖（ママ）畢、弥忠節可為肝要之状如件、

永正八年九月廿三日　（大内義興）（花押）

都野又四郎殿

○一四二二　大内義興感状（切紙）　○多賀谷家文書

「（封紙ウハ書）多賀谷宮内少輔殿　義興」

和泉堺南庄在津事申付刻、諸家有調議之子細、去月十六日至丹波国下向之間、当庄堅固馳走、同廿四日船岡山（山城国愛宕郡）合戦待付大利之条、感悦重畳訖、弥抽忠節者可為肝要之状如件、

永正八年九月廿三日　（大内義興）（花押）

多賀谷宮内少輔殿（武重）

○一四二三　大内義興袖判同家臣連署奉書（切紙）　○プリンストン大学所蔵文書

（大内義興）（花押）

御在洛供奉、剰諸家有御調議、去月十六日至丹波国御下向随駕、同廿四日御帰洛、於船岡山（山城国愛宕郡）御敵御退治之時、篠原四郎長守馳走、御感重畳訖、弥可抽奉公忠之由、依仰執達如件、

永正八年九月廿三日

左衛門尉

（野田護所）主殿允

○一四二四　大内義興副状　○益田家文書

去月廿四日於船岡山（山城国愛宕郡）合戦之時、被励戦功候之次第、以　御内書被成　御感候、御面目至候、弥御忠節併可為肝要候、恐々謹言、

（押紙）永正八年
九月廿三日　（押紙）大内左京大夫　義興（花押）

益田治部少輔殿（宗兼）

○一四二五　大内義興書状写　○萩藩閥閲録周布吉兵衛

去月廿四日於船岡山（山城国愛宕郡）合戦之時被励戦功候、殊御同名藤次郎方討死之次第令披露候、仍以　御内書被成御感候、御面目之至候、弥御忠節併可為肝要候、恐々謹言、

永正八年辛未也
九月廿三日　義興　判

周布次郎(興兼)殿

○一四二六　大内氏家臣連署奉書写　○青柳種信関係資料

御上洛以来其堺忩劇及数度之処、高祖(筑前国怡土郡)在城、別而馳走之通、
烏田玄蕃允(種通)注進之状慥遂披露候、一段御感之至候、京都事、
去月廿四日於船岡山(山城国愛宕郡)御敵悉被加御退治、毎事被任御本意候
条、近日必可有御下向候、然者連々忠儀之次第可被賀仰由
候、恐々謹言、
(永正八年)九月廿七日　(龍崎)道輔
(弘中)武長
王丸神(助)五郎殿

○一四二七　大内義興奉書写△　○大内氏実録土代博多釜屋甚八

今度於洛北船岡山(山城国愛宕郡)軍労、殊細川政賢被討果到時剋(ママ)無比類働
之段、御感不斜候、必可被成御加恩之由、依仰執達如件、
永正八年
十月五日　(大内義興)多々良朝臣花押

新原左馬助殿

○一四二八　細川高国書状(切紙)　○三浦家文書

(封紙ウハ書)「仁保太郎殿　高国」
(端裏切封)「(墨引)」
去八月廿四日自丹州御入洛時、於船岡山(山城国愛宕郡)合戦攻口抽粉骨、
敵数輩被討捕之条、其働無比類候、恐々謹言、
(永正八年)十月五日　高国(花押)
仁保太郎(興棟)殿

○一四二九　龍崎道輔書状　○実隆公記紙背文書

先度被成下　御書候、殊菊済々拝領過分不及言上候、抑左
京大夫(大内義興)下向之事、世上之沙汰候哉、更不可有御信用候、年
内者先在洛可仕候歟、相替時宜候者必可申上候、随而以前
冷泉殿(永宣)被仰候遵行事、雖申子細候、以畠山式部少輔(順光)殿被仰
出候之間、直令遵行候、然上者此御文箱事返献仕候、同御
下知慥可被召置候、此等之趣能々可預御心得候、恐惶謹言、

（永正八年）十月十八日　道輔（花押）

「（第二紙切封ウハ書）（墨引）　龍崎中務丞

（光康）礒山殿人々御中　道輔」

○一四三〇　龍崎道輔書状　○六親紙背文書

又此折節到来候間、鮭一尺進上仕候、可然候者可預御取合
候哉、
先日者致言上候之処、御懇被仰出候、忝面目之至候、仍対
細倉以前可申付之由御定候御地料事、以神代紀伊守（貞総）堅固申
与候処、如此捧申状候、定而相違聊爾申事共候哉、若又此
分候者対斎藤（兵衛尉）可被仰付候、就其返答重而沢村所可申究候、
又此両巻事、近日相積候不審共にて候、弘安礼事者以前直
被仰聞候分忘却仕候、猶又於其上不休候子細共候間、注付
進上仕候、御懇被加御意候者所仰候、又有識之事書候物事
如此候、不審事同申上候、両巻事、被染御筆候者、生々
世々忝可畏存候由、可預御心得候、恐惶謹言、

（永正八年）十月廿六日　道輔（花押）

「（第二紙切封ウハ書）（墨引）　龍崎中務丞

（光康）礒山殿人々御中　道輔」

○一四三一　大内義興寿像賛写　○山口県立山口博物館所蔵文書

大内府君甲冑寿容〔像イ〕、（イナシ）于時公三十五歳
時秋之仲、辛未（永正八年）之年、左京兆義興、擁万騎屯丹陽、弓刀耀
日、大将軍義尹（足利）、率諸侯発碧洛、旌旗亙天、空群者黄毛
黒髯〔鬣イ〕、臨場而玉勒錦韉、卜日合戦、得時凱旋、運籌決勝、
一以当百、斬首捕虜級其幾千、如陵変谷、有岡曰船、鬼神
泣兮雲羃〔冪イ〕々、寒鴉尽兮水瀑々、四方両虎穴中、指三軍、揮
翯〔白羽イ〕、一日五鳳楼下、賀太平、握金鞭、謹記厥事、具陳其先、
北極拱〔共イ〕北辰、初降多々〔多イ〕良之氏、西周帰西伯、併披都〔按郁イ〕郁乎之
篇、在昔紀泉二州、賞功領守、至今将相両府、伴食当擁〔権イ〕、
香積界喚起、維摩居士、国清寺追陪豊干老禅、奉主致身、
澄清天下、祭神如在、配祠広〔祀廟イ〕前、築山雖有累土矣、観海者
難為瀾焉、彼法泉出山口、譬瀑布懸廬巓、蓋夫祖考之美誉、

係乎子孫之英賢、頻升四位三品、寵越一日九遷、風塵三尺、社稷一戎、威振夷夏、寿考万年、本支百世、化行山川、舜何人也、禹無間然、

永正八年(以下イナシ)孟冬(十月)吉日、宜竹景徐周麟謹賛

○一四三二　大内義興宛行状写△　○河津伝記

筑前国鞍手郡吉川庄三拾町之地事

右任旧領之旨所被宛行也、守先例全可領知之状如件、

永正八年十一月五日　義興　判

河津民部少輔(興光)殿

○一四三三　室町幕府奉行人連署奉書　○勧修寺文書

勧修寺　八幡宮寺社領城州宇治郡十一ヶ郷幷山科七郷(山城国宇治郡)内所々散在事、地下人等号半済可引取年貢云々、太無謂、於半済之儀者不被及其沙汰之上者、如先々厳蜜(密)可致寺納之段、可被加下知之由所被仰下也、仍執達如件、

永正八年十一月廿七日　対馬守(松田英致)（花押）

大内左京大夫(義興)殿　　近江守(飯尾貞運)（花押）

○一四三四　杉重清実名書出　○湯屋家文書

実名　清好

永正八年十二月十三日　重清（花押）

湯屋新十郎(清好)殿

○一四三五　大内義興書状　○益田家文書

長々在洛之条、芸石衆依迷惑候、少々至境津下向候、内々又誘引之方候哉、雖然予在京之上者、可有堪忍御覚悟之由候、雖不論子細候、真実之御芳志不及言語候、連々不可有忘却候、心緒猶弘中越後守(武長)可申候、恐々謹言、

(押紙)永正八年辛未

十二月廿三日　義興（花押）

益田治部少輔(宗兼)殿

○一四三六　問田興之書状　○離宮八幡宮文書

（封紙ウハ書）
「大山崎惣中　問田
　　進之候　　興之」

就在陣之儀、態御音信誠祝着之至候、殊百疋到来、毎々儀ニ候、仍屋形（大内義興）江丁寧之儀、以別紙申候、委細者祖鷹蔵主可有演説候、恐々謹言、

（永正八年）十二月廿八日　興之（花押）

大山崎惣中
　進之候

永正九年（西紀一五一二）

○一四三七　野仲興道書状　○待価史料

在洛奉公辛労、殊今度於船岡山（山城国愛宕郡）御敵御退治之時、敵一人打捕頸一之通達　上聞之間、対興道（野仲）被成　御書下之条、感悦重畳訖、仍為忠節令吹挙修理進者也、恐々謹言、

永正九年正月十一日　兵庫助興道（花押）

小友田又次郎殿

○一四三八　大内義興副状　○益田家文書

賢息（益田尹兼）仮名幷　御字事申沙汰候、殊被染　御筆候、御面目之至候、併今度御在洛別而御忠節所致候、弥可申談候之条可為本意候、猶委細弘中越後守（武長）可申候、恐々謹言、

（永正九年）正月廿一日　義興（花押）

益田（宗兼）治部少輔殿

○一四三九　大内義興書状写　○萩藩譜録益田隼人兼定

其後者遙無音慮外之様候、無疎略候之通、重而賢察之前候
哉、抑礼部（益田宗兼）長々御在洛、別而無御等閑申談候、本望候、殊
今度御敵退治之時御高名無比類候、上意種々忝候、同興職（益田カ）
粉骨旁不及申候、天下弥泰平調儀最中、其間分国静謐之儀、
任去文明例御入魂併可為肝要候、恐々謹言、
（永正九年）正月廿一日　義興　判
益田（全田）越中入道殿

○一四四〇　陶興房書状　○益田家文書

（モト封紙ウハ書カ）
「益田治部少輔殿　陶尾張守
御宿所　興房」
御参洛以来毎々御馳走之次第、左京大夫（大内義興）慥達　上聞候、就
其又次郎（益田尹兼）殿　御字御頂戴候、殊被染　御筆之由候、種々御
面目之至誠千秋万歳御大慶候、就中芸石旁過半下向候之処、
于今被遂御在洛候、併被対大夫（大内義興）御芳志之至候、仍祝着之通
委細直申候、弥無御等閑候者所仰候、此等之趣猶江良藤兵
衛尉可申入候、恐々謹言、
（永正九年）正月廿三日　興房（花押）
益田（宗兼）治部少輔殿
御宿所

○一四四一　陶興房書状（切紙）　○益田家文書

（モト封紙ウハ書カ）
「益田越中入道殿　陶尾張守
御宿所　興房」
今度　御入洛以来礼部（益田宗兼）御馳走之次第、左京大夫（大内義興）慥遂披露候、
特芸石旁過半帰国候之処、于今被遂御在洛候、御忠節非一
候、就其又次郎（益田尹兼）殿御字御頂戴候、被染　御筆之由候之条、
御面目之至尤珍重候、被対大夫（大内義興）毎々御芳志之段、併代々申
承所致候、仍進状之由申候、帰国不可有幾程候之条、万端
期其時候、恐々謹言、

正月廿三日（永正九年）　興房（花押）
益田越中（全田）入道殿
御宿所

〇一四四二　弘中武長副状　〇益田家文書

「（モト第二紙切封ウハ書カ）（墨引）　弘中越後守
益田殿（宗兼）江　進覧之候　武長」

芸石御旁可有下国之由、内々案内被申御方候、又者被任所
存方候、雖然貴殿御事、
公方様（足利義尹）至防州、従　御珍（鎮）座之時、御入洛之時節屋形（大内義興）自身於
供奉者可有御同道之由、連々御心中之通以蒙仰辻、今度御
上洛之時、従自余之御国衆最前御参候、今以芸石衆多分雖
下国候、屋形在京之間者可被遂其節之由、旧冬被仰之段申
聞候之処、雖不珍候祝着被申候、公儀御忠節者不及申候、
御芳志之由候、就其御賢息（益田尹兼）　御字之事申沙汰候之処、　御
字に御家字兼被相副実名幷外名又二郎殿之由、被仰出候、
御面目之趣左京大夫（大内義興）以副状被申候、旁以御満足奉察候、恐
惶謹言、
（押紙）永正九 壬申　正月廿三日　武長（花押）

〇一四四三　弘中武長書状　〇益田家文書

「（モト封紙ウハ書カ）　弘中越後守
益田入道殿　参　人々御中　武長」
（端裏切封）「（墨引）」

青陽御祝儀、万事被任御所存之条、弥珍重候、抑去年至丹
州被移御座、同御上洛以来　天下御大慶候、如此之時節少（益田宗兼）
輔殿幷右典廏御忠節無比類候、御満足奉察候、永々御在京
事候之間、御窮困故候哉、芸石御旁多分御下向候、雖然右
御両所屋形（大内義興）下国まて者可被遂御在京由候之間、併御忠節之
条、熊童丸（益田尹兼）殿御字事申沙汰候て、実名外名為　上意被仰出
候、御面目之至候、延々在京候之間、国元無心元被存候、
自然之時者、山口面々可被仰談事被奉頼候、且者古（故）屋形（大内政弘）法
泉寺先年在京留守之時、田舎錯乱砌、依御馳走之故静謐候、

任其吉例弥被奉憑旨、以直書被申候、就中文明初比道頓法師(大内教幸)自津和野(石見国吉賀郡)至賀禰城(長門国阿武郡)被執懸之時節、貴殿御領中至虫送(石見国美濃郡)有御発足、豊田(同郡)懸城御切捕候次第、其外御身上被思食定之趣、於其以後色々被入御心陶建忠(弘護)被仰談候段、於于今毎々申聞候条、只今茂猶以御憑敷被存候、将亦毎篇少輔殿并典廏於御用者、無御等閑申承候、可御心安候、誠雖軽微至極候、宇治茶二袋令進入候、真実無常之由申候へとも無信用候、尚々方々調法子細候間、今春中者中途まても可有下国候条、目出候、恐惶謹言、

(永正九年)二月二日　武長（花押）

益田(全田)入道殿参　人々御中

○一四四四　大内義興官途吹挙状　○三浦家文書

(封紙ウハ書)「仁保太郎殿　義興」

宮内少輔所望之事、可挙申　公家之状如件、

永正九年二月六日　(大内義興)(花押)

仁保太郎殿(興棟)

○一四四五　蜷川親孝書状　○益田家文書

(モト第二紙切封ウハ書カ)「（墨引）　蜷川新右衛門尉

弘中越後守殿　御報　親孝」

就益田殿御子息(尹兼)御字御頂戴之儀、貴札之趣申聞候之処、任御意之旨、伊勢守(伊勢貞陸)書状事調進之候、此由有御意得、可被御申入之旨申候、恐々謹言、

(永正九年)二月六日　親孝（花押）

弘中越後守殿(武長)　御報

○一四四六　興隆寺修二月会頭役差文　○興隆寺文書

差定

氷上山興隆寺修二月会大頭役事

明年大頭　来原中務丞藤原興盛

脇頭　筑前国糟屋郡

三頭　同国下座郡

右所差定之状如件、

永正九年壬申二月十三日

従三位多々良朝臣義興（花押）

〇一四四七　大内義興官途吹挙状写　〇永田秘録杉英勝家証文

大蔵丞所望事、可挙申公家状如件、

永正九年三月七日　（大内義興）（花押影）

（長忠）杉四郎三郎殿

〇一四四八　大内義興官途吹挙状写　〇萩藩閥閲録周布吉兵衛

式部少輔所望事、可挙申公家状如件、

永正九年三月七日　（大内義興）左京大夫　判

（興兼）周布次郎殿

〇一四四九　陶氏家臣連署下札写　〇防長風土注進案清水田村文次郎

下札　水津分

（周防国都濃郡）太郎丸壱町　□　助五郎

小フエノ本

一反　当皆川

小　当流

大　古不

（朱）「現田八段」

右当流者当年春秋二季分御閣候、従来春可致収納者也、

永正九年壬申三月七日　正木　判

長得　判

山崎　判

〇一四五〇　大内義興書状（切紙）　〇佐田家文書

去年八月廿四日於城州（山城国愛宕郡）船岡山為御敵対治祝儀、青銅三百疋

到来、悦入候、遙之儀尤丁寧之至候、謹言、

（永正九年）三月十三日 （大内義興）（花押）

（泰景）佐田大膳亮殿

〇一四五一 大内義興書状 〇六親紙背文書

就参内之儀、御懇之趣自是可致言上之由、相存候之処、聽而尊書忝恐悦無極候、必重而以祗候可申上候由、可預御心得候、恐惶謹言、

（永正九年）三月十六日 義興（花押）

（藤原重種）権大夫殿

〇一四五二 問田興之書状 〇六親紙背文書

自（三条実香）御本所様一昨日御書被下候、則左（大内義興）京大夫申聞候、忝之通直致御返事候、仍今度者依御取合絶〔施〕面目候、何様以祗候可申上之由候、拙者事近日無沙汰之様罷過候、非本意候、必一両日中可致参上候、御次之時御心得奉頼候、恐々謹言、

（永正九年）三月十七日 興之（花押）

（光康）礒山殿 御宿所

〇一四五三 後柏原天皇口宣案写 〇口宣綸旨院宣御教書案

上卿 甘露寺中納言（元長）

永正九年三月廿六日 宣旨

従四位上多々良（大内）義興朝臣

宜叙従三位

蔵人左近衛権中将藤原（正親町）実胤奉

〇一四五四 位記写 〇砂巌

従四位上多々良朝臣（大内）義興

右可従三位

中務、英名垂威、職任得貴、平生克奮武烈、蘇息紫陽之人民、去歳況募戦功、追討華洛之凶賊、不論決勝於千里、既是繫治於一天、更賜朝章、特高階級、可依前件、主者施行、

永正九年三月廿六日

無品中務卿貞敦親王宣

中務大輔闕

従五位下中務少輔臣藤原為益奉行
正二位行権大納言臣宗綱(松木)　已下略之、

○一四五五　佐田泰景書状案　○永弘家文書

就宇佐宮下宮竈殿穢之儀、造替事自社家被申候之処、依先証之趣可被仰候、付返候哉、当大宮司対彼社御用被相尋候之処、去長享年中御回禄之時者、則仮殿之儀被仰付候、于今御座□、其以前之例□更不存知之由候、然而当時彼一宇依無御座、御供構之儀一円不被及合期条、重而以雑掌被申入候、今程御在洛御祈禱専一之砌御座候間、先如形仮殿構之儀被仰付候者、可目出由候、然者於御神事者、弥不可有油断之通、得其心能々可申之由候、如近年□(御)仮殿被仰付候者、不可入指御公物候、巨細定而自社家可被申候、可得御意候、恐々謹言、

(異筆)「永正九」
三月廿六日　泰景
(異筆)「杉伯耆守殿」(重清)

○一四五六　足利義尹(義植)御内書案　○御内書案『大日本史料』

赤松次郎(義村)事、於致忠節者、可許容候也、
(永正九年)閏四月十日
細川右京大夫(高国)とのへ
大内左京大夫(義興)とのへ

○一四五七　杉興長家臣連署状　○満盛院文書

(捻封ウハ書)「(墨引)　普喜和泉守
山田源右衛門尉
満盛院　御同宿御中　相恵」

御神領侍島十弐町被渡進候一筆、(筑前国)三笠郡筑紫村内と失念候て被認進候、書直候て可進覧候へ共、余ニ取乱候間無其儀候、筑紫村内にてハなく候儀存知申候、何時も被懸御意、認直候て可進入申候、恐惶謹言、

(永正九年)壬四月十三日　(山田)房通（花押）
(普喜)相恵（花押）

○一四五八　杉興長安堵状　○満盛院文書

（筑前国）三笠郡筑紫村内侍島拾弐町事、為　天満宮領満盛院被相拘
処、先年筑紫能登守（尚門）為御味方参上刻、為名字地上者可領知
之由、頻令懇望、押而知行云々、雖然能登守息又次郎敵方江
令帰着条、彼地事如前々社家江還補畢者、　御神役等無解〔懈〕
怠有其沙汰、不可有社納相違状如件、

永正九年潤四月十五日　平興長（花押）

満盛院

○一四五九　大内義興書状　○東大寺文書

為先妣（今小路氏）追善之漸写之妙典贈給候、悉地成就不可有疑候之条、
本望之至不及言謝候、以此旨満寺中御伝達所仰候、恐々謹
言、

（永正九年）閏四月廿八日　左京大夫義興（花押）

謹上　東大寺年預五師御坊

○一四六〇　問田興之書状　○六親紙背文書

謹言上仕候、抑以使者申上子細候、被尋聞召、預御披露候
者可畏存候、可得御意候、恐惶謹言、

（永正九年カ）五月三日　興之（花押）

礒山弥三郎（光康）殿

○一四六一　問田興之書状（切紙）　○宗像大社文書

（端裏切封）「（墨引）」

今度以山坊条々承候通、陶尾張守（興房）申談遂披露候、仍御家督
弥無相違之由、対阿賀法師（宗像正氏）方被進御書候、雖勿論候、尤珍
重候、各被申談御馳走肝要候、京都殊謐之条、御帰国可為
近々候歟、旁期面謁候、猶使僧申候間不能詳候、恐々謹言、

（永正九年カ）五月廿三日　興之（花押）

占部右馬助（豊安）殿
吉田孫右衛門尉殿
占部平左衛門尉殿
占部与四郎殿

吉田伯耆守殿

面々御中

○一四六二　安富弘誠譲状写　○永田秘録安富家証文

熊毛郡(周防国)新屋河内地頭職事、八幡善法寺律院領也、正税参拾石令進納、余得三拾石者為御扶持地悉幸夜叉丸ニ譲与畢、然以彼余得可遂奉公、於其外子細孫聊不可成違乱訪(妨)者也、仍令相続状如件、

永正九年八月廿六日　　弘誠（花押影）

幸夜叉丸殿

○一四六三　安富弘誠置文写　○永田秘録安富家証文

新屋河内(周防国熊毛郡)の事、わけふんとして幸夜叉にゆつり候、これを後家ふんとも御心へ候て、先御っ《ち》きやう(知行)候而、子ともをもはこくみ(育)ほうこう(奉公)をとけさせらるへく候、此しさい(子細)上為(上意)をもかね〳〵うけ候而をきたく候へとも、我々一せき(一跡)の事、いつれの子に申つけ候するとも、いまた申あけす候あひた、これをとりわきてうかゝひ(伺)申におよひ候ハす候、もし又幸夜叉ふきり(不義理)をうにてほうこう(奉公)申かたきやうに候ハゝ、おとゝ(弟)にても候へ、まいらせ候てほうこう(奉公)申させ候へく候、此さいしよ(在所)ハ正さい所(正税所)にて、国なみ(国並)の御しゆんき(準拠)よにまかせ、しん納いさゝかもふさた(無沙汰)あるへからす候、しせん(自然)われ〳〵子とものうちに、いさゝかいらん(違乱)さまたけ(妨)をなすもの候ハゝ、此状にて、上さい(上裁)をへ候て、さうい(相違)なくちきや(知行)うあるへし、あなかしく、

八月廿六日(永正九年)　　ひろ誠（花押影）

「（墨引影）(モト捻封ウハ書)

幸夜叉は、人まいる　　ひろ誠」

○一四六四　杉興宣カ安堵状（切紙）　○賀茂別雷神社文書『賀茂別雷神社文書』

賀茂社領城州奈島郷(綴喜郡)事、如先々任当知行之旨、無相違可被全所務者也、仍如件、

永正九
十月五日　　▨▨（▨）(杉興宣カ)

正祝殿
　御雑掌

永正十年（西紀一五一三）

○一四六五　大内義興奉書写　○後太平記評判

遊（意楽）行上人被廻国之条、任先例其国之守護人調賄賂、幷以夫駄五十疋可被送通之旨、仍（依）仰執達如件、

永正十年正月十五日　左京大夫義興

諸国守護中

○一四六六　興隆寺修二月会頭役差文　○興隆寺文書

差定

氷上山興隆寺修二月会大頭役事

明年大頭　城井左馬助藤原弘尭

脇頭　周防国玖珂郡

三頭　同国佐波郡

右所差定之状如件、

永正拾年癸酉二月十三日

従三位多々良朝臣義興（花押）

○一四六七　大内氏家臣連署法度写　○大内氏掟書

事書 就公用催促於京都 永正十　二　廿評

一公用催促事、仮令百貫文可致進納之在所者、兼而其使節可入部之日限申触之、令用意之由就申之、可入部之、然者於其荘郷逗留三十日間ハ、以自堪忍可相調之、若地下仁猶依不弁、約日之間仁不遂皆済者、従卅一日目者、如御法本使者五十文五升、其以下者、或廿五文弐升五合或十文壱升受用勿論也、以是従千貫至百貫、自百貫至拾貫文、催促之日限校量可随其員数矣、日別雑事銭事者、公物悉皆済之後ニ別而可申付之、以進物銭内、先日別分受取事、向後堅固可従停止之、若於違背族者、自地下可遂訴訟之由相触之、随其左右、催促人事可被加御成敗矣、為日別受用料簡、可進納公銭事日限申延之、成土民之煩費者催促人罪科同前焉、為本使輩者大略帯御恩之仁也、然上ハ卅日自堪忍不及余儀、若無足之仁或御雑色庄下御輿舁等、自堪忍無調法之輩事ハ、相当日別受用之非制限、但於其在所催促日数事ハ、専土民優恕之儀可収納、暫自荘郷可遂次第之入部、其間可成窮民覚悟之旨可相觸之焉、

一御城誘事、城戸屛矢倉等郡内定役在所支配在之歟、然処於催促者反銭同前也、従在々所々木具足等令用意、可勤之由申之処、為御城奉行之義、材木道具以下善悪之儀堅固依申之、以請銭其役所相調云々、因茲贖者過分申充取之、元古具足而以故実如形誘置之間、無幾程令破損云々、向後堅固可停止之、前々者、仕替之古具足事者於御城内調置之、就他事之御用召仕之、朽損之材木者、詰城之時困窮之由申之、当時者一向不及其沙汰也、以外之次第也、至所々御城柱厳重仁可被申触矣、

一寺社半済米催促事者、其法度不被知食之間、不逮被仰出之、是又公物者厳重相調、寺社者無破滅之様、寛宥之術計可為肝要焉、

已上

(龍崎)道輔　(神代)兼道　(喜仕)弘頼

(野田)講所〔護〕　(弘中)武長　(神代)貞総

○一四六八　陶興房寿像賛幷序写　○防長寺社証文建咲院

多々良氏陶尾州太守興房公寿像賛幷序

源深者流遠、根大者枝茂、誠斯言矣、居士諱興房、其父弘護公鎮二渇姦邪於国一、大有二偉績一、弘護有二三男一、其二者夭傷、居士当二其三一、幸而継レ家、天与也、非二人謀一矣、其為レ人寡言而仁義忠孝為レ焉、義尹(足利)相公当軸之初、雖レ壮二南征北伐之威一、嬖臣姦驕而不レ応二其命一、明応庚申(九年)春窃回二轡於西周一而決二策於大内府君(義興)一、々々謀二列国之諸将一有レ年レ于レ茲矣、永正丁卯(四年)冬欲下護二相公一入上レ洛、艤二兵船於防之府一而召二数州之将卒一、戊辰(永正五年)夏解二数百艘之纜一順風加二櫓棹一、速達二泉州之堺一、諸侯出迎、不レ幾而入洛、居士海則把二楫於前後一、陸則並二轡於左右一、再令下二相公一為上レ覇者、府君汗馬之功居士幹蠱之衷也、且夫宥二道空(細川成之)於阿州一、誘二赤松於播陽一、無二大小一無二一不レ同レ謀也、可レ謂有レ忠二于天下一也、然海

内未レ穏、鮫鰐流レ涎、当二此時一、相公暫狩二于丹丘一、於レ是強寇競起而陣二于洛之西北之隅船岡一、事出二不慮一、府君掉レ臂呼二于諸侯一曰、欲レ勇者賈二予余勇一、遂単騎而馳戦、人馬辟易、居士迺為二其先駆一、而紅羽注レ面白刃交レ胸而不レ顧焉、滅二数万之敵一斬レ首捕レ虜、都下騒擾一時定《シヅマル》、主勢益固国勢益安、是偏居士勇決処レ致也、相公寵命無レ不二一許与一、惟多一時之光栄也、加之《シカノミナラス》一霄恍惚之間、雅称幷永楽神亦賜二洪休一、希世之事也、平居住二意仏乗一従二事禅侶一、誓怕三子孫之帰二別乗一、而公務之暇、安禅静慮之外別無二他事一、未二掌斯須忘レ茲、故改二遮代墳寺龍文之侍衣寮一、号二信衣院一、割二腴田一充二香火不朽之供養一、俾三工自絵二肖像一安二之祠堂一、而晨香夕火預資二厳冥福一、命レ予以二賛詞一、其命不レ可レ拒矣、系レ之以二長篇一、曰

有二其父一而有二其子一　英雄志気桂石臣
蚤諳二弓矢之有一レ道　窃為二国家一而許レ身
視二富貴一如二雲無一レ蔕　励二節義一似二石不一レ磷
是以為二府君一所レ賞　是以為二家眷一所レ親

譜系明々有㆓伝記㆒　花冑遥々難㆓具陳㆒
三韓王子曰㆓琳聖㆒　其船着㆓(周防国佐波郡)多々良浜㆒
当㆓我朝推古御宇㆒　至㆓于今㆒八百余春
八世之孫生㆓二子㆒　類㆔彼歌㆓公子振々㆒
其兄盛房周防介　世握㆓権柄㆒朱㆓両輪㆒
其弟盛長司㆓国事㆒　登㆓庸良善㆒退㆓頑嚚《キン》㆒
鑿㆑井而飲耕㆑田食　化育之功被㆓黎民㆒
弘賢以㆑(周防国吉敷郡)陶為㆓采邑㆒　似㆔伊尹耕㆓于有莘㆒
家葉従㆑此勃興大　日新々々日々新
近来移㆓居(周防国都濃郡)富田保㆒　慇懃為㆑使㆓風俗淳㆒
龍文墳寺輪奐美　創業初㆓于大造釣㆒
勉㆑旃無㆑怠金湯志　結而未㆑了香花因
傾㆑誠雪欞入㆓籌室㆒　別称祥岩法名麟
不㆓啻文武㆒禅亦熟　鼻孔依然搭㆓上唇㆒
応㆓是真乗密讃力㆒　直得一機撥転辰
船岡(山城国愛宕郡)一戦甲㆓天下㆒　其威如㆓烈火焚㆑薪
敵将虎頭又燕頷　陣勢鶴猊与㆓魚鱗㆒
(大内)義興馳㆑馬決㆓勝負㆒　三尺剣霜飛㆓秋旻㆒
公為㆓先鋒㆒増㆓威気㆒　諸将指麾属㆓一人㆒
追㆑亡逐㆑北尸百万　孰㆔与沛公滅㆓暴秦㆒
叔孫礼楽蕭何律　不㆑回㆓時日㆒静㆓風塵㆒
見㆑義勇㆑為入㆑所㆑羨　不㆑謬㆓府君入幕賓㆒
相公封以㆓尾州爵㆒　玉勒氈毛台命頻
雅称永楽夢中賜　精誠心使㆑感㆓霊神㆒
門葉繁栄貽㆓厥后㆒　徳不㆑孤必有㆓其隣㆒
溜《シタツ》㆑雨四十囲孔栢　飽㆑霜八千歳荘椿

永正十癸酉春前摠持蕉夢老衲幼中瑞秀暮齢七十一書之

龍文第六世春明師秀之号也

○一四六九　日置庄八幡宮棟札銘写

○防長風土注進案日置庄八幡宮

一永正拾年の分
再興一宇、崇敬三尊、信心以協神慮、福力永及子孫、万民楽国土、五穀豊田園、

維永正十年癸酉卯月初二日
大願主　満田兵衛尉元国襲拝謁
社務　高山弥四郎道種

○一四七〇　大内義興補任状写　○宮成家文書『大分県史料』

宇佐宮太（ママ）宮司職事、以宇佐公恒（出光）所令補任也者、早守先例可
有其沙汰之状如件、

永正十年五月九日　左京大夫多々良朝臣（大内義興）（花押影）

○一四七一　大内義興感状写　○大内氏実録土代仙田一郎旧蔵

数年於岩戸（筑前国那珂郡）在城馳走之由、麻生右衛門大夫家明注進之状一
見候、尤神妙候、仍為其賞令吹挙弾正忠者也、弥可抽忠節
之状如件、

永正十年八月二日　（大内義興）（花押影）
武藤次郎殿

○一四七二　弘中武長奉書　○菊大路家文書

此御神馬事、可請申之由候間、此使者ニ可被上候、
御神馬一疋鹿毛印雀目結進献候、御宝納可為珍重之由候、恐惶謹
言、

永正十
八月廿日　武長（花押）
謹上　東竹殿（城清）雑掌御中

○一四七三　大内氏家臣連署奉書　○小山田家文書

宇佐神官宮氏訴状之趣、則遂披露之処、小山田門相続之上
於　家職不可有相違之由、被仰出候、殊更神社仏閣井垣玉
垣新造之祭礼、任先例無懈怠可相勤旨、堅固可被仰渡候、
且為　御祈禱之由候也、仍執達如件、

永正十
九月廿三日　兼道（神代）（花押）
興重（杉）（花押）
佐田因幡守（泰景）殿

〇一四七四　岩隈八幡宮棟札銘写　〇防長寺社由来岩隈八幡宮

一永正十年癸酉十一月廿一日棟札
奉建立当社八幡宮楼門上葺之事、　伏願天長地久、所願
円満、御神風於末世祈者也、
大工　藤原明兼
小工　兼貞
番匠衆廿五人
鍛冶　高田
大檀那多々良（陶）尾張守興房
本願主先（毛利）飛驒守大江氏資信
当建立本主（毛利）飛驒守護信、施主
大中臣女昌泉、散位（毛利）大江氏房延

〇一四七五　大内義興書状写△　〇毛利家文庫遠用物

神勝山之別当下国候条、令呈一翰候、今度御子息元連（天野）分国
御判之儀、達　台聞候、尤御方老年之御願相叶時宜候、猶
別当有可演説候、謹言、
永正十
十二月七日　大弐多々良朝臣　義興　在判
天野式部大輔殿

〇一四七六　陶興房宛行状写　〇萩藩譜録河内山甚右衛門光通

周防国熊毛郡伊保庄佐賀村内拾弐石余酒向左馬允・同北中先知行分
村内弐拾石地警固屋源左衛門尉先知行分等事、為出地数年依愁訴、吉（長門国厚狭郡カ）
田知行廿七石之代所仁、右参拾弐石事所宛行也、此内増分
於五石者、連々奉公之条、別而加扶助訖者、早任先例領知
不可有相違之状如件、
永正拾年十二月廿日　興房　判
奈良橋主計允殿

〇一四七七　杉興長袖判官途状　〇青木家文書

（杉興長）（花押）
任官事、任望候、千秋万歳候也、

永正十年十二月廿一日

青木縫殿允殿

永正十一年（西紀一五一四）

○一四七八　佐田泰景書状（切紙）　○永弘家文書

依京都御下知旧冬十二月廿六日重御奉書、今日五酉時到来候、御急用之由、被仰下候間、対泰景（佐田）御奉書案文封裏副進之候、御請文事、則時可被懸御意候、不可有御油断之儀候、恐々謹言、

永正十一
正月五日　　佐田大膳亮
泰景（花押）

永弘（氏輔）式部丞殿

○一四七九　興隆寺修二月会頭役差文　○興隆寺文書

差定

氷上山興隆寺修二月会大頭役事

明年大頭　麻生宮内少輔藤原興家

脇頭　豊前国田河郡
三頭　同国築城郡
右所差定之状如件、
永正拾一年甲戌二月十三日
従三位多々良朝臣義興（花押）

○一四八〇　野上氏家臣連署状（折紙）　○華厳寺文書

（端裏書）「山野堺定状」
当寺与花厳寺堺立事、毎々御相論之間、従護景（野上）御見せ候之処、当寺如御証文、東ハ玉田庵の榎木をかきり、山ハ尾をかきり、西は花厳寺の堺あを木をかきり、やねとをり、下ハ本道をかきり、同山者尾の水はしりをかきり、同山の嶺に大なる石をかきり候、此前安岐殿老僧義梨（尋カ）蔵主（桃庵義尋カ）より被売渡前、則庄寺宮坊照通より宝徳弐年三月十八日仁前古隠州（野上景忠カ）仁被渡進分、御証文明鏡候、仍花厳寺江尋申候処、証文一通も無所持由、梵椿（哲応梵椿）書記被答候間、為御心得申候、恐々謹言、

永正拾壱年
二月廿三日
正木左馬允　可将（花押）
高橋善右衛門尉　景吉（花押）
秋富蔵人　道貴（花押）
永源庵
主事

○一四八一　周防国衙候人連署契状案　○上司家文書

為本物返売渡申国領内戸田（周防国都濃郡）令事
合代米佰七石定
右就去卯辰両年（永正四・五年）未進幷土肥肥前守美継（実カ）積上船米無沙汰之儀、国領六ケ所御点定之間、従南都愁訴御領掌之時御礼銭内以富被御口入、中島隼人替銭五拾貫文加五分賃、以上七拾五貫文於田舎遂勘渡畢、然間令勘合当和市、七拾五貫文代米百七石也、仍被仰合南都、洒掃任被仰下旨、戸田令国衙分不残段歩渡進畢、然者官物幷保司給以下麦地子済銭等悉可有御知行候、但何時茂本物違米百七石返進候者、件地事可返給候、次有限神司物事者、如前々可有御沙汰候、万一依

不慮之儀、此所有相違之儀者、国領内何在所にても候へ、相当程可被押召候、既如此申定候上者、更不可為異儀候、若又天下一同御得〔徳〕政行候共、以各別儀申合候条不可有違篇候、仍為本物返戸田令契約申状如件、

永正拾一年甲戌四月一日

上司刑部允 房泰 在判
得富雅楽輔 兼好 同
竹屋掃部助 資幸 在判
得富右衛門尉 茂貞 同
得富右京進 興資 同

大多和左馬允殿
神代玄蕃助殿
仁保彦七郎殿

○一四八二 杉興重奉書案 ○東寺百合文書

城州西九条之内、或寺社領或本所領田畠散在出作分等伊勢武庫貞就上表地事、任奉書旨、当土貢以下事、対伊勢備中(貞忠)代可致其沙汰者也、仍執達如件、

永正十一
五月九日 興重 在判

名主百姓中

○一四八三 問田氏家臣連署奉書案 ○東寺百合文書

城州葛野郡西九条内限東者西洞院、西者大宮、北塩小路、南竹田河原、或寺社或本所領田畠散在出作分、伊勢兵庫助殿(貞就)御上表地等事下地云々、当土貢対伊勢備中守殿(貞忠)御代官厳密可致其沙汰由候、恐々謹言、

(永正十一年)五月九日 部坂丹後守 頼家 判
国分四郎右衛門尉 繁頼 判

名主沙汰人中

○一四八三〜一四八四号文書は一紙に書かれている。

○一四八四 野田氏家臣連署奉書案 ○東寺百合文書

城州紀伊郡西九条之内限在所、或寺社領或本所領出作分、伊勢兵庫助殿(貞就)御上表地等事下地云々、当土貢対伊勢備中守(貞忠)

殿御代官厳密可致其沙汰由候、恐々謹言、

（永正十一年）五月九日　　北野新右衛門尉　親郷　判

寺内弥太郎　親嶺　判

名主沙汰人中

○一四八五　大内氏家臣連署奉書案　○東寺百合文書

（端書）「大内（義興）殿書下」

西九条（山城国）寺社本所領支証事、可有御糾明之由被仰出候条、其間当土貢以下事、先以百姓等可拘置之旨、可申付之由、被経　上意上者可存其旨之通、可被申触之由候也、仍執達如件、

永正十一
七月十一日　　弘頼（喜什）　判

道輔（龍崎）　判

野田兵部少輔（興方）殿

○一四八五～一四八六号文書は一紙に書かれている。

○一四八六　野田氏家臣連署奉書案　○東寺百合文書

（端書）「問田野田（興方）折紙」

就西九条（山城国）内寺社本所領之儀、御奉書如此候、各存其旨、当土貢事為百姓拘置之、任御一左右可致其沙汰之由候也、仍折紙如件、

永正十一
七月十一日　　親郷（北野）　判

親嶺（寺内）　判

紀伊郡（山城国）
名主沙汰人中

○一四八七　広田重延奉書案　○東寺百合文書

就西九条（山城国）寺社本所領御土貢之儀、御両人折紙如此候、各存其旨可被相拘之由、堅固可申旨候、仍状如件、

永正十一
七月十二日　　杉兵庫助代（興重）
重延　判

名主百姓中

○一四八八　杉重清家臣連署状案　○永弘家文書

（端裏書）
「上田七郎左衛門所へ従山口召文案永正十一 八 七」

宇佐永弘（重幸）方被申子細候、御状着候者急度可有参上候、可被尋聞召子細、大畠左馬允方可被申候、不可有無沙汰候、恐々謹言、

（永正十一年）
八月七日　伊藤 安□
内藤 宣綱

上田七郎左衛門尉殿

○一四八九　神代武総書状写　○勧修寺文書

一三宝院領与勧修寺領境相論事、前々御沙汰被補勧修寺、理運落着御下知歴然之上、今度又自三宝院領為違乱之由、就勧修寺雑掌申上、可止其綺之由対三宝院領内雖被成御下知、猶自三宝院領西山成雅意之働之由依申、既去十五日不止其綺者可有異御沙汰旨、対西山名主沙汰人中ニ被成御下知之処、翌日十六日自西山催多人数至勧修寺領内取懸之間、当庭無事之儀自此方申付引退、同十七日重而自西山至勧修寺領内取懸及合戦、勧修寺領百姓討死候、此方使令在郷存知分如此候、仍度々御下知案文数通到来候、委細見彼案文候、恐々謹言、

永正十一年甲戌
八月廿八日　神代与三兵衛尉 郡代也
武綱（総） 判

喜什源右衛門尉殿（弘頼）
龍崎中務丞殿（道輔）

○一四九〇　大内氏家臣連署奉書（切紙）　○興隆寺文書

御馬二疋月毛印雀目結、青両目結、自公方様（足利義稙）為氷上山臨時御神事御神馬、御寄進候、仍被相副福生寺・弘中又四郎、陸路ヲ被下遣候、於当山執行坊、至飼口以下可被申付之由、堅固可被申渡旨候、委細者右両人可被申候、恐々謹言、

（永正十一年カ）
八月卅日　弘頼（喜什、吉見）（花押）
興宣（杉）（花押）
興之（問田）（花押）

陶(弘詮)兵庫頭殿
町野(弘風)掃部助殿

○この文書は折紙を切断した可能性もある。

○一四九一　大内氏家臣連署奉書（切紙）　○興隆寺文書

従公方様(足利義稙)　氷上山御寄進御馬仁被相副候御太刀一腰
国宗、はゝき(鎺)金目貫桐丸、被下遣候、可被致奉納之旨候、恐々謹言、
(異筆)「永正十一甲戌」
九月三日　　弘頼(喜什、吉見)（花押）
　　　　　　興之(問田)（花押）
陶(弘詮)兵庫頭殿

○一四九二　大村重継書状案　○牛尾家文書

(端裏書)「永正十一年
　　　大村日向守
　　　　　重継」
飯盛社家中
従飯盛宮、任往古旨、新原村(筑前国早良郡)江被差行事候之処、毎度為天満(同国御笠郡)被相支候□(間)、依事六(ケイ)惜(借)敷候、自飯盛御神事　御殿帳明白候間、為重継(大村)堅固新原村ニ行事申付候、恐惶謹言、
永正十一年(イナシ)
九月四日　　重継□
飯盛社家中

○端裏書は別の案文から補った。

○一四九三　大内氏家臣連署書状　○興隆寺文書

為臨時御神事御神馬、
公方様(足利義稙)御敬神候御馬二疋鴾毛・青毛共雀目結事、任去月卅日京都奉書之旨、飼口已下堅固可被申付候、但青毛者、印両目結之由雖見件奉書候、是も雀目結之由、被副下候福生寺・弘中又四郎書状如此候、副進之候、彼是慥可被存其旨候、猶両人口状之趣以面上申候了、委細使者可申候、恐々謹言、
(永正十一年カ)九月廿一日　　弘風(町野)（花押）
　　　　　　　　　　弘詮(陶)（花押）
(第二紙切封ウハ書)「(墨引)　陶兵庫頭
　　　　町野掃部助
氷上山年行事　　　　弘詮」

○一四九四　杉重清家臣書状　○永弘家文書

就上田七郎左衛門ニ被仰候間之儀、御札拝見申候、得御心
候、至山口申上候之処、未無到来候、兼而〔近日〕可有一左右候歟、
さも候ハヽ、急度可申入候、不可有如在之儀候、子細御使者
令申候条、不能一二候、可得御意候、恐々謹言、
〔永正十一年カ〕九月廿二日　清□
〔永弘重幸〕番長大夫殿
御返報

○一四九五　瑠璃光寺教授文奥書写　○防長風土注進案瑠璃光寺

一教授文　奥書左の如し、
右教授文、応勁岩和尚尊命　奉調進畢、
陶兵庫頭多々良弘詮
鳳梧真幻昌瑞欽誌之、
永正十一年甲戌十月八日

○一四九六　妙寿院戒経奥書写　○防長風土注進案妙寿院

戒経写本一軸　筋金泥引
右戒文、応勁岩和尚尊命瑠璃光寺四世なり
奉調進畢、陶兵庫頭多々良弘詮
鳳梧真幻昌瑞欽誌之、
永正十一年甲戌十月八日

○一四九七　室町幕府奉行人連署奉書案　○九条家文書

不断光院〔南僧〕□坊・同坊領城州散在田畠等事、可為本主進止
之処、有非分違乱云々、太無謂、爰〔二階カ〕□□堂大夫判官有泰、
号有代々師壇契約執申之間、可全当住良真所務之段、被成
奉書訖、宜被存知之由被仰出候也、仍執達如件、
永正十一
十月廿七日　〔斎藤〕基雄　判
〔諏訪〕長俊　判
山城国〔大内義興〕守護

○一四九八　赤尾親種送状　○永弘家文書

(端裏書)「下宮御仮殿皆造秡物送状請取也」

送進秡料物事

合弐貫文者並銭

右、為　下宮仮殿秡料物、所送進如件、

永正十一年十一月十日　赤尾孫三郎親種（花押）

○一四九九　永弘重幸請取状案　○永弘家文書

且請取申候下宮御仮殿皆造清秡料物事

合五百文者但清銭目足

右、為　下宮御仮殿皆造秡料物、従赤尾孫三郎(親種)方請取申候、相残分□物奉行支(証カ)□□別□重而八貫五百文分可請御下行候、仍為後□請取状如件、

永正十一甲戌十一月十日　番長大夫重幸

赤尾孫三郎(親種)殿

○一五〇〇　杉興重遵行状（折紙）　○東寺百合文書

(山城国)西八条遍照心院雑掌申境内下地二段余事、去九日重而以御下知上、早速可被遂寺務之状如件、

永正十一

十一月十三日　興重（花押）

東寺雑掌

○一五〇一　五社大明神棟札銘写　○防長風土注進案五社大明神

棟札

五社　永正龍集甲戌

宮　仰冀陰陽不測彼神五社護一花五葉之春日月仰之其民万家復添基万年之旧聖円広大武運繁栄

十一月十五日　多々良臣陶興房敬白

永正十一年甲戌九月廿二日立柱始之

再奉造立五社殿本願陶尾張守代富田宝厳寺守芳

庄屋大工藤井与三兵衛藤原忠助

○一五〇二　陶興房請文　○東大寺文書

防州国衙領平野保弐拾漆石足事、任前々之旨、云正税云官

物、厳重可致庁納候、殊　神物恒例所下可為先例之儀候、
若於無沙汰懈怠者、可有御改替候、其時不可及異儀候、仍
為向後請文如件、

永正十一年十二月四日　　尾張守興房（花押）

謹上東大寺年預五師御房

○一五〇三　後柏原天皇綸旨写　○頼継卿記

当国役釆女養料、任例可令進済給者、依
天気執達如件、

（永正十一年）十二月十四日　　右少弁頼継（葉室）

摂津守（細川高国）殿　和泉守（細川澄賢）殿　河内守（畠山尚順）殿　越前守（朝倉孝景）殿
美作守殿　播磨守（赤松義村）殿　周防守（大内義興）殿

以上七通、一釆女申也、国役千疋ツ、云々、

永正十二年（西紀一五一五）

○一五〇四　杉氏家臣奉書案　○瀧貞家文書

（端裏書）「永正十二二月六日到来
　　山口より御奉書案文」

（豊前国宇佐郡）津布佐庄瀧貞名内後坂山野幷田畠等事、近年未□之様候、
太以不可然候、早々存入申、令糾明子細等、急度可被遂注
進候、近日至京都可申上候、聊不可存遅々御油断之儀候、
此之由能々可申之旨候、恐々謹言、

（異筆）「永正十二」
二月六日　　道徳（大橋カ）在判

新開左衛門三郎殿
大畠重兵衛尉殿

〇一五〇五　興隆寺修二月会頭役差文　〇興隆寺文書

差定

氷上山興隆寺修二月会大頭役事

明年大頭　飯田大炊助源興秀

脇頭　長門国阿武郡

三頭　同国大津郡

右所差定之状如件、

永正拾二年乙亥二月十三日

従三位多々良朝臣義興（花押）

〇一五〇六　鳥田種通加冠状写　〇山前家文書

加冠名字之事

平吉重

永正拾弐年
二月廿一日　玄蕃允種通
花押

山前十郎右衛門殿

写

永正十二年

〇一五〇七　佐田泰景・示現連署書状（切紙）　〇待価史料

御預銭之事、従去永正八年正月至今年六月、散用前陸拾参貫捌百陸拾伍文候、此之内従去年永正十一正月当永正十弐六月迄利平銭之分参拾肆貫弐百玖拾漆文、以来六月廿日於宮中可有公納候、右所望之分残内、雖聊滞候不可請執申候、就其御調之儀兼日具申候、殊皆以可為撰銭候、芸・石・土佐之材木可被買下御用候、銭並之事者、已前渡進之候辻、御存知儀候間不及申候、不可有御油断候、恐々謹言、

永正十弐
三月七日　（佐田）泰景（花押）

示現

「（番長カ）□大夫殿」

〇宛所は写より補った。

〇一五〇八　大内義興書状写　〇萩藩閥閲録周布吉兵衛

「到来永正十二乙亥五月廿六日

周布式部少輔殿　義興」

高橋民部少輔元光事、去月廿九日於備後国打死之由其聞候、
言語道断之次第候、仍彼所帯事高橋大九郎興光治部少輔弘厚息
可存知之由披露候、毎事興光（高橋）有相談、御馳走可為肝要候、
恐々謹言、
（永正十二年）四月十四日　　義興　判
周布式部少輔（興兼）殿

○一五〇九　大内義興書状　○長府毛利家文書無銘手鑑

（端裏書）「防州　御書」
高橋民部少輔元光事、去月廿九日於備後国打死之由其聞候、
言語道断之次第候、仍彼所帯事高橋大九郎興光治部少輔弘厚息
可存知之由、被成　御下知候、毎事興光（高橋）有相談、御馳走可
為肝要候、恐々謹言、
（永正十二年）四月廿日　　義興（花押）
毛利少輔太郎（興元）殿
（封紙ウハ書）「毛利少輔太郎殿　　義興」

○一五一〇　大内義興袖判下文　○石見吉川家文書

（大内義興）（花押）　　吉川小太郎経典
下
可令早領知石見国邇摩郡久利郷市原村内肆拾五貫文足
野田主殿允護所先知行事
右件地者、去永正八年御敵出張之刻、惣領次郎三郎（吉川元経）闕落之
砌、不令同心為在京忠節之賞、所充行也者、早守先例可全
領知之状如件、
永正十二年四月廿六日

○一五一一　大内氏家臣連署奉書　○石見吉川家文書

石見国邇摩郡久利郷市原村之内四拾五貫文足事、任今日
四月廿六御下文旨、可被打渡吉川小太郎経典由、所被仰出也、
仍執達如件、
永正十二年四月廿六日　　民部丞（花押）
右衛門尉（喜汁、吉見弘頼）（花押）
問田掃部頭（興之）殿

○一五一二　問田興之遵行状（切紙）　○石見吉川家文書

（端裏切封）「（墨引）」

石見国邇摩郡久利郷市原村九拾貫文足内四拾五貫文足事、
対吉川小太郎経典、四月廿六日被成
御判候、同日奉書如此候、然者、下地云土貢云、厳重可被
打渡之候、恐々謹言、
　（永正十二年）四月廿六日　　興之（花押）
　　部坂（頼家）丹後守殿

○一五一三　問田興之書状　○石見吉川家文書

石州津淵村（邇摩郡）幷上静間村（同郡）之事、為本地之由愁訴次第慥遂披露
候之処、本地愁訴之儀、当時御法度事候之条、御下国刻重
而可被致言上之由候、先邇摩郡久利郷市原村九十貫文足内
四拾五貫文足事、於京都被成　御判候、尤珍重候、恐々謹
言、
　（永正十二年）四月廿六日　　興之（花押）
　吉川小太郎（経典）殿
　　進之候

（第二紙切封ウハ書）
（異筆）「『於京都』　　　　問田
　吉川□（小）太郎殿　　　　興之」
　　進之候

○一五一四　室町幕府奉行人連署奉書写　○後鑑『大日本史料』

菊亭家雑掌申左馬寮領内北野寄進分九条田地年（貢脱カ）事、百姓等
依令難渋、不及本役沙汰之条、神馬以下及闕怠云云、以外
次第也、所詮云未進云当納、共以可究済之旨、被成奉書訖、
於自然之儀者、可被加下知之由、所被仰下也、仍執達如件、
　永正十二年七月廿六日　　河内守（治部貞兼）　判
　　　　　　　　　　　　　下野守（飯尾之秀）　判
　大内左京大夫（義興）殿

○一五一五　大内氏家臣連署奉書案　○永弘家文書

（端裏書）「□都御奉書案文「永正十二――同年　示現随身」

社家御預銭利平事、以前以被仰出候旨、堅固可被調置之由
候、已本宮莅御作事候間、別而催促肝要之由候、恐々謹言、

（永正十二年）九月五日　　　（野田）諌（護）所　在判
　　　　　　　　　　　　　　（杉）興重　在判
　佐田（泰景）大膳亮殿

○紙背に佐田泰景の花押がある。

○一五一六　杉興長安堵状　○善導寺文書

当寺領諸天役等事、為別而敬信令免除、然者以此状之旨、
御寺務不可有相違之状如件、
　永正十二年九月十七日　　　　興長（花押）
　善導寺
　　侍者禅師

○一五一七　陶興房書状（切紙）　○満盛院文書

（モト端裏ウハ書カ）
「　　　　　　　　　陶
　満盛院　　　　　興房」
　　御同宿中

遙久不申通候、依無題目無音候様候、仍而就所用毛利日向
守令在国候、自然之儀可申談之由候、無御等閑候者可為祝
着候、於来年者定而可有御下向候哉、然者最前可申承候、
猶日向守（毛利）可申候、恐々謹言、
　（異筆）「永正十二年乙亥」
　　十月廿三日　　　　　　興房（花押）
　満盛院
　　御同宿中

○一五一八　弘中武長書状　○八幡善法寺文書『唐招提寺史料』

重畳御祈禱、被抽精誠候之通、蒙仰候、則令披露候、御懇
之趣、得貴意可申入之由候、近日快気候、必自是可被申入
候、次陶尾張守（興房）所への尊書遣候、定御報可申入候、此之由
可得御意候、恐惶謹言、
　「永正十二」
　　十一月十二日　　　　　武長（花押）
　善法寺律寺雑掌
　　　　　御房
（異筆）「寄進状二通
　御奉書四通」
（第二紙切封ウハ書カ）
「　　　（墨引）　　　弘中越後守

善法律寺雑掌御房　　武長」

〇一五一九　大内義興寄進状　〇興隆寺文書

奉寄進
妙見大菩薩御宝前
御太刀一腰菊銘
御腰物一腰行平
右所奉寄進之状如件、
永正拾二年十一月十三日
従三位行左京大夫多多良朝臣（大内義興）敬白（裏花押）

〇一五二〇　問田興之書状　〇実隆公記紙背文書

就左京大夫（大内義興）歓楽、両度御懇志之通申聞候、誠忝令存候、殊今度　尊札致拝見候、過分之至能々可申上由候、仍近日弥々得験候、重々加養性以参上御礼可申上旨候、就者某其以後致無沙汰候、背本意存候通、自然御次之時御意得候て御中奉憑候、必々以参拝可致言上候、恐々謹言、

（永正十二年）十一月十五日　　興之（花押）
「（第二紙切封ウハ書）（墨引）問田掃部頭
（光康）礒山殿　　興之」
御宿所

〇一五二一　岩田村八幡宮棟札銘写　〇防長寺社由来岩田村八幡宮

一棟札
奉再興八幡宮永正十二乙亥十一月二十日
大檀那陶尾州大守興房
願　主杉原雲州行永
大工藤原助左衛門　鍛冶石田刑部左衛門
観〔勧〕進沙門祐心敬白

〇一五二二　杉重清官途状写　〇友枝家文書

官途目出候、猶々千秋万歳候也、
永正拾弐年十二月十三日

永正十三年

重清 花押

末松隼人佐殿

永正十三年（西紀一五一六）

〇一五二三　興隆寺修二月会頭役差文写

〇防長寺社証文興隆寺

差定
　氷上山興隆寺修二月会大頭役事
明年大頭　杉六郎平興綱
脇頭　筑前国三笠郡
三頭　同国席田郡
右所差定之状如件、
　永正拾三年丙子二月十三日
　　従三位多々良朝臣義興

〇一五二四　大内義興書状（切紙）　〇益田家文書

（端裏切封）「（墨引）」

就所労之儀、御懇示給候、本懐候、悉得験候、可御心安候、
委細杉（興重）兵庫助可申候、恐々謹言、

（永正十三年）
二月廿日　　　　（押紙）「大内冷雲寺殿」義興（花押）

益田又次郎（尹兼）殿

〇一五二五　陶興房書状（切紙）　〇益田家文書

（大内義興）左京大夫就養生本復儀、預御使者候之通、以御札申聞候、
御丁寧之至祝着之由、定而直申候哉、旧冬以来相煩候之処、
種々加療治候之間、悉以取直候、弥可御心安候、治部（益田貞兼）毎事
得御意候、雖無何事候、細々可申通之条、御同前所仰候、
万端期後信候、恐々謹言、

（永正十三年）
二月廿五日　　　　興房（花押）

益田又次郎（尹兼）殿
御返報

〇一五二六　飯田氏カ袖判同家臣連署奉書写　〇防長風土注進案宮崎伊織

袖御判在

当保（長門国厚狭郡厚保）鼓頭役幷前々筋目、以前任本書（奉イ）愁訴之段披露候、然者
如先代無相違可遂其節之由、依仰状如件、

永正拾三年
三月十八日　　　よし岡秀友　判
　　　　　　　　にし島頼種　判

左衛門五郎所

〇一五二七　陶興房寄進状写　〇防長寺社証文龍文寺

防州都濃郡富田保長穂内莇地参拾弐石地坪付別紙有之事、奉寄
附当院畢者、早不謂諸天役等任先例之旨、尽未来際御院務
不可有相違之状如件、

永正拾三年三月廿一日　　　尾張守（陶興房）　判

進上　信衣院
衣鉢侍者禅師

○一五二八　大内氏家臣連署書状　○永弘家文書

就竈殿□（儀カ）罷出候、然者今日可有□之由
申定候処、左右□対物大□（工カ）被仰候通□分
候者、四五日も立柱可相□候、□茂巨細為可承進使
者候、恐々謹言、

（異筆）「永正十三丙子」卯月十日　親種（赤尾）（花押）
泰景（佐田）（花押）

番長大夫殿（永弘重幸）□

○一五二九　永弘重幸書状案　○永弘家文書

就竈殿古石之儀尋承候之（歟）、無別条子細候、以前汚▨（歳）（ママ）仕候之
通、一応申事にて候、兎も角も方々可為御了簡候、巨細御
使者令申候、恐々謹言、

（永正十三年カ）卯月十日　重幸

赤尾殿（親種）
佐田殿（泰景）

○一五三〇　足利義稙御内書案　○室町殿御内書案

渡唐船事、任先例執沙汰可目出候也、

（永正十三年）四月十三日　同御調進（貞陸）

大内左京大夫とのへ（義興）

○一五三一　室町幕府奉行人連署奉書案　○室町家御内書案『大日本史料』

一渡唐船事、代々存知之処、近年相違之旨、棟（捧カ）証文之条、
被成御内書畢、早任先例永可有執沙汰之由、所被仰下也、
仍執達如件、

永正十三年四月十九日　近江守（飯尾貞運）
上野介（斎藤時基）

大内左京大夫殿（義興）

○一五三二　湯屋固幸譲状　○湯屋家文書

豊前国下毛郡湯屋名内
我々親にて候者重幸（湯屋）より固幸（湯屋）ニゆつりあたへ候、清好（湯屋）ニ

ゆつり渡田畠の事
一所三反卅代此之内畠地少あり、名田之内シンラキ、此内
三反ハ段銭あり、
一所四反下毛保おち田、土貢ハマノハノムノ、
一所四反同こも田、定米弐斗四升也、
一所居屋敷壱反廿代、
一所三反吉枝畠大豆三斗也、
以上此前、親にて候者よりゆつり渡分、悉々(湯屋)清好ニゆ
つり渡申所実也、仍ゆつり状如件、
永正拾三年丙子五月十三日　湯屋主計允 固幸（花押）
(裏書)「加一見候畢、
永正十三年八月廿二日　(杉重清)（花押）」

〇一五三三　湯屋固幸譲状　〇湯屋家文書

一所卅代(湯屋)ゆや之前地子壱斗アリ、
以上田畠、此前悉々(湯屋)固幸より(湯屋)清好仁ゆつり渡候、奉公を
とけ候て進退候へく候、又領主へ諸点役等明候て拘候
へく候、仍ゆつり状如件、
永正拾三年丙子五月十三日　湯屋主計允 固幸（花押）
(裏書)「加一見候畢、
永正十三年八月廿二日　(杉重清)（花押）」

〇一五三四　大内義興安堵状　〇承天寺文書

(封紙ウハ書)「元甫西堂　左京大夫義興」
筑前国承天寺住持職事、任去永正十二十一廿八公帖之旨、可被全執
務之状如件、
永正十三年五月廿三日　(大内義興)左京大夫（花押）
元甫西堂

〇一五三五　陶弘詮請文案　〇上司家文書

(端裏書)「安田保戸田令証文　永正十三丙子六朔」
預申　国衙領(周防国熊毛郡)安田保幷(都濃郡)戸田令等保司職事
右件両所者国衙進止地也、而去永正十年就六ケ所点定之
儀、南都御使節自京都任被仰下之旨、厳重申調要途等遂

勘渡訖、就中去年御目代令下向給之時、為寺門評定随一題目、近年候人衆給分過分之段、不可然之由蒙仰得其心申調訖、自今以後難渋之時者、堅可申談之由奉対御目代令承諾者也、依此等之儀又被仰達之旨承畢、

一件両所為案堵（安）料捌百玖拾余石米遂庁納畢、

一件両所安田保正税官物定米四拾石・戸田令正税官物定米拾五石、以年内為期限可為庁納事、

一於以後御目代或使節下向之時者可抽忠功事、

一国衙申次之儀、雖不存知不相替内々可令馳走事、

一万一至正税未済者、雖為何時可被召放事、

右条々雖為一事令違犯者、奉始氏神日本国大小　神祇殊　大仏御罰可罷蒙者也、仍請文如件、

永正十三年丙子六月一日　　兵庫頭弘詮　判

○一五三六　杉興宣書状　○春日大社文書

城州悪党御成敗之儀、堅固対諸家被仰出候、殊多分右京大（細川高国）夫殿御被官之由風聞候間、一途御料蕑（簡）之由候、内々蒙仰候通、左京大夫（大内義興）可申聞之由、可得御意候、恐惶謹言、

（永正十三年）六月廿一日　　越前守興宣（花押）

謹上　供目代御坊（興福寺）　尊答

○一五三七　杉重清制札写　○防長風土注進案原始院

原始院制札

一山野境目、限東後籠石、限西慈福寺片山、限南悟祐庵上権現松（社イ）、堅可被留事、

一摸渓菩提所（杉重清母）之条、諸天役従前々免除之事、

一住寺僧達勤行并掃除、門前已下可為堅固事、

一於寺内并寺領狼籍（藉）之輩ハ、就注進可加成敗事、

一於諸済物無沙汰之百姓等ハ、依交名（注進イ）一段可申付事、

右条々制札如件、

永正十三年七月二日　　重清　書判

〇一五三八　大内義興袖判下文　〇恵良家文書

（大内義興）
（花押）

下　恵良三郎盛綱

可令早領知豊前国田河郡弓削田庄内六町松岡新太郎・跡
同国宇佐郡恒松名内小河内屋敷二箇所長寿寺領云云裁許和談状在之、
等事

右以人所充行也、彼地事、任去永正八年五月廿三日裁許之
旨可全領知之状如件、

永正十三年七月廿一日

〇一五三九　国分繁頼打渡状　〇石見吉川家文書

石州邇摩郡久利郷市原村九十貫足半分四十五貫地、任去永
正十弐卯月廿六日
御判・同年同日掃部頭（問田興之）遵行之旨、下地云当御土貢云、所打
渡申如件、

永正十三年八月六日　繁頼（花押）

吉川小大郎（経典）殿

〇一五四〇　石見国久利郷市原村半分所務帳　〇石見吉川家文書

石州邇摩郡久利郷市原村玖十石地半分四十五貫足、永
正十三丙子所務帳之事

石州邇摩郡久利郷市原村玖拾貫地半分四十五貫文足、永
正十三丙子御百姓指出前田数幷屋敷土貢等分帳之事

合

一弐段分銭壱貫文　山下名
一同名四百文　段銭　一弐百文同小済物
一壱段分六百文　佃　一玖合こま
一さいけのおゐなわ壱尺弐寸納之　一七升小麦地子
一壱斗三升大むき地子　一壱升くす
一やまのいも弐把　一九升大豆地子
一畳こも弐帖分　一小炭壱っ
一指綱壱本　一定夫年中百廿日懃仕之
一四段内　紙屋名
壱段仕上年貢銭四百文、公事銭壱貫弐百文、

已上弐貫文、但仕上年貢銭加之、

一節料木八荷
一炭壱荷
一わらひ壱荷
一四段分弐貫文内壱段仕上　門名
一壱所屋敷分弐百文作彦六　横山
一十駄木八荷一炭壱荷
一壱所屋敷分五百文　作本名
一わらひつかり一
一壱所屋敷分五百文　平野名
一弐段分壱貫文　作四郎左衛門
一壱所屋敷森垣内分百文居屋敷　原清右衛門方
一捌段分銭四貫文　作六郎左衛門
一壱所屋敷分百五十文　田屋蔵原拘
一壱所屋敷分七十文　横田田原拘
一壱所屋敷分五百文　元新作居屋敷
一八段大分四貫百文　作
一三段分壱貫五百文　作将監
一壱所屋敷元おく将監本屋敷
一壱所屋敷分三百文　作十郎兵衛　五郎四郎本屋敷
一小分百五十文　作丹後
一壱所屋敷分弐百文　長延
一小分弐百文　作将監
一壱所屋敷分五十文将監　作しらかす
一壱所屋敷分弐百文　仏の原
一壱所屋敷分百文　せん屋敷
一四段六十歩分銭弐貫百文　作太郎左衛門
一壱所屋敷分弐百文　作太郎左衛門
一壱所屋敷分五十文　北垣内分
一壱所屋敷分五十文　作兵部左衛門　五郎四郎分
一六十歩入分百文　作助左衛門
一壱所屋敷分五十文　作弥五郎
一壱段分銭五百文　作小五郎

一壱所屋敷分弐百五十文　作小五郎　中屋敷
一壱所屋敷分百五十文　作小賀迫
一三段六十歩分銭壱貫六百文　作中務
一壱所屋敷分弐百文　催垣内
一壱所屋敷分弐百文　作新屋
一壱所屋敷分百文　五郎四郎分　大内谷
一壱所屋敷分五十文　八百田平
一壱所屋敷分百文　作鍛治屋
一小分百文　作鍛治屋
一壱所屋敷分五十文　将監　作しらかす
一五段分弐貫五百文、但壱段永不之由申之、　床真弓
一壱所屋敷年始歳末ニ瓶子一双宛有之、　床真弓

残而弐貫文

一壱所屋敷分弐百文　はんしやう垣内一弐段分八百文内壱段者弥五郎分作雅楽
一壱所屋敷田中垣内分五十文作弥五郎
一半分三百文　作驛正
一壱段分五百文　作積蔵庵
一壱段大分八百五十文　作将監
一弐段半分壱貫百文　作延妙庵
一八段分四貫文　作山下兵庫
一小分弐百文　作右京
一壱段分四百文　作清水
浄土寺買得勘落之
一壱段分五百文　作善兵衛
浄土寺買得分勘落之
一壱段分五百文　作山下
同
一弐段分壱貫文　作竹下
同
一半分三百文作四郎右衛門
同
一壱段分五百文　作本名
同
一壱段分五百文　作弐段田

一同壱段　分五百文　作下とう〳〵
一同壱所屋敷　分弐百文　作神三郎
一同壱所屋敷　分五十文　作弐段田
一浮田壱段　分五百文　五郎四郎分　二わの前
一うき田壱段　分五百文　平右のもと
一うき田壱段　分五百文　かもうの前
一壱段　分銭六百文　新作原　作左京
一壱所屋敷　分弐百文　諸和分内　作右京
一六十歩　分百文　作馬庭　彦左衛門
一壱所屋敷　分百文　作馬庭　彦左衛門
一壱段　分五百文　作右京　元諸和平作分
一壱段　分五百文　作右京　くわの木田
一壱段　分四百文　赤波一後分　作三郎大郎
一壱段　分六百文　京わせ田　五利一後分
一壱段　分四百文　こし一後分　作三郎二郎

已上田数漆町九段三百歩
分銭四十五貫六百廿文屋敷銭加之了、
四貫四百七十五文　寺社段銭半分宛配当之
廿貫八百三十文　右七町玖段三百歩段銭
并定銭漆十貫九百廿五文
屋敷参十弐ヶ所在之、銘々指出之前、
一指出以後於有隠地者、両給主有御相談、半分宛可有進退之、
一寺社之儀、両給主偽題ニ可有御存知、段銭半分宛配当之、
一定夫之事指出員数在之、
一市原惣領屋敷帳面除之、両給主有御相談可有御知行、
一惣村幷寺社領買地之事、悉勘落候了、雖然有子細在所之事免之、銘々書注候了、
右、任指出之旨、不残段歩配当之、仍所務帳如件、

永正十三丙子
八月六日　国分四郎右衛門尉　繁頼（花押）
祖式兵庫助　家長
静間次郎左衛門尉　宗経（花押）

吉川小大郎(経典)殿

○この文書の紙継目裏ごとに国分繁頼と静間宗経の花押が交互にある。

○一五四一　石見国久利郷市原村半分田数目録　○石見吉川家文書

石州邇摩郡久利郷市原村玖拾貫地、永正十参丙子御百姓指出之
前目録之事
合
惣田数弐十町六段玖十歩　斗代色々
除
壱町漆段半　浄土寺領本寄進
捌段　長祐寺領本寄進
壱段半　八幡宮御神田
小　同宮修理免
小　山神田
壱段　瑞昌庵分
壱段　大歳神田之由雖申之、無名無実之条勘落之、
弐段　幷坊職百姓屋敷在之　生安寺領
壱段　幷寺職在之　西林寺領
壱段　慶雲院領雖為買地、以別段之儀、対寺家差遣之、
弐段　幷寺屋敷在之　新福院領
弐段　幷寺屋敷在之　正東庵分
壱段　幷寺屋敷在之　惣持庵分
参段　幷寺屋敷在之　長松寺領
壱段半　上新蔵坊領
壱段半　下新蔵坊
已上四町四段大、段銭八貫玖百五十文、毎年対両給主半
分宛一人分江四貫四百七十五文宛可有収納之、
猶除
弐百文　従浄土寺拘之　竹本坊職惣兵衛拘之
弐百文　同　井の上坊職三郎左衛門
弐百文　同　池本坊職三郎兵衛分
百文　同　新蔵坊職
五十文　同　温泉屋本坊々職両新蔵分
百文　同　屋敷銭新作原又三郎抱

五十文同　屋敷銭中持之与三左衛門分
五十文同　屋敷銭四郎兵衛拘之
一惣村幷寺社買得地事悉勘落候了、雖然有子細在所事銘々
書注免之、
残而拾六町壱段半三十歩、分銭八十弐貫八百文
請加
十貫七百文　屋敷銭六十四ヶ所分
四十貫四百文　右十六町壱段半卅歩段銭之
八貫九百五十文　寺社領四町四段大段銭
以上
定銭百四十弐貫八百五十文
此内
七十貫玖百廿五文山下名吉川小太郎(経典)方知行之
七十弐貫玖百廿五文内鬼村玄番(蕃)允方知行
林名田数不足之条、為公事恩弐貫文立用之、
残而七十貫九百廿五文
一寺社之儀両給主偶題　可有存知之反銭事半分宛配当之

候了、
一指出以後於有隠田者、両給主有相談、半分宛可有知行之、
一定夫事年中百廿日宛在之、
一市原惣領屋敷之事、帳面除之、両給主有相談可有進退之、
右任指出之旨、不残段歩大概目録如件、
永正十三丙子八月六日　国分四郎右衛門尉
繁頼（花押）
祖式兵庫助
家長
静間次郎左衛門尉
宗経（花押）
吉川小太郎(経典)殿

○この文書の紙継目裏ごとに国分繁頼と静間宗経の花押が交互にある。

○一五四二　室町幕府奉行人連署奉書写　○観音寺文書

雲龍院雑掌申新熊野観音寺順礼堂領寺辺田地五段号観音寺田事、今村藤左衛門・源左衛門掠領之旨、就歎申、被遂御糾明之処、今村申子細無其理之上者、被返付寺家訖、早可被

沙汰付由、所被仰下也、仍執達如件、
永正十三
八月九日　近江守（飯尾貞運）判
散位（松田晴秀）判
大内左京大夫（義興）殿

○一五四三　杉興宣書状　○春日大社文書

就城州悪党御成敗遅滞之儀、重々預尊書条々蒙仰候趣、存其旨候、具申聞候、聊不存余儀由候、此等之次第可預御心得候、恐々謹言、
（永正十三年）八月十日　越前守興宣（花押）
謹上　供目代御坊
尊答

○一五四四　杉興重奉書案　○永弘家文書

（端裏書）「就当郡御段銭御奉書案文」
就御段銭之儀清銭・悪銭受用之段、巨細言上候、此之儀郡内地下要用分可用三和利銭事も可任民人心候、於御段銭者、如前々以撰銭可令収納旨、対上毛・下毛両郡以前堅固被仰出候、於于今者、彼御奉書可下着候哉、以右趣当郡（豊前国宇佐郡）之事堅可被究済之由、能々可申渡候、恐々謹言、
（異筆）「永正十三」
八月十二日　興重在判
佐田大膳亮（泰景）殿

○一五四五　杉重清安堵状　○湯屋家文書

父主（湯屋）計允固幸一跡之事、任譲状之旨相続不可有相違之状如件、
永正拾三年八月廿二日　重清（花押）
湯屋新十郎（清好）殿

○一五四六　赤尾親種送状　○永弘家文書

送進料足事
合五百文者　清銭目足
右、為竈殿皆造秡料所進送如件、

永正十三年八月廿四日　赤尾孫三郎　親種（花押）

〇一五四七　永弘重幸請取状　〇永弘家文書

且請取申竈殿秡料事
　合清銭五百文定目足
右、為　公方御下行、赤尾孫三郎（親種）方より且々請取申□如件、
　永正十三丙子八月廿四日　□（番）長重幸（花押）
　　（親種）赤尾殿

〇一五四八　大内義興書契写　〇続善隣国宝記

日本国防長豊筑雍芸石七州大（太）守大内従三位行左京大夫多
良朝臣義興、　奉書
朝鮮国礼曹参判足下、
承聞
殿下法門金湯、旌賢徳於扶桑之日域、
穆稜鈞軸、扇帝威於中華之塞垣、明月一天、同風千里、至
祝至祝、想是海路隔絶、梍杆往来、綢繆于寒暑、鷁程在
邇者乎、
方今隻船解纜、令通信之符契、而同系同軌、相応相求矣、
繇旃、選僧中謹厚之侶、差光悦首座為専价矣、聊陳僕指
趣云、所需豊之万寿精舎、二百余載、巍然于一方禅林也、
永正甲戌（十一年）之孟冬、罹丙丁災、殿堂焦土矣、陵遅蕪没時哉、
敢乞
殿下
甄察僕慨念也、恵懐綏
恩義之篤、募施財信心之縁矣、然則
再造頓復旧貫必矣、
象胥狄鞮、逓速合掌、
査之須
奉達
殿下
清聡惟祈、
旧例不腆方物員件、
具于別幅、允容為幸而已、秋半澄清、頫冀

因循保重、不宣、

永正十三年捌月　日

大内従三位行左京大夫多多良朝臣義興

右疏語、長州金山長福寺新命綱初玄纘西堂「製之、自豊後遭申請之、正官人退閑軒雲英光悦首座云々、山口使本立軒石堂清閑首座也、」

別幅

装金屛風　二張
綵画扇　二佰把
長刀　壱拾柄
太刀　壱拾
大紅漆木草椀大小計七十事
大紅漆浅方盆大小計二十事
蒔絵硯匣　壱箇
鏡台　壱箇附鏡
酒壺　壱隻
銚子提子　壱具

整

○「　」部分は「善隣国宝別記」に拠り補った。

○一五四九　杉興重打渡状　○観音寺文書

当郡新熊野観音寺順礼堂領寺辺田地五段号観音寺田、事、任去月九日御下知之旨、打渡所申如件、

永正十三年九月十日　兵庫助（杉興重）（花押）

雲龍院雑掌

○一五五〇　大内氏家臣連署奉書案　○観音寺文書

（端書）「守護之奉書案文」

新熊野観音寺順礼堂領寺辺田地五段事、可停止今村押妨之由、対当所社家中、去八月廿一日雖被成御下知候、不能承伏、剰刈取彼作稲之由、雲龍院被申旨、冷泉民部少輔（興豊）殿被遂披露畢、以外次第、所詮於刈取作毛者令糺返、至下地者聊不可成綺之由、堅被相触今村源左衛門尉・同藤左衛門尉両人、可被沙汰渡寺家雑掌、右奉書案文封裏副遣者也、仍

執達如件、
永正十三
九月廿六日　（喜什、吉見）弘頼　判
（杉）興重　判
新熊野社家
御中

○一五五一　冷泉興豊奉書　○森木家文書

去月廿到太秦（山城国葛野郡）石州（長隆カ）小笠原為前衆罷越候、別而馳走之由達
上聞候、仍自余之衆事雖当病候、罷出候通、是又被　知召
候、弥武具以下成覚悟之、雖為何時、　御用出来之時、同
心仁可致忠節之段、可被申触候、若猶無沙汰之仁、差交名
可有言上之由被　仰出候、恐々謹言、
（永正十三年）十一月三日　興豊（花押）
（興之）問田掃部頭殿

永正十四年（西紀一五一七）

○一五五二　佐田泰景書状　○永弘家文書

誠御慶賀申旧候畢、抑去永正十三年造立候　下宮竈殿諸祝
物事、未無下行候哉、仍上人（示現）書状披見申候、則御報進候、
可被仰談候、内尾式部丞公守・上野掃部助公知加判送状事
者不及申候、賀来采女佐惟家事者、明応六年八月廿九日ニ
死去仕候、其後十二月廿七日如此可致取沙汰事、不及覚悟
候、取乱候条令省略候、恐々謹言、
（永正十四年）正月十二日　泰景（花押）
（永弘重幸）番長大夫殿
御報
（第二紙切封）「（墨引）」

○一五五三　興隆寺修二月会頭役差文　○興隆寺文書

差定

　氷上山興隆寺修二月会大頭役事

明年大頭　弘中右衛門大夫尉興勝

脇頭　周防国熊毛郡

三頭　同国吉敷郡

右所差定之状如件、

　永正拾三年丁亥（丑）二月十三日

　　従三位行左京大夫多々良朝臣義興（花押）

○一五五四　大友親安義鑑書状　○佐田家文書

今度至堺目現形之残党遂対治候刻、敗北之凶徒於大副村（豊前国宇佐郡）数十人被討捕、頸注文到来候、喜悦之至候、弥被添御心、国中隠住之牢人堅固可預成敗之事、憑存候、委細猶年寄共可申候、恐々謹言、

　（永正十四年）二月廿九日　　親安（花押）

　佐田大膳亮（泰景）殿

○一五五五　六所権現棟札銘　○六所神社

（表面）

奉上葺六所権現御宝殿壱宇分　御世之事、義材（足利）公方様至防州御下向条、当屋形様義興有供奉、去永正十（ママ）四年山口ヲ御発足、同五年御入洛在之、至当年永正十四年十一ヶ年御在京之御留守ニ奉葺者也、当所地頭代問田掃部頭興之、御代官師井壱岐（綱繁）入道年老八十二歳、子息余三右衛門尉胤繁、彼子息千寿丸二歳、

右意趣者天長地久御願円満之御為、特者当村安穏諸人快楽、无病無悩福寿増長、久願成就子孫繁栄、五穀成熟牛馬六畜生益万億、并寺中安穏仏法興隆、真俗堅固七難即滅七福即生、乃至法界衆生平等利益善根如件、

　于時永正十四年三月二十一日

南無六所権現昼夜不断守護所

　大願主宝塔坊 多宝坊　権律師　定祐 定海　敬白

（裏面）

 佐々並村　六所権現宮御棟

○一五五六　沼間敦定書状　○八坂神社文書

度々以使者令申候、太子堂(速成就院)領屋地二丈一尺之内五尺、社領
之由被申掠押領候由候、事実候者以外次第候、但其証文出
来候て承候者、其上にて可申談候、右寺領之事者、数通支
証等候間、堅自此方可申付候、為御心得令申候、恐々謹言、
(永正十四年)卯月十七日　敦定（花押）
祇園執行
社家御中

(第二紙切封ウハ書)
「(墨引)　沼間右京亮
祇園執行
人々御中　敦定」

○一五五七　宝寿院顕増書状案　○八坂神社文書

案文
不寄存知預御状候、委細披見申候、仍社領之内五尺、太子
堂分と被懸仰候、迷惑仕〔候〕候、此方之事者、自往古知行之事
候間、更以不及覚悟候、此等之趣▨〔宣〕被成御心得候者、尤所
▨〔仰〕候、恐々謹言、
(永正十四年)卯月廿一日　顕増
沼間右京亮(敦定)殿御返報
御返報
御返報

○一五五八　宝寿院顕増書状案　○八坂神社文書

案文
態一筆令申候、仍沼間右京亮(敦定)殿当社領屋地之内五尺之事、
太子堂領之由被仰掠可被召之由候、迷惑至候、自往古無紛
知行無其隠候、子細□(者カ)、殊以社領先代官教乗時、彼〔自〕太子
堂雖被懸申候、依無其利于今此方当知行之処、沼間(敦定)殿　(大内義興)御
屋形様被懸御意、如此之由候、尚以他領入組過分在之事、
従先規他之知行ハ其分、又此方も如先々までにて候、此旨
可然様預御披露、無相違之様候者、尤御祈禱可為専一候、
恐々謹言、
(永正十四年)卯月廿七日　顕増　在判
弘中(武長)越後守殿
御宿所

○一五五九　杉興長実名書出写　○萩藩譜録浅田勘右衛門豊玄

実名
長時
永正十四年卯月廿八日　御判（何某御判不知）
浅原与三殿

○一五六〇　足利義稙御内書案　○室町殿御内書案

進退之事懇望之由、大内左京大夫（義興）執申候条、被聞食訖、猶
（大内）義興可申候也、
永正十四
六月二日　（伊勢）貞陸御調進
勝仙院　畠山尾州（尚順）

○一五六一　内藤興盛袖判同家臣連署奉書写　○防長風土注進案常灯寺下坊

（内藤興盛）（花押影）
高尾山常灯寺下坊職之重書等数通入置質物之由、慶寿房令
上洛言上之、然時者寺家弥可及大破歟、坊主円佳無正躰之
条、所詮被改易被仰付畢、仍修造懃行幷寺役已下無懈怠遂
其節可相拘之旨、依仰執達如件、
永正拾肆年
七月十一日　盛俊（花押影）
春運（花押影）
慶寿房

○一五六二　内藤氏家臣連署奉書写　○防長風土注進案常灯寺下坊

高尾庄（周防国熊毛郡）内常灯寺下坊之事、慶寿房仁被仰付候、仍寺領以下
云下地云当土貢、不残段歩可被打渡慶寿代仁候、然者修造
懃行幷諸天役等無懈怠之様可被申付之由候、恐々謹言、
永正十四
七月十七日　盛俊（花押影）
春運（花押影）
太田新九郎殿

○一五六三　大内義興安堵状写△　○萩藩閥閲録宇野与一右衛門

兵庫頭（陶）弘詮所帯之事、任譲状之旨令裁許訖、仍状如件、

永正拾四年七月十八日　義興

陶右馬允（隆康）殿

○一五六四　大内義興安堵状　○顕孝院文書

顕孝院住持職事、任前住華岳比丘尼（大内教弘女）遺言之旨、全可令執務給之状如件、

永正十四年七月廿五日

従三位行左京大夫多多良朝臣義興（花押）

九江和尚（九江慈淵）

○一五六五　室町幕府奉行人連署奉書（折紙）　○益田家文書

石見国守護職事、被仰付大内左京大夫（義興）処、得先守護代語、佐々木尼子（経久）可合力之旨有其聞、於現形者、相談左京大夫（大内義興）可被励戦功之由、被仰出候也、仍執達如件、

永正十四
八月十一日　貞運（飯尾）（花押）
英致（松田）（花押）

益田治部少輔（宗兼）殿

○一五六六　室町幕府奉行人連署奉書案（折紙）　○東寺百合文書

（端裏書）「一通対小河坊城御下知八 永正十四 十五
一通被成大内左京大夫（義興）御下知同日
□（巷カ）所」

小河坊城家御下知案文二通案

表書ニ　大内左京大夫殿　美濃守基雄

小河坊城雑掌申、　禁裏御料所左京職領洛中散在巷所田畠等事、帯証文当知行之処、或混乱現地、或号権家被官、地子以下有名無実云々、太無謂、早有押妨之族者退之、任先例年中地子悉以弥可被全領知之旨、被成奉書訖、宜被存知之由、所被仰下也、仍執達如件、

永正十四年八月十五日　美濃守（斎藤基雄）在判
近江守（飯尾貞運）在判
大内左京大夫（義興）殿

○一五六七　吉田正種奉書　○顕孝院文書

周防国吉敷郡潟上庄慈雲山顕孝院事、法泉寺殿（大内政弘）御代任被定置之旨、随　華岳大姉（大内教弘女）御所望之、以去明応七年七月十三日御寄進状、去永正八年辛未七月廿三日華岳大姉云寺家云寺領、被預進九江（九江慈淵）和尚訖、重去七月廿五日従京都御裁許如斯者、以此等之次第可被遂御寺務之旨、可有御披露之由、依仰執達如件、

永正十四年八月廿八日　左兵衛尉（吉田正種）奉（花押）

進上　妙喜寺　衣鉢侍者禅師

○一五六八　大内義興進物注文写　○後鑑『大日本史料』

進上　永正十四八晦、於三条御所御能在之、

初献　御太刀　一腰
御馬　一匹
三献　御腹巻　一領
御太刀　一腰
五献　御太刀　一腰　御刀　一腰
七献　御太刀　一振　御鞍　一口
九献　御太刀　一腰
以上　大内左京大夫　義興

○一五六九　大内義興書状　（切紙）　○平賀家文書

武田刑部少輔（元繁）企、誠背本意候、各有相談彼動停止、被廻料簡候之処、対小早河安芸守（弘平）遺恨之儀候歟、疎意之由其聞候、無心許候、縦雖宿意候、此砌者抛万事、一味同心馳走可為祝着候、仍此旨趣対安芸守（小早川弘平）以状申候、尚杉越前守（興宣）可申候、
恐々謹言、

（永正十四年）九月十五日　義興（花押）

平賀尾張守（弘保）殿

○一五七〇　杉興重奉書案　○東寺百合文書

青蓮院御門跡領八条烏丸円乗院敷地四丁町号御所内事、彼代官職事今月廿一日任御奉書之旨、可有知行之状、依仰執達如件、

永正十四
十月廿四日　　興重　判

能美源次郎殿
能美弥次郎殿

「念仏田事也」

○一五七一　深野重明奉書（折紙）　○久我家文書

久我庄（山城国乙訓郡）法久寺分・山内跡之儀、承青侍者長栖庵領事、云下地云土貢、対納所可有収納候、某彼代官職事被仰付候条、堅固申付者也、仍執達如件、

永正十四
十月廿四日　　（深野平次郎）重明（花押）

法久寺分
名主百姓中

○一五七二　室町幕府奉行人連署奉書案　○久我家文書

久我大納（言脱）（通言）家雑掌申城州久我庄（乙訓郡）内法久寺・山内跡事、先年承青侍者雖申子細、依無其理被付家門当知行之処、立帰、彼承青相語被官人（深野重明）押妨云々、以外次第也、早可令停止其綺之旨、堅可被加下知之由、所被仰下也、仍執達如件、

永正十四年十月廿六日　　（斎藤基雄）美濃守　判在
（飯尾貞運）前近江守　判在

大内（義興）左京大夫殿

○一五七三　大内義興書状（切紙）　○右田毛利家文書

就武田刑部少輔（元繁）事、急度申候、仍可加料簡候、各御馳走可為祝着候、猶蔵田備中守可申候、恐々謹言、

（永正十四年）壬十月十三日　　義興（花押）

天野讃岐守（興次）殿

○一五七四　赤尾親種送状　○小山田家文書

送進米銭之事

合　弐貫文　清銭目足
　　米壱石　粥米料

右為弐御殿木屋入同木作始祝物、所送進如件、

永正十四年十一月廿三日　赤尾孫三郎親種（花押）

大々工殿

○一五七五　吉田正種書状　○興隆寺所蔵興隆寺文書

去二月十三日　上宮御参詣之時、被持候御香合一堆紅、紋牡丹、袋黒地金襴、緒唐紅事、至其時分不被仰下是非候之間、至京都奉伺候之処、可渡置御坊之由近日被仰下候之間、以同法（朋カ）万阿送進之候、恐惶謹言、

（永正十四年）十二月三日　正種（花押）

氷上山別当御坊
　御同宿御中

○一五七六　室町幕府奉行人連署奉書　○離宮八幡宮文書

石清水八幡宮大山崎神人等申諸国荏胡麻油商売事、帯　御判已下証文進止之処、近年商売人不買取当所油、而或自専之、或猥従方々令運送之条、言語道断之次第也、所詮可任制札之旨段、被成奉書訖、被存知之、可被加下知被官人中之由、所被仰下也、仍執達如件、

永正十四年十二月十五日　散位（松田秀俊）（花押）
　　　　　　　　　　　　美濃守（斎藤基雄）（花押）

大内左京大夫（義興）殿

○一五七七　大内義興書状写　○小早川家証文

御上洛以来長々在京御忠節、且者又此方祝着難尽筆墨候、来春者可令下国覚悟付、其辺静謐之様、御入魂可為肝要旨、委細杉（興宣）越前守可申候、恐々謹言、

（永正十四年カ）十二月廿六日　義興（花押影）

小早川安芸守（弘平）殿

○一五七八　杉興宣副状写　○小早川家証文

御上洛已来長々御在京御忠節、別而祝着之通以書状被申候、来春可令下国由候、雖不珍敷申事候、其面事弥静謐之様御下向之上被仰談、御入魂可為肝要之由、得其意可申之旨候、恐々謹言、

（永正十四年カ）
十二月廿六日　　　興宣（花押影）

小早川安芸守（弘平）殿まいる
御宿所

永正十五年（西紀一五一八）

○一五七九　興隆寺修二月会頭役差文　○興隆寺文書

差定
氷上山興隆寺修二月会大頭役事
明年大頭　杉修理亮平興長
脇頭　長門国厚狭郡
三頭　同国美禰郡
右所差定之状如件、
永正拾五年二月十三日
従三位行左京大夫多々良朝臣義興（花押）

○一五八〇　飯田興秀書状写　○香春神社記録

一香春山（豊前国田川郡）事、従前々被加御成敗在所候間、弥以堅固可被申

付事肝要候、若於違乱之仁者、差交名可被遂注進候、然
者請　上意可申下候、為御心得候、恐々謹言、
永正十五年二月日　　　飯田大炊介興秀
　　赤染秀種殿

○一五八一　長岡盛実書状　○長岡家文書

態令啓上候、抑連々得御意候様、依無私実子、秋枝助七方
事、某為養子筋目御奉公申与候、然者長岡助七与申定候、
此等之趣奉頼候、恐惶謹言、
　（永正十五年）
　三月二日　　　盛実（花押）
遠田治部丞（兼相）殿参
　　　人々御中
（裏書）
「右披見申候畢、
　永正十五年六月一日　　治部丞
　　　　　　　　　　　　兼相（花押）
　長岡助七（実勝）殿
　　　　　　　　　　　　　　　　」
○この文書には切封痕がある。

○一五八二　某手日記案　○永弘家文書

（端裏書）
「弘固（杉）へ進之候書状案文」
　手日記条々
一就　下宮御法度之儀御奉書案文幷条々事、
一就法光坊馬之儀、彼方御神事を被相留狼籍（藉）□〔次第之事カ〕、
一今度之馬之事、神人通安と申者之馬にて□〔候付類〕可致愁訴
之由申候、
一下宮御法度之儀、致狼籍（藉）候仁之事、付彼神人衆幷寺家衆
宮佐古坊中之衆にて候、
一彼御奉書条数之儀、付示現上人参洛之時上進之処、然々
と無披露候哉、下向之時尋申候へ共、然々と不被申候、
　　以上
　永正十五
　三月十七日

○一五八三　大内氏家臣連署奉書写　○青柳種信関係資料

太宰府天満宮領早良郡（筑前国）戸栗・重富之事、今度被半済宗大和（盛綱）

守雖知行候、天満宮□□〔領者〕有被思召子細、被除御半済之間、
悉可□〔之由〕被仰出候、以此次先例守護使不□〔入カ〕〔家〕言上
候、殊号雇夫、近年夫丸三□〔之間、可預御〕還補之由、□〔被〕
処、重継〔大村〕□〔右雇夫之事者〕〔大村兵庫助か〕非重継〔大村〕新儀、既前々郡代以□〔由申候、所〕
□〔詮彼〕所詮〔雇夫〕之事、数十年之儀候間、只今□〔被及改之歟、追而〕以時
分可有言上也、然処依此義可□〔被不入事者、不〕可然候、此辻〔等イ〕之
通分別堅固肝要候之由□〔候、恐々謹言〕、

天文十五〔永正カ〕
三月廿三日　封裏有、　武総〔神代〕
武長〔弘中〕

大村日向守殿〔重継〕

○一五八四　大内義興官途吹挙状写　○永田秘録安富家証文

大蔵丞所望事、可挙申公家之状如件、
永正十五年四月一日　（花押影）〔大内義興〕
安富新三郎殿〔弘季〕

○一五八五　拈頌集奥書　○瑠璃光寺所蔵

〔第二冊、題箋〕「拈頌集　三之四　（朱印）〔印文「真幻」〕」
〔第二冊、奥書〕「此一部、十五冊、一之卅、於冷泉津〔筑前国那珂郡〕聖福寺、以数多筆力遂書写之功、奉寄附保寧山瑠璃光寺畢、仍可為寺家不出物者也、

永正十五年戊寅四月十日　兵庫頭弘詮（花押）
勁岩和尚御代〔殊端〕　（朱鼎型印）〔印文「鳳梧」〕（朱方印）〔印文「昌瑞」〕」

○各冊の奥書はすべて同年月日・同文言である。

○一五八六　拈頌集納箱底墨書　○瑠璃光寺所蔵

〔箱底内墨書〕「拈頌集拾五冊、一之卅、奉寄進保寧山瑠璃光寺者也、
永正十五年戊寅四月十日　兵庫頭弘詮（花押）」
〔箱底外墨書〕「此拈頌集拾五冊、一之卅、者、於博多津〔筑前国那珂郡〕聖福寺、以多筆令書写、奉寄進保寧山瑠璃光寺者也、
永正十五年戊寅四月十日　兵庫頭弘詮（花押）
勁岩和尚御代〔殊端〕」

〇一五八七　大友親安義鑑書状　〇佐田家文書

去春残党蜂起処、其境無御油断防戦之趣、無比類次第候、定左京兆（大内義興）可被成御感候、於于今者近国静謐任所存候、仍為賀礼太刀一腰・馬一疋鴾毛駮進之候、猶富来四郎左衛門尉申含候、恐々謹言、

（永正十五年）四月十八日　親安（花押）

佐田大膳亮（泰景）殿

〇一五八八　大内義興加冠状写　〇永田秘録安富家証文

加冠　興宗

永正十五年四月廿四日　（大内義興）（花押影）

安富源三殿

〇一五八九　宇佐宮神官等連署申状案　〇永弘家文書

（端裏書）「□書案文」

態令啓候、抑当社御前撿校拘之内安心院弾正忠（興定）依押妨、先御前撿校盛泉生涯候、依是御神事・仏会一円相留候、寺社迷惑此時候、度々至京都雖令注進候、一途不被仰出候条、当御前撿校。下参洛上数年仕候、然者弍御殿竪柱上棟可有御執行之由、当職被相触候、御前撿校愁訴之事、於無落着者、寺社諸役人難合之由申候、一着蒙御成敗被下遣候者、諸□会可致馳走候、可得御意候、恐々謹言、

永正十五
六月廿三日

祝大夫　宮重　在判
増光坊　成尊　在判
惣弁官小田　明頼　同
宝蔵坊　神悠　同
喜多院　神是　同
倉司大夫　重輔　同
中妙院　源栄　同
番長大夫（永弘）　重行　同
政所惣撿校（益永）　道高　同

示現上人
佐田因幡守（泰景）殿
杉新左衛門尉（弘固）殿

○一五九〇　弘中興兼奉書　○石見吉川家文書

吉川(経典)左近将監本地愁訴事、致披露候、野間(興勝)掃部頭当知行候、
以便儀必無忘却可有御了簡候、弥馳走肝要之由、可被申与
之由、被仰出候、恐々謹言、
(異筆)「永正十五」
七月一日　　興兼（花押）
問田(興之)掃部頭殿
(第二紙切封ウハ書)「(墨引)　　弘中々務丞
問田掃部頭殿　　興兼」

○一五九一　問田興之書状　○石見吉川家文書

本領愁訴之段披露候、奉書如此候、本地云物領京都(吉川元経)下向之
刻現形云、旁以無余儀子細雖被成御分別、依無代所聊延引
候、当時就石州忩劇為御使被差遣候、別而弥馳走専一候、
於御愁訴者是非共興之(問田)可申沙汰候、一切不可有御等閑候、
恐々謹言、
(永正十五年)七月五日　　興之（花押）

吉川(経典)左近将監殿
進之候

○一五九二　右田興安宛行状　○渡辺家文書

周防国右田(佐波郡)保内神大夫屋敷畠等之事、御祈禱為致請誠(ママ)、渡
辺神大夫給分宛行者也、但年貢公事為停止、永代知行不可
有相違之状如件、
永正十五年七月十三日　　興安（花押）

○一五九三　某袖判宛行状　○渡辺家文書

（花押）
周防国右田(佐波郡)保内神大夫屋敷畠小之間事、御祈禱為致請誠(ママ)、
権守次郎給分宛行者也、但年貢公事為停止、永代知行不可
有相違之状如件、
「永正十五年七月十三日　　興安（花押影）」
○「　」部分は写より補った。

○一五九四　杉興重遵行状案△　○矢治家文書

□□宇佐宮番長□□別当職事、任八月□□御判之
旨、可被打渡□□（刑カ）部少輔之状如件、
永正十五八月十一日　杉兵庫□（助）興□（重）
郡代
矢治九郎治郎殿

○一五九五　問田興之書状　○玉葉抄紙背文書

致上洛候者、最前以参上御礼可申上所存候処、養性子細候
て不能出頭候、一日〳〵与□過候、誠自由之様□□遮預
尊書候、謹而致拝見候、殊御樽済々拝受、一段忝候、就中
左京大夫（大内義興）一昨日廿二至兵庫津（摂津国八部郡）出津仕之由申来候、定而其分
候哉、拙者事□于今致在洛候、如何様必
以参候雖可申上候、先御礼迄申入候、此趣可然之様可預御
意得候、恐々謹言、
（永正十五年）八月廿四日　興之（花押）

「（第二紙切封ウハ書）（墨引）　問田掃部頭
権左京大夫殿（藤原重種）□　興之」

○一五九六　足利義稙御内書案　○相良家文書

就今度入洛之儀馳走神妙、仍下国之事度々懇望之間、得其
意候、休人馬参洛待被思食候、次太刀一振友成・刀一腰国
光・馬一疋鹿毛遣候也、
（永正十五年）八月廿七日　（足利義稙）御判
大内左京大夫（義興）とのへ
御内書安（案）文

○一五九七　大内義興補任状写△　○中領八幡宮文書

周防国吉敷郡椹野庄中領　八幡宮司職神主事、所令補任也
者、専神事社領守先例可全執務之状如件、
永正十五年九月廿八日
左京大夫（大内義興）（花押影）
中務少輔殿

〇一五九八　佐田泰景書状案　〇永弘家文書

(端裏書)「至永正十五十月二日御(公)銭立用可申候とて、佐田(泰景)方へ自示現上人被遣候書状之返書案文彼是」

御尊札具令拝見候了、仍下宮竈殿御造新種々御祝物、彼此並銭五貫文候哉、番長大夫(永弘重行)預り銭ニ可被致立用之由候、其儀候者、赤尾孫三郎(親種)方遣方奉行存知中之儀候間、被仰請執(ママ)請取代可給候、以其上可申談候、何様今夕可致在□候間、以面上可申達候条、令省略候、恐々謹言、

(永正十五年)十月二日　泰景

示現上人　御尊答

〇一五九九　永弘重行書状案　〇永弘家文書

態令啓候、抑去々年竈殿立柱上棟・散供米幷竈祭三ヶ度之祝物去(也)、以前先年仮之竈殿□之時、対番長送給分、先証正文二通、去々年以来□(示現)上人御坊へ披見申候案文ニ封裏進□料物を催促申候処(由)、預申御公銭ニ且納可申之通申候処、上人(示現)被進御状候、御立用候て、御請取を□給候者可畏入候、尤以祇候雖可申入候、当時□二之御殿就立柱取乱候之間、乍恐令啓候、何も連々共ニ、如此之料物等立用可申心底候、御入魂▨憑候、将又彼両通、先年高御倉御上葺之時懸御目候間、今以同前候、可得御意候、恐々謹言、

(永正十五年)十月二日　重行

(泰景)佐田殿

〇一六〇〇　大内氏家臣連署下知状案　〇籠手田家文書

銭をえらひ(撰)米をうりかふ(売買)事、前　御代御法度右のことし、しかる処、近年其御法にか丶ハ(イナシ)さらす銭をえらひとる条、国のすいひ(衰微)、土民のけつほく(闕乏)、ひにそへて言語道断事也(イナシ)、此ゆへにかさね〱制止をくハうといへとも、猶以自由にえらふ事、前々に超過す(イナシ)と云々、諸人の愁た丶此事也、所詮前　御代さためらる丶処の三色なハ切・大とり・うちひらめ(イナシ)の外えらふへからす、仍三文札のおもてにかけてをくもの也、若此言をそむくやから(族)あらは、就注進之、一段可加成敗之、自然うる

永正十五年

人買人共にくかい(公界)の沙汰に及て後、わたくしに和談して無事たりといふとも、御法たるうへは、両方罪科のかるへからす者、諸商売人かたへ此旨をつゝしミ守之、敢勿背御制禁矣、仍下知如件、

永正十五年十月十四日

宮川　政所 遠江守貞頼
神代　紀伊守貞総
飯田　大炊助興秀
仁保　宮内少輔興貞(棟)
杉勘解由(興道)　平
杉　兵庫助興重
内藤　弾正忠(興盛)
杉　伯耆守(重清)
陶　兵庫頭(弘詮)
野田　兵部少輔(興方)
みきた(右田)(興安)　散位
問田　掃部頭(興之)

二一八(五二一)
陶殿　尾張守(興房)

○この文書は大内氏掟書にも収められている。

○一六〇一　陶興房禁制　○禅昌寺文書

佐波山(周防国吉敷郡)
禅昌寺

制札

右甲乙人等濫妨狼籍(藉)并山野竹木採用事、任先例之旨堅加制止訖、若猶於違背此旨族者、可被処厳科者也、仍制札如件、

永正拾五年十一月七日　尾張守(陶興房)(花押)

○一六〇二　永弘重行書状案　○永弘家文書

態令啓候、抑従去昨(朔)日於当社下宮壱七日致参籠候之処、御禁副(制カ)近路を馬おい通候間、荷物共相留候処、心乗坊百姓若宮殿　御供米を懸候之由被申候て、雖所望候不遣候、彼荷物事御供米と被申候間、心乗坊へ返進之候て、馬をハ留置候処、上人より又御所望候へ共、御禁法之次第御存知候て、御所望之儀不及覚悟通申候キ、今程　御屋形様(大内義興)就御下向

と申〔之儀〕、弘〔杉〕固様御祇候御事候間、被請御上意、適御本願〔法眼〕と申上人江しハらく被仰付候様〔彼政道之事〕、御披露奉頼候、如御存知代々愚家に被仰付候へ共、以前ハ　御神慮をも御上意をも方々憚被申候間、大概仕候、於于今者、宮中之次第御在宮之時、淵底御存知前候間、具不申入候、彼馬之儀何と仕候する哉、可任御下知候、兼又当　社御供所御雑具之内、御供唐櫃五合・御頭膳卅三枚事、急度御造進之儀、是又以前度々申入候キ、御造営方御惣奉行之御事候間、重々可得御意候、以前申状、前寺家法光坊馬□〔一途〕可被仰付候、不然者馬疋売買一倍之過銭にも□〔被カ〕仰付、下宮御造営方に可被仰付候哉、以御□御披露奉頼候、偏除人ニ〔余カ〕先被仰付様御取成可□、恐々謹言、

（永正十五年）十一月廿九日　　重行

□

○一六〇三　永弘重行書状案　○永弘家文書

□候、抑従昨日一〔朔〕七日当社下宮参籠〔致〕□〔候〕之処、御禁法近路を馬通候間、相留候処、心乗坊百姓若宮殿御供米を懸通と被申候て、しきりに所望候へ共、不遣候、荷物事ハ御供米と被申候間、遣候馬をハ留置候、我等申次第、去夏時分進申状置候、定而預御披露候哉、其上宮中事、猶御存知御事候由御申候、去永正十、寺家宝〔法カ〕光坊馬之時、⿱竹狼籍〔狼藉〕次第より不被仰付候てハ、可有如何候哉、適今程示現上人御本願と申、弘〔杉〕固様御惣奉行申、御造営之間、御在宮中候、直に可被仰付候、為我等従前々役所事候之間、爰元之儀更以不及晴、尚々子細なく申入候、此等之趣具可預御披露候、為〔請〕御意馬を留置候、可為如何候哉、兼又御供櫃〔夾桟〕・唐櫃五合御頭膳卅御指失候、御神事御執行候ハヽ、可□御事候、重而兼日言上候、

□

○この文書は永正十五年十一月のものと思われる。

○一六〇四　大内義隆寄進状写　○周防出雲神社文書

奉寄進
　玉祖二宮御宝前
　　太刀一腰
　　神馬一疋
右所奉寄進之状如件、
　永正十五年十二月二日
　　従五位下周防介多々良朝臣義隆

○一六〇五　大内義興官途吹挙状写　○武州文書八条村阿川三郎兵衛

掃部允所望事、可可(衍)挙申京都之状如件、
　永正十五年十二月二日　(大内義興)(花押影)
　　阿川孫七郎(総康)殿

○一六〇六　大内義興官途吹挙状　○久利家文書

(封紙ウハ書)「久利小次郎殿　　義興」

治部丞所望事、可挙申京都之状如件、
　永正十五年十二月二日　(大内義興)(花押)
　　久利小次郎殿

○一六〇七　満盛院快竹申状　○満盛院文書

申事条々手日記事
一当社御造営之事、
一戸栗・重富(筑前国早良郡)、　神草創以来為御神領事、
一両郷任先例守護不入之事、
一両郷之内寺社領之事、
一同百性〔性、以下同〕等、年貢・諸済物於未進之仁、則可改名頭之事、
一限重富村、為百性年貢計可納之由申非法之事、
一同名々年貢事、自前々相定外仁、年不之由申土貢引新儀事、
一同村定夫一人為百性抑留事、
一依百性、年貢・屋敷銭等所存之儘可納之由、申企無理仁候、於自今以後者不可為百性事、

一両郷内仁居中仁、縦雖寺社百性中相頼対地頭可経案内事、
一為百性、田畠等以私之儀他人仁不可契約事、
右条々、為御敬神別而可預御法度之由、申所如件、
永正十五戊刁歳十二月二日　権律師快竹（満盛院）（花押）
（裏書）「備　上覧、此条々堅固裁判肝要之由、被仰出候畢矣、
（永正十五年）十二月廿日　（神代）武総（花押）」
○成巻に際して、本紙の奥に裏書を転写してある。

○一六〇八　大内氏家臣連署状　○満盛院文書

（モト封紙ウハ書カ）「弘中越後守
神代但馬守
（盛、以下同）満成院　武総」

太宰府　天神御社領筑前早良郡戸栗・重富御半済地事、早々可有還補之由対杉修理亮興長被仰出候、仍如先例被全社務、諸天役等任先規可有其沙汰候、仍御申状封裏進之候、　上意之趣尤以目出度候、恐々謹言、
（異筆）「永正十五戊刁」
十二月廿日　（神代）武総（花押）
満成院

（弘中）武長（花押）

○一六〇九　大内氏家臣連署奉書　○満盛院文書

（モト封紙ウハ書カ）「弘中越後守
神代但馬守
杉修理亮殿　武総」

太宰府天満宮事者、連々別而依御敬信、御分国中寺社領就公用御半済之時茂、被相除之処、天満宮司満成院（盛、以下同）領筑前早良郡内戸栗・重富両所事、有暫借被配当宗大和守（盛綱）之間、満成院快竹被捧申状候、於于今者早々可有還補之由候、宗大和守御扶助事者、追而以便宜地可被仰出之旨候、恐々謹言、
（異筆）「永正十五戊刁」
十二月廿日　（神代）武総（花押）
（弘中）武長（花押）
杉修理亮（興長）殿

○一六一〇　大内氏家臣連署奉書　○満盛院文書

（モト封紙ウハ書カ）
「弘中越後守
　神代但馬守

大村日向守殿　　武総」

太宰府天満宮領当郡内戸栗（筑前国早良郡）・重富両所半済地事、被還補候、天役以下事可為如先例之由、宮司以申状言上候、任先規、為守護使不入万端無新儀可被申付之由候、恐々謹言、

（異筆）
「永正十五戊
　寅」
　十二月廿日　　　　　　　　（神代）武総（花押）
　　　　　　　　　　　　　　（弘中）武長（花押）

　大村日向守殿（重継）

○一六一一　宇佐下宮目録次第案　○永弘家文書

（端裏書）
「永正拾五十二月廿日愁訴状　重行
　廻録（回禄、以下同）
　宇佐下宮目録次第　　　　」

当社　下宮御次第条々事

一去長享三二月廿七就御廻録御造替之儀、御奉行所まて雖致注進候、菟角之儀不被仰出候間、　御尊神様御事者、当時高御倉ニ安置申候、彼□（御）倉御事者、宮佐古山出入路次御座候、汚穢不浄之儀出入之仁等、更以不及成敗在所候、就御在宮御存知御事候、御　神慮如何ニ存候、せめて彼御倉□屏を塗せられ、御注連を被引候ハてハと存候、

一下宮社内至近道植木等御調川御禁制之事、御代々御奉書幷致狼□（藉カ）仁、政道之目録等、懸御目案文進置候、

一年中御神事等之儀（奉替而）余社ニ奉替而、於彼社御執行之事、社例候之処、御社依無御座、当時於芝居諸祭会等御執行之事、御　神慮如何ニ存候、是又兼日以目録申入候キ、

一当社正御供田豊後国小野庄幷当郡（宇佐郡）之内岩崎之庄、彼両所ニ御座候、然ニ岩崎庄之以御供米、従八月大乗会至于有籠会、御神事御料所候之処、依失地彼御供御不懃之通、及度々致注進候、如此失地之時者、名々戸主相拘之以後地被立替之儀、社例之段、□（以カ）前も度々雖注進候、是非を不被仰出候、対当大宮司被成御奉書候者、先例之通可被申付候歟、

一以小野庄御供米、自二月大祭至于七夕会御料所候之間、
是又社例之次第、大友殿様江雖申候、然々(定々)不蒙仰候之条、
毎々御神事之時、御供等御不懃候、
一当社御園と申在所者、御神事御時御菜幷菓子等社納之御
料所候之処、ｏ(当郡之内辛島郷)中村御園之内屋敷五段、喜多坊押領候、
幷下毛郡之内深水おきな(扇)丸之御園、杉甲斐守方依押領、
御放生会之時御菓子・御菜等不懃候、
一今度立柱上棟之御時、　二之御殿御供之事、被成御下行
候、一三之御事可有如何之通申候処、不被及御覚悟之由、
蒙仰候、重而不及愁訴次第候、
御屋形様(大内義興)為御祈禱、以敬神之儀重行(永弘)御両殿ニ奉備　御供
次第大篇之儀、弘固(杉)御一見之事候、「(追筆)殊立柱上棟御放馬、
限愚家不預御配当候事、御神事執行之時一段顕然□、」
一番長相拘免田之事、一円豊後国ニ在々所々候、祖父にて
候少宮司栄佐(永弘)之代、社家依有訴人、彼役之事、被召離候、
就其親にて(にて候)候式部丞(永弘)氏輔、廿余年之間依致愁訴候、
法泉寺殿様(大内政弘)被聞召ｏ(分)、彼職之事如前々雖被仰付候、料所

之事者、他国候へハ不知行仕候、然者少所五六(二三)ヶ所当知
行仕候之処、今度田原方御契策(計)の御使式部丞ニ被仰付候、
就是彼地をも大友殿様より御押候、不及愁訴候、此等次
第於山口以前式部丞(永弘氏輔)申上候之通申候、
一当郡ニ少々相拘之地之事、式部丞(永弘氏輔)多年依無足、公役負物
之方ニ伏置候へハ、我等在宮之儀一円不及合期式候、被
成御分別、如社例被仰付候者、人々一両人之扶持仕、下(社役)
宮(以下不可有無沙汰之儀候、)社内之儀をも日夜堅申付候間、(有脱カ)如今者御座間敷之儀と
存候、
一下宮御廻録之跡、石たゝみ其外在々所々石くみ等之事ハ、
悉被退候て、以新儀可被仰付之事、
一下宮御法度之事、弘固(杉)様就節々御参宮御存知御事候、一
段被仰付候ハてハ、不及改道(政カ)在所ニ候、此等子細条々兼
日度々申入候、
右就　下宮御社内之儀、大概目録如件、
永正拾五年十二月廿日　下宮社司番長大夫　重行（花押）
杉新左衛門尉殿(弘固)

○紙継目裏ごとに永弘重行の花押がある。

○一六一二　永弘重行書状案　○永弘家文書

（端裏書）
「従　下宮近道通候馬留之儀、杉弘固へ申書状案文」

態令啓候、抑去十一月従朔日当社御□一七日之間、〔下宮〕致
参籠、〔遂〕御祈禱精誠候処、杉彦三郎（興道）□之仁、若宮殿為
御供米、心乗坊へ社納と申納て、□壱駄馬ニおうせ、
下宮御社内近道を通候、参籠□候之間、見合候て相留候、
殊彼仁重服仁にてこそ候ける、社内を穢候、不及是非子細
候と申居候処、自心乗坊被遣人、御法度之事存知申候、弘（杉）
固様就御参宮緩御成□（敗之カ）通、於当坊被仰候次第存申候へ共、
荷物事ハ御供□馬之儀、可有如何之通被申候、御法度□
□様□度□

（裏書）
「□寺戸蔵人殿」

○この文書は永正十五年のものと思われる。

○一六一三　永弘重行書状案　○永弘家文書

態令啓候、抑当社致祭自酉日至卯日一七□（日）、社家面々参籠
仕、御祈禱被致精誠候、我等之事、下宮ニ参籠仕、御祈禱
致精誠候、仍杉彦三郎（興道）殿様御領秋安之（ママ）より若宮殿〔為〕御供米、
心乗坊へ社納候と申候て、彼御供米壱駄、馬ニおうせ、彦
右衛門と申候仁、下宮社内致近道被通候、参籠事候之間、
見合候て相留候処、然〔殊〕ニ彼仁重服仁にてこそ候ける、社内
を穢候、不及是非子細申候処、心乗坊より被遣人、御法度
之事候（ママ）存知申候、殊弘（杉）固様就御参宮、緩々御成敗之通於当
坊被仰候次第存知申候へ共、荷物之事ハ御供米候〔馬之儀〕、可有
如何通被仰候、御法度之儀、御存知事候、殊弘（杉）固様於度々
我等政道未尽之通蒙仰候、是又御存知事候へ共、御供米之
由承候間、

○この文書は永正十五年のものと思われる。

○一六一四　佐田泰景状封紙　○永弘家文書

（封紙ウハ書）
「永正十五公銭ニ立用可申との佐田方
　　　　　　　　　　　　　　　　佐田因幡守
　□番長大夫殿　御報　　　　　　　泰景
□見候者也、　　　　　　　　　　　　　　」

永正十六年（西紀一五一九）

○一六一五　大内氏家臣連署奉書写　○大内氏掟書

一御被官諸人子息等進退事、如前々者可請上意之処、近年猥一人致奉公、到末子等者成他之従類之条、太以非本意、所詮自今以後不請上意於自由宮仕者、堅固可被加御制誡之由、所仰如件者、早甲乙人等存其旨敢勿違失矣、

永正十六年二月一日　　　　若狭守
　　　　　　　　　　　　（陶弘詮）安房守

○一六一六　興隆寺修二月会頭役差文　○興隆寺文書

差定
　氷上山興隆寺修二月会大頭役事
明年大頭　　杉兵庫助平興重

脇頭　豊前国仲津郡
三頭　同国上毛郡
右所差定之状如件、
永正拾六年己卯二月十三日
従三位多々良朝臣義興（大内）（花押）

○一六一七　大内義興袖判安堵状　○井原家文書

（大内義興）（花押）
養父次郎左衛門入道道頼一跡事、任去永正八年六月廿六日
譲与状之旨、井原善兵衛尉（光頼）相続領掌不可有相違之状如件、
永正十六年二月廿六日

○一六一八　大内義興袖判安堵状　○黒水家文書

（大内義興）（花押）
父安芸守宗種一跡事、任去永正六年八月十日譲与状之旨、
黒水弥七（固種）相続不可有相違之状如件、
永正拾六年二月廿六日

○一六一九　黒水固種知行分注文　○黒水家文書

固種（黒水）知行分所々
弐町六段　下毛郡（豊前国）黒水村
参段　同所
弐町　京都郡（同国）草野村持安名
弐町五段　規矩郡（同国）貫庄内畠中名
以上七町四段
右所々当知行候、
妙見八幡も御罰候へ、私曲不申上候、
永正十六
二月廿六日　黒水弥七 固種（花押）
神代但馬守（武総）殿
能美土佐守（弘助）殿

○裏に神代武総と能美弘助の花押がある。

○一六二〇　杉興重家臣連署奉書　○瀧貞家文書

津布佐庄（豊前国宇佐郡）瀧貞所去年佐田殿（泰景）放火之儀、対佐田殿稠被仰渡候
処、以安心院殿（興定）・時枝殿両人、種々懇望候、其上仁郡役佐

田藤左衛門（盛理）方被替郡役、於以後不可有緩怠之由、書状案文
封裏被遣候、仍此度儀者被成御意得候、瀧貞面目之至候、
此之由能々可被申与之旨候、恐々謹言、
三月三日　　（奈古）道述（花押）
（稲田）道俊（花押）
（古川）重祐（花押）
「（異筆）永正十六年」
椎木備前守殿
「（第二紙切封ウハ書）
奈古民部丞
（墨引）　稲田藤右衛門尉
古川備後守
椎木備前守殿　　道述」

○一六二一　大内義興下文写　○筑紫辰五郎資料

（大内義興）
〔花押脱カ〕
下　筑紫刑部大輔
可令早領知筑前国三笠郡下見村参拾町地・（筑前国）那珂郡岩門庄
三百五拾町地等事
右以件人所宛行也者、早守先例可全領知之状如件、
永正拾六年三月十三日

○一六二二　護定書状　○防府天満宮文書

預御懇札候、誠畏入存候、友阿山口へ罷下候間、必以参上
旁々可致御礼候、仍老松銭事毎年切方仕候処、百性〔姓〕無沙汰
之由申候、無勿躰存候、所詮於（周防国都濃郡）末武給分内、河角弐反六十
歩・分米一石四升七勺之事、来秋より御所務可被仰付候、
自此方も堅固可申付候、委細理御使申候、可得御意候、恐
惶謹言、
「（異筆）永正十六」
三月十九日　　護定（花押）
松崎
大専坊御同宿御中
貴報

○一六二三　神代武総書状　○御供屋文書

筑前国早良郡入部庄内内藤孫次郎正貞先知行分四拾町地事、

被下筑紫下野守（満門）候、仍自彼庄　天満宮日別御供料事者、可為如先例候、自然百姓退転之時、自社家令存知、云社納云武納、無相違社法可守先規之由、対御供屋別当坊可被申渡候、恐々謹言、

（異筆）「永正十六」
三月廿七日　　　武総（花押）

杉修理亮（興長）殿

○一六二四　神代武総書状　○御供屋文書

天満宮日別御供事、無懈怠社法候処、毎度就社家中諸公事相支之、御供時剋延引候由其聞候、以外之儀候、向後於其儀者一段可被仰出之由候、此等之通対御供屋別当坊可被申候、恐々謹言、

（異筆）「永正十六」
三月廿七日　　　武総（花押）

杉修理亮（興長）殿

○一六二五　長門国阿弥陀寺別当申状案　○赤間神宮文書

長州赤間関（豊東郡）阿弥陀寺別当秀益謹言上

早請蒙御恩裁、造立当寺仏閣・神殿・天皇御影堂、致御祈禱精誠状

右当寺者、是弥陀法王之浄域、安徳天皇之禁裏也、地主者則宇佐分身之霊祠、亀山同躰之尊神也、故於仏場構社壇、以法味賁神威、既是仏神和光之勝地、天皇安座之梵閣也矣、抑当寺草創（朱筆）「再興」濫觴者、去文治二年後鳥羽院御宇為被弔先帝（安徳天皇）御菩提、仰国司被造進之、（朱筆）「〻〻」「頼朝ニ」（朱筆）次本尊弥陀三尊者定朝作平相国清盛公御持尊也、自摂州福原（八部郡）都被奉下之云々、其時（後筆）「中興」開山命阿ｏ（尼）弥陀仏（泥）者、建礼門院御乳母息女少将局是也、自爾以降相続而至第五代別当長全法印迨星霜一百五年、彼本堂・八幡宮并御廟院等悉朽損矣、長全之譲令寺務、自正応二年企再興之営、至于永仁二年甲午首尾六箇年中伽藍周備訖、厥殿塔廟院等所々絵図在之、自其已来至去年永正十五十二月十日弐百二

十五年、為類火一寺中廿一箇所坊中共加之忽成灰燼了、纔三坊残耳、寔可謂時刻到来、雖然本尊并八幡御神躰・諸堂仏像・安徳天皇御真影・同御供奉公卿之画障子等、太概奉取出之、但所焼失者顕密聖教・二(仁)王等也、仍右霊像・神躰無仏閣宮殿者、可何処安置之哉、然今為致此修造、馳騁十方、而雖相勧有縁之道俗、一宇之伽藍輒難成就、又此尊躰空交塊土送年月、令浸潤於雨露者、霊神之崇(祟)定有之、又遠聞花洛達
天聴者可被悩宸襟歟、自　後鳥羽院至于先皇後土御門院御宇被成下御代々綸旨・度々庁宣、又将軍家之御下知状・御当家御証判等数通在之、皆御帰敬尊崇之趣一同也、是併為天皇之御霊場故歟、就中長州一二両社・亀山・当寺此四箇所者共無勝劣境地也、然当関毎年両度御神事、亀山宮与当寺八幡両社之御神輿有下合御幸、祭祀于今無懈怠矣、今度御神輿雖奉取出之、餝具足悉焼失、為如何、所詮伽藍再興之願望、偏以御裁許遂其功者、法会・神祭弥致礼奠之丹誠、奉祈御武運長久者、依和光之擁護、御家門永繁昌、遙可及億載乎、今為仰上裁、粗言上如件、

永正十六年三月　日　　阿弥陀寺別当　上

進上
陶安房守殿(弘詮)

○一六二六　大内義興袖判飯田興秀奉書写　○御油座文書写

(大内義興)
(花押影)

依為筥崎神人、御油役諸公事以下、任先例被免許畢、仍状如件、

永正十六
四月廿四日　　興秀(飯田)　奉

奥堂左衛門大夫

○一六二七　堅田惟時請文案　○永弘家文書

(端裏書)
「請状案文　就御段米壱段別三升六合宛」

請負申御段米事

合田数四(伍)段廿代分　之内壱段上田藤左衛門不可沙汰申候之由申之、残而四段廿代分米壱斗五升八合事

右、来三日以相唯嚎〔准拠〕公納可申候、聊不可申無沙汰候、仍請
状如件、

永正十六年四月卅日　永弘代堅田六郎兵衛尉
惟時

佐田（盛理）藤左衛門尉殿
矢部（高顕）三郎左衛門尉殿
御内人々御中

〇一六二八　大内氏家臣連署請取状　〇永弘家文書

□（且カ）納反米之事
合六升七合者
右、為向野郷（豊前国宇佐郡）神領内永弘（重行）方拘分内□（且カ）納如件、

永正十六己卯五月六日　佐田藤左衛門尉
盛理
矢部三郎左衛門尉
高顕（花押）

〇一六二九　騎射秘抄奥書　〇北九州市立自然史・歴史博物館所蔵

此一巻麻生兵部大輔興春懇望之間写訖、不可有外見候也、

永正十六年己卯六月日　（大内）義興（花押）

〇一六三〇　永弘重行借用状　〇永弘家文書

借用申料足事
合弐貫文者
右、百文仁荒銭参拾文指の並銭也、今月より加六文子を返
弁可申候、若無沙汰候者、彼料足本子返弁申する間、寺家
分宮時之内、六郎名幷貞末名正税銭壱貫九百文、当年十二
月までの利平本子弐貫六百文ニ成候、悉皆済可申候、万一
候者、彼両名正税銭可有御進退候、残而未進七百文ニハ、
又正月より加利分来年収納時分皆々納可申候、如此申談候
上者、御徳政興行、又者如何躰なる新御法共、（候脱カ）不可有相違
之状如件、

永正拾六年己卯八月三日　御供所番長大夫
重行（花押）

大畠大膳亮殿

〇一六三一　大内氏家臣連署奉書案　〇宮成家文書『大分県史料』

（端裏書）「正本妻垣矢野小兵衛所持　三通内」

豊前国規矩郡西大野内五拾石地跡大野対馬守・同所御領所
当時勘解由小路三位殿毎年六拾五石出米在之事、買得之趣令披露訖、所領売買事堅
雖被停止之、既去延徳二年十一月十五日被成御裁許之、然
処杉杢助（弘依）知行宇佐郡（豊前国）横山浦四ヶ名・同郡高家余地幷新開庄
彼三ヶ所、依為父公（安心院）定由緒之、西大野相替之、於向後者準
給恩可遂公役之由、任申請之旨御領納之由、所被仰出也、
仍執達如件、

永正十六年八月七日　　兵庫助（杉興重）　有判
　　　　　　　　　　　伯耆守（杉重清）　同

安心院弾正忠（興定）殿

○一六三二　大内義隆寄進状　○長門住吉神社文書

奉寄進
　長門一宮御宝前
　　太刀一腰
　　神馬一疋
右所奉寄進之状如件、
　永正十六年八月廿九日
　　従五位下周防介多々良朝臣義隆

○一六三三　大内義興袖判下文　○冷泉家文書

（花押）（大内義興）

下　冷泉民部少輔興豊
可令早領知周防国熊毛郡新屋河内六拾石地跡安富弾正忠（弘誠）・
同郡宇佐木保内三拾石地跡宇佐木右馬允・都濃郡末武村六
拾七石地跡安富三郎・同郡豊井郷内五拾石地跡波多野雅楽助・
同所拾五石地跡倉波又三郎等事
右以人所充行也者、早守先例可全預知之状如件、
　永正十六年九月十一日

○一六三四　杉興重状封紙　○宮成家文書『大分県史料』

（封紙ウハ書）
「到永正十六九廿八　　杉兵庫助
　宮成殿　御返報　　興重」

○一六三五　大内義興書状写　○薩藩旧記雑録

雖未申通候以次染筆候、仍太刀一腰宗近進之候、随而渡唐船之儀、委細陶安房守(弘詮)可申候、無御等閑候者可為祝着候、恐々謹言、

朱カキ
永正十六歟
十月十日　義興　判

島津豊後守(忠朝)殿

○一六三六　陶弘詮副状写　○薩藩旧記雑録

左京大夫(大内義興)以状申候、仍渡唐船之事、於御分国中可被相留之由申候処、興国寺東堂以御入魂蒙仰候趣、先以祝着候、近日必重々以使者可申入候、和泉境(堺)池永修理事者、此方申付候、然者彼仁申船事、於何方許容可然候、委細定可申入候、恐々謹言、

朱カキ
永正十六歟
十月十日　陶安房守　弘詮

島津豊後守(忠朝)殿
御宿所

○一六三七　大内義興袖判下文写　○永田秘録安富家証文

(大内義興)
(花押影)

下　安富源三興宗

可令早領知周防国熊毛郡新屋河内三拾石地島田助三郎跡事

右今度依在京奉公之労、所充行也者、早守先例可全領知之状如件、

永正十六年十月十二日

○一六三八　大内義興官途吹挙状　○得富家文書

中務丞所望事、可令挙之状如件、

永正十六年十月十五日　(大内義興)(花押)

得富右京進(興資)殿

○一六三九　島津忠朝書状写　○薩藩旧記雑録

御札之趣具令拝見候畢、殊御太刀一腰宗近誠賞翫畏入存候、抑就渡唐船之儀、蒙仰候之趣奉得其心候、細砕陶房州(弘詮)江令申候、仍従是信房一腰金覆輪進入之、聊表御祝礼計候、以

此旨宜預御披露候、恐惶謹言、
永正十六歟
十一月四日　忠朝
京兆（大内義興）
御返報
人々御中

○一六四〇　島津忠朝書状写　○薩藩旧記雑録

御屋形（大内義興）様御書幷示給候趣得其心候、抑渡唐船可相留之由、御意之旨不可存疎略候、但此方之事、所詮可応忠（島津）兼下知之条、御得心前候之哉、池永修理船許容之儀不可有等閑候、委曲猶一中軒令申候間、不能詳候、恐々謹言、
永正十六歟
十一月四日　忠朝
陶安房守（弘詮）殿
御返報

○一六四一　大内氏家臣連署奉書　○宗像大社文書

旨候也、仍執達如件、
永正十六年十一月五日　但馬守（神代武総）（花押）
左衛門尉（神代兼道）（花押）
□□殿

○一六四二　陶興房宛行状写　○萩藩譜録河内山甚右衛門光通

周防国熊毛郡伊保庄中村内奥名拾壱石（安脱カ）足坪付別紙有之事、依為山口定衆、為新恩宛行所也者、早守先例不可有知行相違之状如件、
永正拾六年十二月十三日　興房　判
奈良橋和泉守殿

○一六四三　仁保興貞書状　○三浦家文書

「（証判）（大内義興）（花押）」
仁保物領職之事、対某被仰付、被成下　御判候、畏而頂戴仕、忝存候、然者彼家之事、兄宮内少輔興（興奉）棟息長寿丸事、私為養子取立申度候、此等之趣、可然之様預御披露候者可畏入候、恐々謹言、

（永正十六年）
十二月廿七日　　　　　　　　　　　　　興貞（花押）
（興重）
杉兵庫助殿

永正十七年（西紀一五二〇）

○一六四四　興隆寺修二月会頭役差文　○興隆寺文書

差定
　氷上山興隆寺修二月会大頭役事
明年大頭　　神代紀伊守源貞総
　脇頭　　豊前国下毛郡
三頭　　同国宇佐郡
右所差定之状如件、
　永正拾七年二月十三日
　　　　従三位多々良朝臣義興（大内）（花押）

○一六四五　大内氏家臣連署奉書　○大願寺文書

従前々拘給恩之地候鍛冶番匠檜皮師以下事、当社為御造営、

可被付置大願寺候、自然御用之時者、別而可被仰付候、然
上者弥修理造営等之儀、入魂可為肝用之旨、可申之由候、
尤珍重候、恐々謹言、

（永正十七年カ）二月廿日　（神代）武総（花押）
（喜什、吉見）弘頼（花押）
（弘中）興兼（花押）

厳島社
　大願寺

「（第二紙切封ウハ書）（墨引）　連署
　厳島社
　　大願寺　興兼」

○一六四六　吉原親直本領坪付注文写　○萩藩譜録吉原市兵衛延久

吉原本領坪付注文
一壱所　（安芸国佐西郡）小別府名
一壱所　（同）江尻半名
一壱所　（同）中屋名
一壱所　（同）横屋名
一壱所　（同）新宮原半名
一壱所　（同）中村名
　以上弐拾五貫
一壱町　（安芸国佐西郡）吉木
一八段　（同）平良
一壱所　（同）高丸名
一壱所　岩津畠在之
一壱所　川井ニ屋敷幷大蔵屋敷共ニ
一五ケ所屋敷　厳島ニ在之
　以上
右、本領坪付注文如件、
　永正十七年三月二日　吉原新五郎 親直

○一六四七　大内氏家臣連署書状写　○萩藩譜録吉原市兵衛延久

御社領内御知行分所々注文、任承之旨致披露候、毎事可被
任証跡之条目出候、仍彼一紙封裏進之候、恐々謹言、

（永正十七年）三月二日　　　（神代）武総　判
　　　　　　　　　　　　（喜什、吉見）弘頼　判
　　　　　　　　　　　　（弘中）興兼　判

吉原新五郎（親直）殿

○一六四八　吉原親直本領坪付注文写　○萩藩譜録吉原市兵衛延久

注文

（安芸国佐西郡）津田 一壱所　小別府名
同所 一壱所　江尻半名
同所 一壱所　中屋名
同所 一壱所　横屋名
同所 一壱所　新宮原半名
同所 一壱所　中村名
一壱町　吉木
一八段　平良
一八段　同所高丸名内

以上参拾八貫文目

右、銘々坪付如件、

永正十七年庚辰三月五日　　　吉原新五郎 親直　判

裏ニ（神代）武総　判計
（喜什、吉見）弘頼　判計
（弘中）興兼　判計

○一六四九　杉弘固書状　○永弘家文書

昨日者御越□（杉）興重への書状□下宮法度事、□板ニ被書候て、可被下□申遣候、自其も於山口可被仰候、為御心得候、金堂上楼之儀、堅固ニ被仰付候て可被置候、放馬・放牛ともに□とり候へく候、堅可被仰置候、又御用等候者可承候、恐々謹言、

（異筆）「永正十七」
三月十五日　　　弘固（花押）

（第二紙切封ウハ書）
「（異筆）『下宮山の札』

（墨引）　　杉因幡守

永弘新（左）□衛門尉殿　御宿所　　弘固」

（第二紙端裏押紙）
当社下宮社司番長幷（重行）
御供所別当□」

○一六五〇　大内義興判物　○宗像大社文書

周防国都濃郡山田郷四拾石地事、杉右京亮弘国雖令寄進当院、弘国孫之四郎興安就断絶為闕所之処、

永正拾七年五月十三日
多多良朝臣（大内義興）（花押）

○一六五一　大内氏家臣連署奉書　○興隆寺文書

当山領段銭課役以下事、前々以来雖被免除、不遁避御用不謂御免許在々所々被配当之時、以其准拠公役相当山領之条非御本意、然処馬岳（豊前国京都郡）御陣之時、御立願者、准山領御寄進段銭・諸天役幷於山領内材木以下事、悉以被免許畢、然者任去文亀元年閏六月廿五日御願書旨、永代可被存其旨、但相応御用之時、為御使節自然馳走之段者、各別之条、是又可被分別、仍此等次第山中幷末寺等可被相触之由、依仰執達如件、

永正十七年五月十三日
中務丞（弘中興兼）（花押）
安房守（陶弘詮）（花押）
掃部頭（問田興之）（花押）

氷上山別当御坊

○一六五二　山口祇園社棟札銘写　○防長風土注進案山口祇園社

一御棟札

表
奉建立山口県　祇園社　大施主従三位行左京大夫多多良朝臣義興
永正拾七年庚辰六月十三日

裡
大工　藤原兼用
棟梁　藤原盛兼
小工　藤原親兼

○一六五三　大内義興補任状案　○永弘家文書

宇佐宮番長幷御供所別当職之事、任代々証状、令補□〔任〕権擬
大宮司重幸〔永弘〕畢、守先例可有其沙汰之状如件、
永正十七年六月十五日　〔大内〕義興　御判

○一六五四　杉興重遵行状案　○永弘家文書

当社番長幷御供所別当職事、任　御判形之旨、権擬大宮司
重幸〔永弘〕可有□〔所カ〕務之状如件、
永正十七年六月十七日　兵庫助〔杉興重〕　在判

○一六五五　大内氏家臣連署奉書案　○興隆寺文書

〔端裏ウハ書〕
「御奉書案文　連署
氷上山別当御坊　興之」

当山末寺芸州福成寺寺領百五拾貫外天神免・十王〔堂脱カ〕免等事、
寺役可為各別之由雖被相触候、被任懇〔愁カ〕訴儀候、然者被混惣
寺領増員数、可被遂寺▒〔役〕之由可申之旨候、恐々謹言、
〔永正十七年〕六月廿六日　弘頼〔喜仕、吉見〕　在判
興兼〔弘中〕　在判
興之〔問田〕　在判
氷上山別当御坊

○裏に人名未詳の花押がある。

○一六五六　大内氏家臣連署奉書案　○興隆寺文書

〔端裏ウハ書〕
「御奉書案文　連署
氷上山別当御坊　興之」

当山末寺芸州福成寺々領百五拾貫外天神免・十王堂免等事、
寺役可為各別之由雖被相触候、被任懇〔愁カ〕訴之儀候、然者被混
惣寺領増員数、可被遂寺役之由可申之旨候、恐々謹言、
永正十七年庚辰
六月廿六日　弘頼〔喜仕、吉見〕　在判
興兼〔弘中〕　在判
興之〔問田〕　在判
右之本書事者、芸州福成寺
庭室坊・金蓮坊迄遣候間、彼方へ仁
可在之、使少納言厳顕、壬六月五日渡之、

氷上山別当御坊

○裏に人名未詳の花押がある。

○一六五七　高嶺大神宮御鎮座伝記案　○山口大神宮文書

就　神明御勧請之御社檀〔壇、以下同〕御建立之作事方、種々調等事

惣　奉　行　弘中越後守武長

作事奉行　熊野三郎左衛門尉貞氏
　　　　　中山左馬允資頼

普請奉行　皆木修理進勝童
　　　　　福島右京進親長
　　　　　野原三郎有祐

一於当国周防山口県御勧請事、御在京折節内々有御宿願歟、永正十五年戊刁従京都御下向之、十月五日山口御着、仍御社檀可有御建立宮地事被仰付之、被令見之処、高嶺麓正法院敷地可然在所云々、正方東向也、南ハ有小山明也今観音堂、再興之西者高嶺峨々《コウノミ子》として、元観音堂旧跡巌崛在之、北ハ深山遠くめくりて法泉寺・香積寺山所々につゝく、しかるに同十月廿六日、御出有て御歴覧之処、古寺之砌曠々たり、石清水湛々として無増減、岩ほならひていさきよし、殊にハ、本社祭礼等に用らるゝ草木まて天然有と云々、早〱地形を引とゝのへ、御社檀御建立の事可相催之由、被仰出畢、

一同十一月三日　御宮地尺杖を打、榊を立、四方に注連を曳之、今八幡神子左馬大夫(松田)貞重祇園大宮司調之、

一同十三日御釿初在之、為御名代、右田左馬助興安并武長(弘中)参候之、御大工(藤原)新兵衛尉兼用新左衛門尉恒兼子出仕之、烏帽子・須和布(素襖)を着す、昆布・勝栗・雑煮三献出之、御祝儀料　両社外宮内宮百疋宛弐百疋給御大工之、并酒肴料・須布・上莚・薦等入目として百疋御下行、已上三百疋御大工に給之、相調之、

一祇園事竪少路上に雖有御社檀、路次のほとり、まハリハ在家たるあひた、自然穢気如何被思食之、此御敷地をも可被改之由、内々仰之処、神明御宮地歴々たるあひた、

同引移可被申之由、相定之条、同十三日　祇園御社御再興釿初在之、仍百疋御大工ニ出之、幷御祝儀料之莚・薦・布等者、左馬大夫（松田貞重）調之、
一十穀祐覚房事本国ハ阿波国、シヤウスイノ仁云々久於当所山口俳佪（徘徊）之、神社仏閣以下所々再興修造上葺等、以諸人志勧進物調之、然処、近年者　今八幡舞殿為造立之在宮せしめ、以勧進物即時造畢之、今舞殿也、此子細京都より聞召及れ、対十穀、以奉書被賀仰下畢、今就神明御勧請之勧進之儀、彼祐覚房に依被仰付之、同十三日罷出、御祝儀等相調なり、永正十六年三月以来少々勧進之也、
一先　外宮一社御建立材木銭幷番匠呉丁作料等事、以寺社方折紙銭内、可有御下行之由、被仰出之、対能美土佐守弘助于時長門国、寺社奉行永正十六年八月十五日被成奉書畢、武長調之、御大工注文之前請取之、材木以下山々江配当也、
一木屋事、御宮地ハ程隔之間、番匠往返不可輙之条、談議所於常喜院寺内窪少路町也構木屋、作事等可相調由、武長（弘中）依裁判構之、同対寺家八月十五日被成奉書畢、

一御作事中木屋夫五人事、於当郡吉敷可申付之由、対宮河遠江守貞頼于時郡代、同政所被相触畢、御奉書日付同八月廿八日也、
一御作事初之儀、吉日良辰事、対寿皇庵周真一色殿家斎藤名字如勘進之、同八月廿九日庚刁卯剋初之、瓶子・昆布・勝栗等三献調之、
一番匠衆事、公界仁（乃）を雇召仕事、相催に随て罷出之条、毎日十人も廿人も及至多人数も随其当日也、御大工毎日出仕也、
一公儀御木屋のことく呉丁米下行あれは、番匠衆帰宅之条、作事をいそかるへきために、中食事十穀調之酒飯一度也、作料者毎日一人別五十文宛也、呉丁米ハ雖為二升六合五勺宛御下行之、依中食調之、一人別毎日二升宛勘合也、
一御木屋祓事、左馬大夫父子之間、御作事初已来毎日罷出勲了、毎月三ヶ日隔日に大海（周防国佐波郡）の塩（潮）をあけ、御木屋材木已下祓之、
一御宮地普請の事、あるひハ面付衆、あるひハ寺院幷社家方被仰出之条、所々より別而馳走之、

一外宮立柱事、同十月十日辛未辰剋雨、任寿皇庵勘文之旨立之、御祝儀昆布・勝栗・餅・雑煮・瓶子等出之、其後酒飯点心已下悉祐覚房調之、社家神子衆各罷出之、至同十一月三日　外宮御宮作悉御造畢也、同四日有　御出、所々宮造被御覧畢、

一外宮一社事、匠衆中食其外号材木銭、拾貫文余被出之、早速相調之条、　御憾（感）之由、対十穀祐覚房、同十三日被成奉書之了、武長（弘中）調之、

一内宮御作事之儀、去年永正十六以来御材木少々相調之、当年永正十七従二月廿六日乙酉作事初之、御祝儀等如右之、

一右御作事番匠衆事、此度者各号中食帰宿也、其定者四大鼓罷帰、九已前に出仕也、木屋者去年右木屋也、

一匠衆呉丁作料其外材木銭等之事者、以御倉納内御下行也、作事奉行請取状也、宛所者御倉奉行岡部十郎興景・吉田新五郎郷重・杤網孫兵衛尉季種等三人也、於請取状裏存知之由、武長（弘中）幷神代勘解由左衛門尉兼道両人加判也、又其おくに同存知之由、陶安房守弘詮被加判形了、

一内宮御作事、木屋夫五人事者被仰付吉田（長門国）郡畢、

一同御敷地普請事ハ、被仰付厚狭（長門国）郡中訖、両郡反銭奉行御郷弥九郎重保也、

一御社檀のまへ、同左右、石さしの左右、祇園御社まハり、門前の左右に、杉檜両木之間植させられ畢、別而以敬神之儀、寺院方百石別廿本宛御配当也、

一内宮立柱吉日良辰事、京都より去年永正十六十二月廿五日下向之図書頭在康（勘解由小路）前図書頭在重三男任撰進勘文之旨、同（十七）三月廿一日己酉辰剋降雨立之、御祝儀事、去年外宮立柱如御祝儀、十穀祐覚房執調也、至同四月八日悉御造畢也、

一右両　社事、以本社萱葺例、下地ハ曾木葺、其上ハかや葺也、

一両宮丹土塗事、壁塗幷社家方若衆に申付被調之、丹土ハ見島（長門国阿武郡）に在之、対町野掃部助弘風代弘風者於石州在陣也、被遣奉書、被召渡也、白土ハ仁保山（周防国吉敷郡）に在之、黄土ハ国清寺（同郡）門前正因庵のまへ溝河の岸に在之、たる木・柱・板敷・らん（欄）

かん（干）・きさ（階）橋等ハ丹土塗也、かへ板・裏板・縁下まハりハ白土塗也、千木・かつほ木・棟木等ハ墨にかハ（膠）にて塗之、

一両社金物事、銅細工に申付之、金物悉ハ連々可被相調之由也、先千木上下の木口ひしから草已上十六ヶ所、かつほ木両方木口ともゑ已上廿二ヶ所、釘かくし已上七十六、戸ひら金物、同鐶鎰二社分、きさはしのきほうし（擬宝珠）、千木のあハせ目の金物等、いつれも黄さしなり、　両社分金物代已上四十四貫五百八十文にて相調也、

一宮山の事、宇野令（周防国吉敷郡）内山也、南ハ今観音堂再興の小山の嶺、辰巳の尾をのほり下り、なを南おもてハ普門寺山也、にし（西）の上ハ高峯龍王山岩戸の岳を限る、きた（北）ハ勝音寺山のさかい峯をくたり、今耕月庵の上の尾はしりを限る、仍号神明御山、制札在之、面々衆加判なり、

一武長（弘中）事、去年御作事初已来、御造畢幷　御遷宮之期に至て、毎日社参せしめ、種々被申付畢、

一神明御勧請事、去年永正十六本社御師高向二頭大夫名代河村

二郎左衛門尉罷下之時、被仰付之処、申分聊有相違之儀歟、去春対吉田神主、以飛脚永興寺々僧被仰上之処、御勧請之趣、国家御安全、御武運御長久御為旁被成其心得之由被申下畢、然者御神躰御下向之、幷御社檀御かさりの次第、条々以目録言上のあひた、則其入目等可被調上之由被仰出之砌、号御礼、高向二頭大夫光定本国を卯月十三日発足せしめ、同六月十二日山口着之、同十六日遂出頭懸御目畢、仍

神明御勧請之儀可遂其節之由、就言上之、俄其儀式をと丶のへ、同廿六日より光定参籠せしむるあひた、新調桟敷をかまへ、　御遷宮之儀相調之、同廿九日乙酉亥剋執行之、　御屋形様（大内義興）・介殿様（大内義隆）御両殿御社参之、同御剣役杉六郎興綱・安富遠江守行秀両人なり、供奉衆陶尾張守興房・杉兵庫助興重・同勘解由左衛門尉興道・同次郎興相・飯田大炊助興秀等也、其外近習奉行、次御走衆以下諸人供奉不知其数之、警固ハ右田左馬助興安幷江口与三兵衛尉興郷奉之、門前坂口上下にかゝり（篝）をたき、両方に

候之、次御両殿より御太刀一腰宛両社へ参之、御神馬同前之、御祓御頂戴之、武長(弘中)取次奉る、御遷宮以後　神前江御社参ありて、丑剋御帰館なり、次御方々様より御折紙御進献之、次面々衆・近習衆其外分限衆御太刀一腰宛、同御神馬料員数随其分限被相定也、已上御馬料勘合廿二万疋云々、二頭大夫(高向光定)に給之、其外諸人参詣之、絹布・米銭其しな〳〵其人の志に任せ進献之、二頭大夫同潤六月二日下向也、暫宿牧牛院也、御遷宮之儀式二頭大夫記録在別紙之、

一御神躰に被奉副御宝物事、

外宮御鏡一面　御文寿福山海　御屋形様ヨリ御進宮

内宮御鏡一面　御文松竹鶴亀　介殿様ヨリ御進宮

御鏡一面　御文菱竹鶴亀　御料人様ヨリ御進宮

已上三面

右同今夜廿九亥剋被奉宝納之、

一当社御事可奉崇高嶺《アカメタカミ子ノ》神明之由、被相定畢、

一右両　社御建立作事方金物幷粉色小鳥居・瑞籬・仮屋、

次御遷宮等種々入目惣辻事、弐百弐拾九貫二百八十九文云々、公儀御下行、次勧進銭等分加之、

一祇園御社事、為可被引移申之、去年永正十六十一月九日　御神躰御仮殿に至て御移也、其後同日拝殿を引移申、吉日事任寿皇庵勘進之旨、左馬大夫(松田貞重)執行之、御社再興事者、任在康(勘解由小路)勘文旨、卯月十二日被壊初之、同十五日立柱、其以来御作事調之、至同六月六日悉御造畢也、其入目事六拾九貫九百三十五文云々、此内四十貫文者公儀御下行之、其外者左馬大夫調之、同翌日七日至御旅所御幸なり、御神事ハ、国清寺門前広橋を渡て、竪少路を下り、大町を至今道御旅所御幸也、同十四日可有御還幸之処、依天気降雨相延之、同十八日御神事也、当年永正十七より前々の地拍子を停止せられ、長刀ほこ(鉾)一、三日月ほこ一、もゝのほこ一、已上三なり、大町より懃之、其外作物ハ如先例之、右御幸次第・御旅所儀・ほこ三の次第いつれも当年よりはしまる也、同十八日夜御還宮在之、御遷御より直に御社へ御移なり、其入目等悉左馬大夫執行之、同記録

別紙あるへし、

一就　神明御勧請之末社として、殿中うしとらすミの鎮守天照大神・八幡大菩薩・春日大明神・妙見大菩薩・厳島大明神・祇園牛頭天王・神功皇后宮・天満天神・玉津島大明神・住吉大明神・御霊宮已上十一社、幷今少路殿御庭の貴船大明神、次竪少路今御新殿御屋敷鎮守諏訪大明神弁才天已上三社等事、同廿六日御敷地に至て移シ被申之、廿九日御遷宮以後、二頭(高向光定)大夫銘々祝言《のっと》を敬白畢、

一年中御神事、毎月一日、十一日、廿一日、其外本御神事・臨時御祭礼已下御供　御神楽御湯立等之儀者、上意をうかゝい目録を相定之条、二頭(高向光定)大夫注文別紙に在之、

一末社鏡石等まて外宮右ノ脇大石也祝《ゆわゐ》申され、次白石の事も、本社のことく諸人進宮あるへきの由、制札在之、出家社参の事、辰石まて神前坂中の大石也参詣あるへし、本社にハ御祓を被出之、爰許におゐてハ、榊枝をもて可遂其節由、被相定了、但時によて祓をも可被出事、

一右　両社幷　祇園御社等至て早速就御造畢之、対弘中越後守武長、被成　御書、同御太刀一腰銘助依塗金具覆輪金つは持金頂戴之、潤六月一日御使冷泉民部少輔興豊也、

一就同儀、対十穀祐覚房、御奉書幷段〔緞〕子二端青赤同日被下之、加判興重(杉)・武長(弘中)也、

一為同儀、熊野三郎左衛門尉(貞氏)・福島右京進(親長)・野原三郎(有祐)・中山左馬允(資頼)等に御奉書一通宛被下之、同日加判同前之、

一同儀御大工新兵衛尉(藤原兼用)に、御太刀一腰銀作・御馬一疋栗毛被下之、右何も銘々武長(弘中)調之、

一大鳥居の事黒木指木、同十一月中旬相調之、次川橋の事、翌年永正十八卯月上旬造畢云々、其外御建立等之儀者、次第〳〵可被相定之条、重々可被注之云々、

一防長両国万民信心の志の為に、紙袋を郡々に被支配了、次豊筑両国へも同可被配当之由、被相催云々、

(押紙)［庚辰］

永正十七年潤六月下旬注之、

一右御遷宮幷年中御神事等目録同此一巻等事、文箱に調殿中御二階に被置云々、

一二頭(高向光定)大夫当年永正十八九月初帰国之、就其　両社事幷　祇園

御社事、悉左馬大夫(松田貞重)に被仰付之、仍進宮物者悉中分之由
被仰定云々、其半分者、対本社二頭大夫可運送之由、被
相定云々、　御屋形様より御進宮物者、二頭大夫可申請
之由、就言上之、先一旦御領納之由申之、なを可被注置
条々事者、此おくに可被書加者也、
○紙継目裏ごとに弘中武長の花押がある。

○一六五八　足利義稙御内書案　○室町殿御内書案

為当年之祝儀、太刀一腰国吉・鵞眼二千疋到来、悦喜候、
仍太刀一振遣候也、
永正十七
八月卅日　　同御調進(伊勢貞陸)
大内左京大夫(義興)とのへ

○一六五九　小方重康譲状写　○萩藩譜録小方三郎左衛門忠次

譲状事
合
周防国玖珂郡椙杜北方内弐拾石足内小畑壱反参百歩、筑前国錯乱之時小方七郎兵衛尉足土仁除之、内祖生郷内拾弐石
已上
右、小方源次郎(与康)所譲与実也、然者全奉公無他妨可有知行者
也、仍為後日譲状如件、
永正拾七年九月一日　　小方長門守　重康　判
小方源次郎(与康)殿
右之裏書
此譲状備　上覧被成　御判候、尤目出候也、
大永三年四月十六日　　武総(神代)　判

○一六六〇　小幡興行請文　○洞雲寺文書

円満寺事、如前々洞雲寺対当住宗繁(興雲)長老可打渡之旨被仰出
候、可奉任御下知候、近年押置候、子細委細申候、非別儀
候、以御意得御披露所仰候、恐々謹言、
(永正十七年カ)九月廿日　　小幡民部少輔　興行（花押）
弘中々務丞(興兼)殿
神代但馬守(武総)殿

○裏に神代武総の花押がある。

〇一六六一　杉興長書状　○満盛院文書

（封紙ウハ書）「　杉豊後守

太宰府　満盛院　興長」

就当御社領（筑前国早良郡）戸栗・重富之儀、去三月廿五日神代但馬守武総対当院奉書披見、得其意候、任彼一通之旨、可被下知候、恐々謹言、

（異筆）「永正十七庚辰」九月廿六日　興長（花押）

太宰府　満盛院

〇一六六二　大内義興補任状　○中領八幡宮文書

周防国吉敷郡椹野庄中領　八幡宮司職号泉福寺事、所令補任也、有限懃社役、云寺家云寺領、守先例可全執務之状如件、

永正十七年九月廿九日

左京大夫（大内義興）（花押）

慶讃蔵司

〇一六六三　大内氏家臣連署奉書　○洞雲寺文書

御寺領唐臼名事、小幡民部少輔（興行）押置之次第不可然之旨被仰付、応御下知候、還補之請状封裏進之候、仍惣御寺領目録裏封同前候、公役寺役等事無懈怠候者、肝要之由候、恐々謹言、

（異筆）「永正十七庚辰」十月六日　神代但馬守武総（花押）

弘中々務丞　興兼（花押）

洞雲寺　衣鉢閣下

〇一六六四　神代武総書状　○石清水文書

宇美社務職事、任前々筋目被仰出候、社領之儀、少々者、当時就筑紫下野守（満門）御料簡被借召候、社家持留地事、近年非分之仁押領候歟、不可然候、社務職被仰出上者、右所々被

存知、為社家毎事可然之様、可有載〔裁〕判候、杉〔興道〕勘解由左衛門
尉知行分事者、内々対陶尾州〔興房〕被仰出子細候、定而一途可有
料簡候哉、仍被対杉豊後守〔興長〕以奉書申候、可被請彼儀候、
恐々謹言、
〔異筆〕「永正十七」
十月廿八日　　　武総（花押）
宇美社務秀哲御坊

○一六六五　大内義興書状写　○薩藩旧記雑録

為渡唐於貴国船新造之儀申候之処、御懇承候、于今祝着之
至候、次以塩田壱岐申子細候、是又御入魂所仰候、仍太刀
一腰進之候、猶委細陶安房守〔弘詮〕可申由〔候イ〕、恐々謹言、
永正十八〔永正十七年〕
十一月二日　　　義興
島津豊後守〔忠朝〕殿

○一六六六　陶弘詮副状写　○薩藩旧記雑録

就渡唐船之儀、以前被申候之処、御懇示給候、祝着候、重
而以書状申旨候、弥御入魂所仰之由申候、猶塩田可申候、
恐々謹言、
永正十七〔八歟〕
十一月二日　　　弘詮　裏付陶安房守
島津豊後守〔忠朝〕殿
御宿所

○一六六七　快澄手日記写　○青柳種信関係資料

手日記
一当社領戸栗・重富〔筑前国早良郡〕事、依百性〔姓、以下同〕等無力、此以前〔以前〕之負物等之
儀、於于今者悉皆可預御停止之由、去春致御侘事候歟、
被聞召分、対当院御懇被成御奉書候、然者杉興長様江此
之由申入候之処、是又以御分別御一通被懸御意候、案文
写進覧候、於此上者、以前為百性等契約之儀、不可入候
之条、小田部清次郎方被相拘候契約地、当作毛事、従此
方申付刈置候之処、小田部方催人数、彼稲事愚宿江被取
納狼籍〔狼藉〕候、然者一社之難不可過之候之条、可為如何候哉
之由、杉興長江注進候処、所詮於自今以後、百性職可被

放之由候、彼奉書案文進覧候、弥可然様ニ重而被成御奉
書候者、目出畏入候、
一重富村浮公事関之事、度々対大村日向守殿（重継）雖被仰遣候、
自重継（大村）直其方へ被尋申、依御返事可渡給之由候て、于今
難渋候、殊宝紺銭為催促、対地下中質物被取候、誠迷惑
候、何茂守護使不入在所者、自領主如此之儀被申付候之
条、彼両条之事、従此方申付候之様ニ、対重継（大村）被成御奉
書候者可目出候、
一三笠郡（筑前国）内下片野卅町事、以前当社領候、雖然数年鬼村左（長
直）馬允方知行候、仍彼地半分十五丁事、対杉興長鬼村（長直）契約
候、然者有子細当院御預給候之条、進退候、於于今者、
興長（杉）様御祈禱之為御月次連歌料所、我等致知行候、為致
愁訴、鬼村（長直）方参上之由承候之条、為御心得申入候、万可
然様ニ御取成奉頼計候、恐々謹言、
永正十七
十一月十五日　　快澄（花押影）
前田仲右衛門尉殿
裏書
此条々兼日存知候、只今以状如申候、此方事者遼遠事候
間、毎事被請興長（杉）儀、堅固裁判肝要候、定不可有聊爾候
条、不及申候、子細勝春坊へ申候也、
十一月廿三日　　武総（神代）（花押影）

○一六六八　門司八幡宮神役免田坪付注文　○甲宗八幡神社文書

規矩郡（豊前国）門司八幡宮御神役免田坪付注文
合
一大積郷壱町　毎月朔日御供田
一吉志郷壱町二段　正月十五日中八月十五日之間御供田
一柳郷九段卅代　二八月彼岸御供田
一同郷壱町　御子職掌給田
一楠原郷五段　三節供田
一伊河郷壱段　灯油田伊河方寄進之
以上四町七段卅代
右当社当知行之地如件、

十一月廿三日（永正十七年）　大宮司氏友（花押）

飯田大炊助（興秀）殿

（裏書）「此前任長録（禄）三年八月帳面当知行云々、弥不可有執務相違

之由候也、

永正十七年十二月六日　興秀（飯田）（花押）

興豊（冷泉）（花押）」

○一六六九　大内氏家臣連署状案　○櫟木家文書

就長州　一二両社役、国衙領内、或下地拘之儀或米銭等請

分事、各被召出御尋子細之処、自分上以証文幷所進之言上

之通、達　上聞畢、然者如前々令存知、其諸役厳重可致取

沙汰、若有殊題目者、毎事可遂注進状如件、

永正十七

十一月廿四日　弘頼（喜什、吉見）（花押影）

興豊（冷泉）（花押影）

鎌冶職（鍛カ）

左衛門大夫男

○一六七〇　吉田保八幡宮免田坪付注文案　○平野家文書

規矩郡（豊前国）吉田保八幡宮□龍王・氏社免田坪付注文

合

壱町八段内 四段廿代不知行之、一反十四代定不之、　吉田保

右当社当知行之地如件、

十二月四日（永正十七年）　大宮司「左馬大夫」（異筆）氏貞

飯田大炊助（興秀）殿

（裏書）「此前当知行、長録（禄）三年八月帳面無相違之、不知行之地事、

追而可被尋究之由候也、

永正十七年十二月十三日　興秀（飯田）（花押）

興豊（冷泉）（花押）」

○一六七一　大内義興補任状　○甲宗八幡神社文書

補任　門司八幡宮太宮司太神氏友

豊前国門司関（規矩郡）当社領幷四所大明神免田畠坪付在別紙之等事

右件社領事、帯証文当知行之由、任申請之旨所加裁許也者、

早守先例、云社家云社領、領掌不可有相違之状如件、

永正十七年十二月六日

左京大夫（大内義興）（花押）

○一六七二　大内氏家臣連署奉書　○満盛院文書

太宰府　天満宮常修坊、自先　御代別而馳走之趣、御判次奉書歴然候、彼坊領那荷（ママ）郡内対馬公解八町事、先師快珍律師（満盛院）之時、対藤和泉守有契約子細、藤和泉守知行之処、有子細歟、永正元年古弾（杉）正忠武連之時、改和泉守所帆足美濃守仁公解八町合力候、然之処為公解八町代所、彼坊領当知行内、藤与一兵衛競望之由候、不可然子細候、縦有申子細者、可請　上意候之処、以私之儀如此申候哉、所詮藤与一兵衛競望之旨不可然之由、堅固可被加下知之由候、恐々謹言、

（永正十七年カ）十二月六日

武長（弘中）（花押）

興豊（冷泉）（花押）

杉豊後守（興長）殿

○一六七三　大内氏家臣連署奉書案　○平野家文書

豊前国中寺社事、近年猥候、今度就御尋、寺社帳被備　上覧之候、尤相叶御気色候、所詮云寺家云寺領、以旧例之旨尋究、可被申次之由候、恐々謹言、

永正十七

十二月八日

神代但馬守　武総

冷泉民部少輔　興豊

飯田大炊助（興秀）殿

○裏に飯田興秀の花押がある。

○一六七四　大内義興補任状　○平野家文書

補任　吉田八幡宮太宮司源氏貞

豊前国規矩郡吉田保当社領并龍王宮免田等事

右件社領事、以去暦応三年十月裁許当知行之由、任申請之旨、云社家云社領、々掌不可有相違之状如件、

永正十七年十二月十三日

左京大夫（大内義興）（花押）

大永元年（永正十八・西紀一五二一）

○一六七五　陶興房下知状写　○大内氏掟書

門　下

右御法度条々、雖為前々同等、今依住持渡唐之儀、留守中猶被加御禁誡者也者、至在寺僧沙喝従僕等、守此旨、敢勿違失、仍下知如件、

永正十八年二月二日　　尾張前司（陶興房）

○一六七六　大内氏家臣連署状（折紙）　○武久家文書

長州　一二両社国歩射御神事料、彼注文之衆未進之条、以神官衆儀相延彼祭礼之由、言上之通仰天訖、只今尤雖可致披露、余之無沙汰之条、今一往宛相届、承引有無重而急度可有注進也、此未済之人数者、殊時儀可有覚悟上也、縦有子細共、兼日其拵不足事、右所注進為各々心得両人封裏遣候畢、堅固申届早速可有注進之事、可為肝要之状如件、

永正十八
二月六日　　弘頼（喜什、吉見）（花押）
　　　　　　興豊（冷泉）（花押）

武久与三（季範カ）殿

○一六七七　島津忠朝書状写　○薩藩旧記雑録

如蒙仰候、池永修理渡唐艤之事、於当津（日向国油津）造畢候、肝要存候、猶爰元之儀陶房州（弘詮）へ令申候、定而塩田壱岐守可被述（達イ）候哉、仍御太刀一腰拝領畏入候、従是同太刀一腰奉表御祝儀候、以此旨宜預御披露候、恐惶（々イ）謹言、

永正十八
二月十一日　　忠朝

京兆（大内義興）
御返報人々御中

○一六七八　島津忠朝書状写　○薩藩旧記雑録

如仰就渡唐船之儀、已前示承候処、重而預御書候、誠過分

之至候、弥不可存疎略候、修理大夫（島津忠兼）申旨、委細塩田壱岐守可被相述〔達イ〕候条、不能詳候、恐々謹言、
永正十八
二月十一日　忠朝
陶安房守（弘詮）殿
御返報

○一六七九　島津忠朝書状写　○薩藩旧記雑録

京兆様（大内義興）御書・同御太刀一腰并陶房州（弘詮）書状贈給、慥令拝〔披イ〕見候畢、抑渡唐船之儀、日向屋修理企聊尓之次第、已前細砕被仰含候キ、存其旨候処、又従細川殿（高国）彼二艘之事警固可仕之由、度々承候、京都之御談合如何候哉、御両家皆以難相黙御事候、所詮委細之儀定年行共可申候、以其趣御心得可為肝要候、恐々謹言、
永正十八
二月十一日　忠朝　裏付等同前
塩田壱岐守殿
「御返報」

右、鹿児島迄為使下向之時、返状之案文
○脇付は異本に拠り補った。

○一六八〇　興隆寺修二月会頭役差文　○興隆寺文書

差定
氷上山興隆寺修二月会大頭役事
明年大頭　問田掃部頭興之
脇頭　長門国豊田郡
三頭　同国厚東郡
右所差定之状如件、
永正拾八年二月十三日
従三位多々良朝臣義興（大内）（花押）

○一六八一　大内氏家臣連署奉書案　○石清水文書

当社領之事、以注文被言上之内、有子細相違地并為筑紫下野守（満門）御合力暫時被仰出地等事者、以准拠重而可被仰之、先以不被知食近年不知行目録封裏地事者、被成御還補畢者、早全社務、相当社事社例被馳走、遂堪忍可被期神慮社栄之時節之旨、依仰執達如件、
永正十八年二月十五日
但馬守（神代武総）在判

謹上　宇美社務房秀御坊　　（冷泉興豊）民部少輔　同

○一六八二　大内義興安堵状　○洞雲寺文書

安芸国佐西郡佐方村洞雲寺領、元円満寺薬師寺両寺分坪付在別紙之事、任先規之旨諸役等所免除也者、早守先例云寺家云寺領、執務領掌不可有相違之状如件、

永正十八年三月十一日
（大内義興）左京大夫（花押）

当寺住持

○一六八三　大内義興書状写　○黒岡帯刀氏所蔵文書

一就彼渡唐船之儀申子細候之処、不可有許容之通、匠作（島津忠兼）承候之趣、同篇候之条、祝着之至候、仍染筆候、弥御入魂可為快然候、恐々謹言、

（永正十八年）三月十一日　義興

（忠朝）島津豊後守殿

○一六八四　陶弘詮副状写　○黒岡帯刀氏所蔵文書

一就木屋渡唐船之儀被申候処、御同心之由委細承候、御報御同前候、旁以御丁寧之至、祝着候趣、被進状候、弥御入魂可為快然候、此等之次第、得其心可申入之由申候、恐々謹言、

（永正十八年）三月十一日　弘詮陶安房守

（忠朝）島津豊後守殿
御宿所

○一六八五　杉重清預ケ状　○慈福寺文書

（封紙ウハ書）「慈福寺　伯耆守」

（周防国都濃郡）久米郷慈福寺事、連々相成大破之条、寺家事令改易訖、仍彼寺事預進之、然者云寺家云寺領、執務不可有相違之状如件、

永正十八年三月晦日
（杉重清）伯耆守（花押）

（一華宗順）宗順蔵主禅師

○一六八六　島津忠朝書状写　○薩藩旧記雑録

就渡唐船之儀、度々以貴札蒙仰〔候、誠ニ畏入存候イ〕、悉皆
（島津忠兼）修理大夫可任下知之条、不可〔疎略候、此イ〕（及イ）旨宜預御披露候、
恐（々イ）惶謹言、

永正十八
四月一日　忠朝

（大内義興）京兆
御返報
人々御中

○一六八七　島津忠朝書状写　○薩藩旧記雑録

御札之趣令披見候畢、抑絹川佐渡〔入道渡唐船之イ〕事、不可有
許容之旨、（島津忠兼）修理大夫〔令申候之由得其心候イ〕、従最初如申候、
爰元之儀者順逆〔可準彼進退之条イ〕、今以同前候、恐々謹言、

永正十八
四月一日　忠朝

（弘詮）陶安房守殿
御返報

○一六八八　隅田興秀請文案　○石清水文書

（端裏書）「案文」
男山御神領筑前国早良郡次郎丸拾八町御代官職之事、依申
御門跡兄清被仰付候、大慶候、然者御正税米拾合京進枡十石也、幷船賃参貫
文加之、毎年可遂社納候、若有不法解（懈）怠者、可被召放者也、
仍請状如件、

永正十八
卯月十日　隅田大膳進 興秀　在判

（奏禅）按察法橋御房

○一六八九　杉重清安堵状　○高牟礼家文書

宇佐宮土器長職高村想（惣カ）名田畠屋敷幷一村内検断等事、先証
明白也、然者　御代々云　御判云筋目、任当知行之旨、氏（高村）
盛嫡子信氏令相続上、任先規社例毎事被致其沙汰、社役等
不可有相違之状如件、

永正十八年卯月廿八日　（杉重清）伯耆守（花押）

高村土器長殿

○一六九〇　大内氏家臣連署下知状写　○大内氏掟書

諸人可存知条々

一前御代以来、或ハ御分国中を追放せられ、或ハ刑罰等の難をのかれて、他国遠所にかくれ居る輩、自然の便宜を以召返さるゝハ、尤御高恩之至也、何そ先非を存せさらん哉、然処不及其沙汰、或ハ権門の威力をたのミ、或ハ縁者の扶助にちなミて、自由に立帰て所々に徘徊せしめ、剰子孫を以傍輩の為に家来被官に及ふ事、重犯之至罪科のかれかたし者、許容の輩可被加炳誡者也、

一前々ハ御家人たりといへとも、其身のとか（科）によつて、或ハ出仕を止させられ、所帯を没収せられて、侘傺の余に子孫を以傍輩の被官になし、郎従の契約に及ふ事、太以不可然、縦有子細加扶持をと云とも、先事の由を言上せしめ、任御免之有無可致覚悟之処ニ、私に許諾之条、且ハ不存其憚也、無礼之甚しき事是に過たるハなし、於向後者、聞召及に随て、彼父祖同子孫等御分国を追出せらるへし、次ニ諸人郎従等主人をそむけて、他人に奉公せしむる条、傍輩義絶之基、世上失礼の至極也、若此御制禁をそむく族あらハ、可被処重科也、

一於所々居住の仁等、濫吹によつて、其罪を恐て一旦逃失せしむといへとも、幾程なく立帰て自由に横行せしむる事、罪科尤かろからす、然ハ其所々住人奉行人等に仰て可被行死罪也、又ハ所帯以下訴論につゐて、退出せしむる輩左右なく立帰らハ、其合手見合に随て誅伐せしむへし、但就証跡其沙汰有へし、楚忽之儀有へからす、次諸人領内百姓等、本地頭を閣て、他人の被官として一字を所望の条、無道第一也、剰逃散以下嗷々儀出来之時、果而御成敗のため其煩なきにあらす者、其百姓といひ、許容の輩共以可被処重科之、同逃散の百姓等其外子細ある族、僧俗男女をいはす、諸人所領内に不可拘置也、任聞及則糺返すへし、若不存知ハ、就彼地頭等左右、時日をうつさす可渡付之、聊不可令拘惜者也、諸御家人甲乙仁等慥令承知、聊勿令違失、仍条々依仰下知如件、

永正十八年五月十三日　紀伊守（神代貞総）

大炊助（飯田興秀）
宮内少輔（仁保興棟カ）　平（杉興道）　兵庫助（杉興重）　弾正忠（内藤興盛）
伯耆守（杉重清）　兵庫頭（陶弘詮カ）　兵部少輔（野田興方）
十二人アリ
散位（右田興安カ）　掃部頭（問田興之）　尾張守（陶興房）

○この文書は年号か差出、あるいは両者とも誤記された可能性がある。

○一六九一　大内義興安堵状　○正法寺文書

長門国厚狭郡松岳山別当職事、任先例、云寺家云寺領、秀助律師領掌不可有相違之状如件、

永正十八年七月五日
左京大夫（大内義興）（花押）

○一六九二　杉重清袖判野村重種奉書　○湯屋家文書

（杉重清）（花押）
宇佐宮御神領内、湯屋新三郎清幸相拘名田、湯屋名（豊前国下毛郡）参町幷下毛保内五町田畠散在等之事、清幸（湯屋）連々御奉公無沙汰候条、

被召放候、然者依由緒、貴方江被宛行候、御神役等厳重遂其節、如前々、全可有知行之由、被仰出候、恐々謹言、

永正拾八年八月廿二日
重種（野村）　奉
湯屋新十郎殿（清好）

○一六九三　杉重清家臣連署奉書　○湯屋家文書

大畠左馬允・成恒雅楽助被仰出候、可被相談候、恐々謹言、

永正十八
八月廿二日
野村大蔵丞　重種（花押）
末富右馬允　清泰（花押）
丸毛縫殿允　兼茂（花押）
久佐弾正忠　清祐（花押）
内藤備前守　宣綱（花押）

湯屋新十郎殿（清好）

○一六九四　大内義興袖判安堵状　○門司家文書

（大内義興）（花押）

豊前国規矩郡門司関伊川郷内本領分并田河郡弓削田庄内六
町地・宇佐郡辛島郷内久包名八町弐段地・宇佐　宮弥勒寺
惣堂達職等事、帯代々証判、任父民部丞宗房譲与之旨、門
司弥次郎依親領掌不可有相違之状如件、

永正十八年九月十三日

○一六九五　問田興之書状　○宮内家文書

就　御出、被准六郎左衛門尉、御太刀頂戴之由候、御面目
至本望候、何様以面可申候、御祝儀自是可申候、恐々謹言、

（大永元年）九月廿九日　興之（花押）

（胤宗）宮内六郎左衛門尉殿

進之候

○一六九六　大内義興袖判安堵状写　○萩藩閥閲録小野貞右衛門

（大内義興ノ）判

親父小次郎資種一跡事、任去六月五日譲与之状之旨、小野
弥五郎清資領掌不可有相違之状如件、

大永元年十月十一日

○一六九七　杉興重家臣連署奉書　○瀧貞家文書

（豊前国宇佐郡）上津布佐庄瀧貞名山野傍示在之事、従往古当知行之処、矢富五
郎方捧先証、被極　上裁之間、被任懇望訖、依之瀧貞失本
訴及佗際之条、彼名済銭内壱貫文事、限永代御扶持之由、
被仰出候也、仍執達如件、

大永元十月廿二日　（奈古）道述（花押）

道伝（花押）

道春（花押）

別符左衛門尉殿

御報

○一六九八　大内義興加冠状　○杉孫七郎家文書

加冠　興村

大永元年十月廿八日　（大内義興）（花押）

杉余四郎殿

○一六九九　就御屋形様御出之儀目録　○藤岡家文書

(端裏書)「就　御屋形様御出之儀目録　宮内［(左衛門尉カ)　］」

大永元年辛巳九月廿七日就　御屋形様(大内義興)御出之儀、以野田兵部少輔興方、松茸山可有御上覧之由被仰出、同廿九日戊刁　御屋形様義興・同　新介殿様(大内義隆)御父子山口渡御、五剋以前、御乗馬鹿毛タクサリ、　介殿様御乗馬栗毛チ、ミ、

一巣鷹二連為御取飼、吉田新九郎・大原孫兵衛尉居之、菅(周防国吉敷郡)内中之壇ト云於野御鷹狩在之、胤宗(宮内)為御向(迎)参、同四剋至松茸山洞源庵之向之尾　御出、胤宗案内者ニテ供奉之衆各々松茸所取集弐百余本、長唐櫃蓋入被昇之、至胤宗宅　御出、則御盞幷御湯付、其以後御食籠、御肴五コン参、終日御酒ヱイ、依然　以杉兵庫助興重被成御感、被仰出之子細在之、同六郎左衛門尉仁被下任▒(冠)御太刀一腰国実二尺七寸金覆輪令頂戴、給御盞畢、

一御帰館酉下剋、従問田(同国同郡)及薄暮至山口御着五剋、

一為御礼、明ル晦日御太刀一腰国友五尺三寸金具銀、介殿様御太刀一腰未久二尺三寸進上之、杉兵庫助披露之、

一　御同道之衆

細川伊豆守殿　在安博士(賀茂カ)　寿皇庵京都下向之医師

一　供奉之衆次第不同

野田兵部少輔(興方)　内藤弾正忠(興盛)　杉兵庫助(興重)
弘中右衛門大夫(興勝)御剣　杉次郎(興相)　杉彦七(隆重)
内藤彦大郎(隆時カ)　吉田弥次郎　弘中小大郎(隆兼カ)
杉六郎(興綱)　弘中源三　小野与次郎
吉田新九郎　青景小大郎　弘中源三郎
臼井与三左衛門尉　杉平六　宮川源三郎
伴田彦四郎　門司与四郎　竹田宮内卿京都下向之医師
龍崎弥六　臼井与一　津田小次郎
宝生大夫

一　御走衆

沓屋小次郎　神代弥六　後藤孫大郎
来原左馬允　小田村次郎　原田小次郎

相賀五郎　貫　助　八　太田藤四郎
末益助五郎　上原神四郎　隠岐新五郎
一　同法〔朋〕
春阿　直阿
一　酒奉行
品川新十郎
一　御格勤〔恪勤〕
深川助五郎　篠原孫三郎　大野与三郎
其外問田〔興之〕殿家人衆各々、仍所記如件、
大永元年十一月二日　左〔宮内〕衛門尉胤宗（花押）
○継目裏ごとに同一の花押がある。

○一七〇〇　大内義興告文案　○興隆寺所蔵 興隆寺文書

厥大道任運兮造化自然矣、人法有紹隆、則随而亦起、月氏竹林、震旦白馬、日域睿峰是也、然優鉢多瑞世、古徳在削柿之場、伽藍之成風、天人自得捧花之路、吾山先蹤蓋以若斯、矧亦彼祇園幾回存興廃、□□〔此　氷カ〕上無乃諼興隆乎、前年後年□碣以併来、右旋左□日□□〔月〕往者歟、粤□寺者、遠撿藍〔濫〕觴、吾朝推古天皇御宇、琳聖太子去彼自□自国来此防洲、異域為西土大族之後胤、崇仏敬神留氷上山、創闢梵閣、号興隆寺、安釈迦如来像而仰本尊、請妙見大菩薩而崇鎮守矣、追討中興応永甲申〔十一年〕、重継絶興廃、更修殿堂、荘厳仏像整供養之軌儀、従尒已降、星霜既尚、顕教密教之弘通歳旧、遮那止観之練行日新焉、□覩夫黄白蒼黔之儻、辺塞異郷斉掌而来乎、樵蘇耕牧之儔、署往寒来如役而集□□、肆満月露嶺而三有〔界〕海之家、仰恩慈雲出谿而、十無尽之郷戴徳、亘横亘竪、六趣生之済度、摂極摂侍、前後而竭美麗並纂、観夫夙応講経之声、敻久添梵唄之響、四八之相暉新瓦而、荘厳巍々、一山之徒拝花構而、囲繞簫々□□気輝映于緇素之庭、猶瑩白珠顆、化儀分明于龍象之座、看環斗文星、抑唱導大和尚者、教規之律虎、顕密之棟梁也、昔挙楼那之□〔嘉カ〕名於関東八箇、今震龍猛之智才於鎮西九洲、恭哉、蒙天子勅宣而、昇探題超職、忝哉、賜座主令旨備小川嫡流、寔惟済世之導師、降魔之英将也、肆云宣導云証誠、兼備有補歟、或権執

蓋執綱之綺羅、引率剣珮珠履客、偏董配階配籍之臈次、共刷衲錦鐳袍之姿、就中伶人聯裙而、褰発楽之幄、菩薩祇袖而登供舞之台、舞童之奏□曲回雪之質、飜羅綾之袂、衆僧之唱、梵唄散花之音、和糸竹之調、梵音深遠、疑四電之発六天、讃詞美麗、似三土之響千劫、動摩黎之条、扇栴檀之風、開難陀之薨、散苦蔔之花、法輪含日而、転四域之内、道風追雲而走八極之外、宜哉、梵釈捧蓋而、隠形而降、龍鬼戴足而、秘顔而住、兼亦四衆囲繞不異霊山之朝、八部翼従宛同奈苑之庭矣、抑信心御願主、為当寺之檀与、保国之守衛、遠尋元始、避異域兮数百歳、遙顧先祖、在本朝兮廿三代也、屢羨先賢之功烈、虔継不背之奕孫、所以須達布金而説法之場自開、月蓋荘砌而、供仏之▨▨（台最高）矣矣（強囲単闕）、矧亦去明応庚申（九年）（上章涒灘）義尹（足利）将（軍）潜（潜）廻（回）軟（軟）輿輿下着当国（周防国）、然而永正丁卯（四年）終令達帰洛之本懐、剰夷朝敵而誇治国賞、戴綸旨而、昇三□（品）位、栄運余身、□□（佳名）在「家、佗門曾無比類、当家独有面目、併是仏陀之冥助、寧匪神慮之加護乎、凡会場地景者、坎崇巒峙峨々、宛仏眼山之粧媿色、離江河流浩々、頗僧耳河之波譲声、誠是三宝常住之勝境也、抑亦四神相応之霊地者歟、化儀儼然、讃読之詞無謬、重乞蓬闕之至治、柳営之安全、非人賓服輻輳、仏日弥添威光檀与、更増栄耀寔乎、以衆徒之感嘆、知明神之請喜、洪基永却不朽、権扉億兆添粧、乃至功徳所覃恵業莫大、敬白、

大永元年十一月　日」

○「　」部分は、現状では失われているため、東京大学史料編纂所所蔵影写本に拠り補った。

一七〇一　大内氏家臣連署奉書案　○到津家文書

当国（筑前国）宇佐領事、従前々諸典役御免許之条、間別事可被相除之由、以前被成奉書候之処、今度間別之事、国中不謂免許可被申平均（均カ）之由被仰出之条、可為如何之由、被申通令披露候、雖然　宇佐領事者異他之間、別而可被免除之由、重而可申由候、恐々謹言、

大永元
十二月十四日　（杉）興重
（冷泉）興豊

杉（興長）豊後守殿

○この文書は一一五二号・一一五八号・一七〇二号文書と一紙に書かれている。

○一七〇二　大内氏家臣連署奉書案　○到津家文書

筑前国当　社領間別事、任先規之旨可被免除之由、対杉豊（興長）後守重而被成奉書候、可被付遣候由候、恐々謹言、

大永元
十二月廿五日　民部少輔　景（杉興重）
興重ゝ
杉兵庫助（冷泉）
興豊

前大宮司到津殿

○この文書は一一五二号・一一五八号・一七〇一号文書と一紙に書かれている。

大永二年（西紀一五二二）

○一七〇三　大内氏法度条々写　○大内氏掟書

今度陣中法度条々

一喧嘩事、当陣中者不謂理非、先可被専無為、若於有旨趣者、追可請上意、自然及楚忽雅意者、雖為理致、可有御成敗事、

大永弐　正月十三日　三人

○一七〇四　大内氏家臣連署奉書案　○益永家文書

（端裏書）
「対当職奉書案文」

就封戸新兵衛尉（公重）狼藉之儀、御注進之旨令披露候、不及是非次第候、仍仮殿幷秡事急度可被仰付候、然者入目事、以当（豊前国宇佐郡）郡段銭内拾石拾貫文可有勘渡之由、対佐田因幡守（泰景）被成奉書

候、仮殿料事是又可有下行之由同被仰付候、仮殿幷秡等事
被急候而、　御神御遷座候者、翌日可有御参候、可被仰談
候、次心経会神事具足事者、先々可被取置之由候、委細申
含御使候、可得御意候、恐々謹言、
（大永二年）正月廿三日　（岡部）興景
（杉）興重
宇佐宮太宮司殿

○一七〇五　大内義興寄進状　○興隆寺文書

奉寄進
妙見大菩薩御宝前
御剣一腰三池号樋広
御馬一疋蘆毛
右所奉寄進之状如件、
大永二年壬午二月十三日
従三位行左京大夫多多良朝臣義興敬白（裏花押）

○一七〇六　大内義興寄進物記録　○興隆寺所蔵興隆寺文書

当御代（大内）多多良義興卿御寄進物記録之事
当別当権少僧都仙祐
一梁楷筆横絵　人刑（形カ）壱幅　惣へりこん（紺）地金らん（襴）
中へり白地きんらん
右絵永正十六年二月十三日野田兵部（興方）少輔殿為御使寄進之、
永正十七年二月十三日
一硯　壱面、裏仁未央宮東閣瓦字在之、長九寸、横七寸、面仁字在之
一同筆　壱巻、ぢく（軸）さうけ（象牙）、長七寸、筆きい（黄）にあか（赤）きもん（紋）在之
一同筆置　壱、滝、古唐物
一同筆灑　壱、古唐之物四足
一同石鉢　壱、すゝの物、ちうしやく（鍮石）のふくりん（覆輪）、白すな共、石は被召返畢
一同同台　墨柿、長八寸、横七寸
一同硯屏　壱
以上
一香箱　壱、つゐこう（堆紅）、もん（紋）ほたん（牡丹）、袋こんち（紺地）のきんらん（金襴）、お（緒）くれなゐ（紅）、京より被参云々
（大内義隆）介殿様　上宮御社参之時被持、同永正十四二月十三日若子様（大内義隆）

御寄進

大永元十一月一日
永正十八年本堂棟上之時被持御登山在之、堂供養同十六日在之

一釈迦三尊　当坊常住物、当殿様(大内義興)ひやうはう(俵補)(表褙)絵させられ畢、惣へり青とんす(緞子)、中へりこんち(紺地)のきんらん(金襴)

一引物　壱、床之間をし板

大永弐年二月十三日　善成坊 真祐（花押）

〇一七〇七　陶氏家臣安堵状　〇宇多家文書

当院拘分名田法一名・延恒名事、有子細近年為闕所社家直務之処、弘永新九郎以調法之儀、安堵米十八石余事、対社家本楊林坊被渡之上者、右両名事令還補訖、然者如前々社役以下、堅固有執沙汰可被拘之、仍不可有相違之状如件、

大永弐年二月十七日　房宣（花押）

千手院

〇一七〇八　植松村八幡宮棟札銘　〇植松八幡宮

(周防国佐波郡)大崎庄内植松村一切日皆善一切宿皆賢

大　永　二　年

奉造立三宇八幡宮御宝殿　地頭平朝臣興相(杉)　代官平長世

大永二壬午

二月廿七日　祠官土屋

施主一切願満足如意吉祥成就皆等　皷頭

大工　藤原助左衛門

小工　太郎左衛門

鍛治　三郎左衛門

宮内少輔

宮太夫

〇一七〇九　周防国椹野庄賀川境目書立写　〇防長風土注進案江崎村

(周防国)吉敷郡椹野庄之内賀川与白松と境目争論仕候ニ付、依御尋古老引渡申通書立差上申候事

一藤尾ハ東はた壁岩を限り、

一嶽ハ峯水落を限り、

一深溝ノ干潟ハこさるくろかたを限り、

一笠松ハ大堀を限り、

一へり〳〵ハ土手峯水落を限り、
一向原ハ土手峯水落を限り、
一いの柴ハ土手峯水落を限り、
一沢田ハなわて畔を限り、
一辻ハ大道を限り、
一矢石ハなハてを限り、
一中塚ハ土手峯水落を限り、
一ほうしか尾ハ桃の木か尾を限り、
一奥山ハほうしか尾より割木松迄峯水落を限り、
右十三ケ所之境目御尋被成候ニ付、古老之伝一々書立差
上申候、少茂偽不申上候所如件、
大永弐壬午暦
三月十三日
賀川孫左衛門 印判
国吉 同
秋丸 同
与三左衛門 同
三郎兵衛 同
元永 同

深野筑後殿
重田兵部殿
深野藤兵衛殿
右境目書立指上候間一々見合せ候処、毛頭偽無之ニ付、
各加奥書置候条、後日此辻を以沙汰可被仕候、以上、
同年
六月廿日　江口隼人内 深野筑後 印判 書判
重田兵部 同 同
深野藤兵衛 同 同

○一七一〇　大内氏家臣連署奉書（切紙）　○山野井家文書

去廿七日為夜掠令乗船、仁保島（安芸国安南郡）敵船壱艘引取之由、弘中越（武）
後守注進之趣遂□□（披露）候、尤神妙之由候、□旨候、
恐々謹言、
（大永二年）
三月廿九日　（弘中）正長（花押）
（杉）興重（花押）

〇一七一一　大内氏家臣連署奉書（切紙）　〇山野井家文書

去廿七日至府中〔安芸国安南郡〕動之時、堀越〔同郡〕在家令放火、同仁保島敵船一艘同□者引執之由□〔弘中越後守カ〕注進慥令披□□〔露候〕、尤□□〔神妙カ〕之由、能々可□〔被申旨候カ〕、恐々謹言、

□〔大永二年三月〕

正長〔弘中〕（花押）

〔杉〕□〔興〕重（花押）

〇一七一二　宇佐宮作事方条々法度案　〇小山田家文書

〔端裏押紙〕
大永二年三月御作事方
御法度書　廿三番

就宇佐宮御作事方条々御法度事

一去応永年中　国清寺殿〔大内盛見〕様御再興の時の〔之イ〕支証をもて〔つ脱〕可被守之、其以前の〔之イ〕旧記不可有叙用事、

一諸祝物等国並銭を以、員数にをひてハ〔イナシ〕先儀〔例イ〕のことく可下行事、

一物奉行人木屋幷遣方奉行人不断在宮事、

一諸職人出入朝辰、夕酉、一時之遅速を拾銭あて減少せしめ可下行事、

一大々工事、右剋〔刻イ〕限以前至木屋日参せしめ、奉行人相共番匠方可裁判事、

一番匠衆或下手或年寄等、不堪の仁にをひてハ半作料たるへき事、

一惣大工材木注文寸尺等、毎度相違之条、云社納云木作手間、御公損なきに非す、至以後ハ、その用木参差せしめハ、大工可弁事、

一内封四郷〔豊前国宇佐郡〕封戸・向野・高家・辛島、普請夫定役在〔有イ〕之、この〔此イ〕外社官衆領事、先年妙見尾〔同郡〕御城誘おほせ付らるゝ時、彼儀御免ニをひてハ、社用夫事可致馳走之由雖被申、いまに社用をも無沙汰候、於巳〔以イ〕後者郡使裁判に任て可被遂其節、若猶其実なきにをひてハ、別段之儀を可被仰付事、

一木屋定夫四人封戸・向野・高家・辛島、幷竹くき・かく縄・茶立・同茶の具等事、当職名代を以、〔て脱〕可被遂其節、此条依無沙汰、

当日作事懈怠せしめハ、(イナシ)当職自分之可為了簡事、
一宇佐郡(豊前国)中武領就　社用之人夫以下、在々所々無沙汰ニを
ひて〔ゑイ〕ハ、一段可被仰付、殊院内〔二脱イ〕衆御在京御留守以来、御
神用延夫難渋之段無其謂、既障子岡(豊前国京都郡・田川郡)御城御所懃の所を、
近年ハ社用に被付之上ハ、向後社用夫堅可申付也、若猶
難渋にをひて〔ゑイ〕ハ、如元御城誘可被仰付事、
一漆工事、道具以下相調、本職相談せしめ可有其沙汰事、
一絵師幷障子以下細工人等ハ、奉行人申談可有調法事、
一当　社御材木事、不謂寺社人給御免之地、任先例採用有
へし、難渋在所にをひて〔ゑイ〕ハ、就注進一段被仰付へし、但
社用と号自用の事あらは、奉行人各越度たるへき事、
一日々記事、奉行両人充被定下番帳の旨〔之イ〕に任て、注調可注
進也、材木採用之時者、非番衆至杣山可奉行事、
以上
右御法度条々堅固被相定訖、守此旨、云社家云武家、可専
造営之功、若於違背之仁者、就注進一途可被成御下知之由、
所仰如件、

大永二年三月日　左衛門尉

○一七一三　大内氏家臣連署書状案　○小山田家文書

(端裏書)「作事奉行書状案　□等五通」
下宮御仮殿事、□御造立候由、昨日九御奉書到来候、
仍御日次之事、今月十五日同十九日両日被撰下候、御奉書
彼是弐通当職迄令進候、定而可有披見候哉、御杣始御調以
下之儀、早々被仰談可承候、為可申談各々出宮可仕候、無
余日御事候之条、御急尤専一候、恐々謹言、
(大永二年)卯月十日　親賢
高親(矢部カ)〔顕〕
親種(赤尾)
泰景(佐田)
祝大夫殿(宮重)
大々工殿(祝宮氏カ)

○一七一四　祝宮重書状案　○小山田家文書

御仮殿御造立尤目出候、就其杣秡日時勘文拝見申候、於拙者諸役者不可有無沙汰候、大々工役之事、彼家各別之儀候間、為我等不能存候、宮氏之事、就召文参上候儀御存知之前候、非私曲候、御分別肝要候、恐々謹言、

(大永二年)卯月十二日　宮重

(泰景)佐田因幡守殿
中山太郎左衛門尉殿
(高顕)矢部三郎左衛門尉殿
(親種)赤尾修理進殿

○一七一五　佐田泰景書状案　○小山田家文書

就御杣秡之儀、一昨日連署を進候、御報只今亥剋到来、令拝見候了、仍大々工(祝宮氏カ)方依召文御参上候条、彼御役之事、不及御了簡候之由承候、尤候哉、雖然御仮殿頓速ニ被仰出候事、社家御歓喜不可過之候哉、以御名代等も当会之事、先御馳走候者可然候哉、預御懇札候之間、拙者初一念申計候、何様加判衆中申談候て、可申承候、恐々謹言、

(大永二年)卯月十二日　泰景　在判

(宮重)祝大夫殿　御報

○一七一六　佐田泰景書状案　○小山田家文書

夜前預御札候之条、則御報令申候、仍各雖可申談候、宅所被隔候、吉辰無余日候間、先に愚存至当職申入候、大々工職分不可有御調法者、御杣秡可滞留候哉、至山口雖注進仕候、無日数候間、飛脚往返不可叶候、御仮殿如此頓速被仰出候事者、社家御大慶候哉、大々工職往古者雖各別之御家候、於近代者祝兼大々工与至山口茂御請文共候歟、又於当社諸役所者、皆以権役人御座候歟、如此御用候哉、当職定而可有御下知候哉、被成御分別御入魂公私可目出候、恐々謹言、

(大永二年)卯月十三日　泰景

(宮重)祝大夫殿　御宿所

〇一七一七　祝宮重書状案　〇小山田家文書

就杣秡之儀、重而御状委細令披見候、大々工役之事、拙者
所勤可仕候由蒙仰候、更不及覚悟候、已前宮（祝）氏両役を被相
拘候時者、何とも所勤候、当時者各別之家候間、某不致所
懃候事御存知之前候、人躰参上之儀無其隠候哉、於祝社役
者不可有無沙汰候、殊杣始之儀大々工取沙汰専候、神道秘
密之儀共候哉、聊拙者非無沙汰候、御分別専一候、恐々謹
言、

（大永二年）卯月十三日　　宮重

（泰景）佐田殿　御報

〇一七一八　杉興重遵行状　〇福本家文書

宇佐宮寺鋳物師大工職事、任去応永卅三年三月廿七日　国（大内盛見）
清寺殿様御袖判奉書之旨、次郎左衛門・与三左衛門・五郎
左衛門・助左衛門相続不可有相違之由、対彼等可被申触之
状如件、

大永弐年四月廿日　　（杉興重）兵庫助（花押）

矢部三郎（高顕）左衛門尉殿

〇一七一九　問田興之袖判同家臣連署奉書写　〇椿社記并御判物写

（問田興之）（花押影）

（長門国阿武郡）椿郷内河尻参段分米壱石九斗八升延共事、多良八幡宮江為
御神頭（ママ）御寄進也、仍毎年御神事料年中分壱石六斗、右以壱
石九斗八升内有諸（御カ）下行、相残分三斗八升事御寄進之由被仰
出、弥専武運長久懇祈、可全修理造営之由被仰出者也、仍
執達如件、

大永二
卯月廿六日　　（高津）親吉（花押影）

胤国（花押影）

（国分）繁頼（花押影）

胤秀（花押影）

伊桑右京進殿

〇一七二〇　宗像正氏預ケ状　〇竹井家文書

宗像社領之内参町之事、光岡村（筑前国宗像郡）嶺給内参町、同屋敷壱所坪付別紙在之、右為扶助所預行也者、有限諸公事等者、任先例可被懃之状如件、

大永弐年卯月廿八日　　正氏（花押）

温科弥四郎（重房）殿

〇一七二一　広田重延奉書案　〇永弘家文書

従永弘新左衛門尉（重行）方如此先□（証カ）以案文言上候間、為御披見封裏下進之候、如何子細候哉、可尋申由候、恐々謹言、

大永弐
五月廿六日　　重延 在判

円通寺

〇一七二二　宇美社務房秀目安案　〇石清水文書

（端裏ウハ書）「謹上杉豊後守殿　宇美社務房秀」

目安

石清水田中雑掌按察法橋罷下、宇美社務還住之儀、対本家不係（経カ）安内之由依言上、預御尋候之条、謹申上候、抑八幡社務道請（清）嫡子宗請（清）箱崎宮相伝、嫡弟房請（清）宇美宮相伝、兄弟分也、就其於後代不可有異論之旨、八幡各加署判、同輪（綸）旨・院宣相添房清与奪候、然者親ニて候房祐代之時、阿弥陀院下向候て、宇美領正税之儀申懸候之処、輪（綸）旨・院宣・八幡連判之状雖明白候、不糺其理非、御神領田富庄（筑前国糟屋郡）・吉原庄（同郡）・長野庄（同郡）・植木庄（同郡）・旅石村（同郡）五ヶ所事、彼阿弥陀院沽却候、依夫一社滅忘（亡）躰、言語道断候、当宮事者、八幡御誕生霊所、真如寂浄地也、如此霊所、一度社家令破却、重而可成其綺事不及覚悟候、右筋目、去永正十七年以興長御吹挙状、山口致参候、数年被（聞脱カ）食社訴、田舎令堪忍次第、一々以神代武総申上候、然者被聞召分、早々帰社仕、如前々社務識（職）事致存知、御祈禱可沙汰仕之由、被仰出候、先以社領等少事御還補被成　御下知候、然者御　屋刑（形）様（大内義興）宇美宮新建立相存候処、今更当宮之儀、彼法橋兎角可申事不及分別候、此趣御住（注）進可畏入候、仍目安状如件、

大永弐年六月十八日　　宇美社務 房秀 在判

杉豊（興長）後守殿

○一七二三　大内氏法度写　○大内氏掟書

一諸人可存知御法度事
近年於説経法談之道場毎々余経を誹謗し、他宗を罵詈悪口せしむる事、聴衆耳を驚すと云々、因茲両方欝憤ニ堪す、宗論を遂て吾法の妙理をあらハさむと擬する間、互に其門徒以下俗縁のともから（輩）一揆せしめ、嗔恚強盛の余り、やゝもすれハ喧嘩闘諍に及て、干戈を帯し騒動せしむ、前々御法度にかゝわらさる上、自由狼藉の所行、言語道断之次第、不可不誡之、自今已後宗の相論をかたく停止せしめ、各自悟自得して可被専在寺（紹脱カ）隆功、若尚此制禁を背て是非ニ及ふ仁あらハ、出家之人ハ、速御分国中を可被出也、凡俗輩幷商客下劣之類ハ、所作の軽重見聞に随て可被処厳科者也、諸人後悔なからんかために、兼而御掟之趣如斯、甲乙人等宜令承知、敢勿違失矣、

大永二年六月

○一七二四　大内義興安堵状写　○青柳種信関係資料

筑前国怡土郡染井山霊鷲寺事、去明応八年凶徒残党等乱入之刻、歴代数通之文書以下悉令紛失、剰堂舎等逐日及荒廃云々、雖然於山領者無相違当知行之条、為向後以下知可励造立之功之由、任衆儀一同申請之旨、所令裁許也者、早守先例可専勤行紹隆之状如件、

大永弐年八月十五日　従三位（大内義興）（花押影）

当山僧衆中

○一七二五　潟上庄八幡宮棟札銘写　○防長寺社由来物氏八幡宮

周防州吉敷郡潟上庄八幡御拝殿一宇新造功畢、右
左国家清平万民快楽　右身安寿永福集災銷
時大永二祀壬午仲秋十五日　当代官柿並法橋道清
奉行泉福寺恵重（金カ）　奉行大炊丞貞家　大工右衛門尉清忠

〇一七二六　大内義興書状写　〇萩藩閥閲録宍戸宮内

就佐東（安芸国）之儀差上弘中々務丞（興兼）候、被仰談毎事御入魂肝要候、依一左右可得其意候、猶貞西堂可被申候、恐々謹言、

八月十六日（大永二年カ）　義興　判

完戸左衛門尉（元源カ）殿

〇一七二七　大内氏家臣連署奉書写　〇萩藩閥閲録吉原市兵衛

於今度佐東（安芸国）所々馳走之次第、弘中中務丞（興兼）注進之、慥被知食候、尤神妙之由被仰出候、弥任興兼（弘中）下知、忠節可為肝要之由候、恐々謹言、

八月廿九日（大永二年カ）　興重（杉）　判

興豊（冷泉）　判

吉原新五郎（親直）殿

〇一七二八　吾妻鏡扉裏識語　〇吉川史料館所蔵

（第一、扉裏識語）
「私云、

吾妻鏡外題・年譜幷巻之次第等事、自治承四年庚子至文永三年丙寅八十七年、以支干考之、内闕分十三箇年也、残七十四年之記録四十七帖、是以二三ヶ年乃至四五ヶ年為一帖本相交故也、因茲外題事雖非次第相続、為輒函之出納以下座右之用所、先仮自第一至四十七、如一部順次註付仮令有第一第二無第三者、以第四用第三、者也、向後闕分随感得可改外題書様条、不可為差苦労者乎、

弘詮（陶）（朱印）（印文「弘詮」）」

〇一七二九　吾妻鏡奥書　〇吉川史料館所蔵

（第四十七、奥書）
「此関東記録号吾妻鏡、者、為文武諸道之亀鑑之由、年来雖触耳、依非世流布之類、不能遂一見之、既難達宿望之処、去文亀之初、不慮得便宜写本、先現在分四十二帖次第見闕分、以数多之筆力、頓書留畢、凡勘年譜前後、自治承四年至文永三年、不足分及廿余年、因茲為令感得散在之本、於洛陽・幾〔畿〕内・東国・北国諸家、或付経廻知音之僧徒、或以往還遊楽之賓客等、尋捜事無怠期、其功不空故歟、闕帖内漸々少々令現来之間、今以一筆令書写之、加置右四

拾二帖、惣為四十八帖（加年譜一帖、）者也、如斯就執著、苦労遠
慮猶深甚也、向後縦雖有望人、會不可赦披見之、雖為暫
時不可出室内、況於他借書写乎、若於子孫背此掟者、可
為不孝深重之輩之、於自身読申者、雖十二時中、尤所庶
幾也、仍記置之意旨如件、

大永弐年九月五日　安房前司（陶）弘詮（朱印）（印文「弘詮」）」

○一七三〇　大内義興感状（切紙）　○多賀谷家文書

「（封紙ウハ書）多賀谷宮内少輔殿　義興」

『（異筆）上包ノ書付』

去三月十八日芸州仁保島（安南郡）警固船懸合矢疵左肩、同四月十六
日於佐東（安芸国）上八屋矢疵左股、幷僕従等被矢疵之条、神妙之至
也、弥可抽忠節之状如件、

大永弐年九月廿三日　（花押）（大内義興）

多賀谷宮内少輔（武重カ）殿

○一七三一　大内義興感状写　○萩藩閥閲録能美三郎左衛門

去四月六日至芸州佐東郡上八屋動之時、被矢疵右足之条神
妙之至也、弥可抽忠節之状如件、

大永二年九月廿三日　大内義興ノ判

能美弾正忠殿

○一七三二　陶興房書状（切紙）　○毛利家文書

誠其以後不申通候処、御音問祝着候、開陣砌以加判令啓候、
熊谷（信直カ）被仰談候由候、尤可然候、委曲弘中々務丞（興兼）申候哉、猶
期後信候、恐々謹言、

十月廿九日（大永二年カ）　興房（花押）

毛利幸松殿
御返報

○一七三三　杉重清寄進状写　○原始院文書

奉勧請原始院鎮守
伊勢大神宮

氏神天皇

右為両社免田上土居(周防国都濃郡)壱町地之事、永代之寄附、子孫栄盛祈
願▒、彼祭礼等者、以現務辻可致執行之、当社拝殿之事、
修理等者以寺家諸添(天)役可有造営、然上者弥以就寺家不可有
自依(他カ)之公役、仍為後証之状如件、

大永三(二)年十一月七日　　重清　在判

○一七三四　杉重清家臣連署下知状写　○原始院文書

久米郷(周防国都濃郡)内上土居壱町地之事

一反者、自先年路代除云々、
合
残九反

右原始院為鎮守両社(伊勢大神宮・氏神天皇)免田御寄進之、彼下地往古者雖為田地、
近年□成云々、然上公役除之、右麦地に壱石三斗五升之□
役、大□両社御祭礼無怠懈(ママ)可致(ママ)成御執行状如件、

大永二年十一月七日

兼義
実忠
兼盛(上司カ)

○一七三五　大内義興補任状　○汲古帖

長門国美禰郡加万別府円城寺并厳島社免等事、所令補任也
者、早守先例、云寺領云社領、執務不可有相違之状如件、

大永二年十一月廿九日

左京大夫(大内義興)（花押）

正圭蔵司

○一七三六　大内氏家臣連署奉書写　○石井英三家文書

去十六日於佐東府(安芸国)要害城戸口、悴者山田源三良切疵左肘、右膝口
下人与四郎切疵二ヶ所、左膝、粉骨之次第、弘中々務丞興兼注進
之趣、令披露訖、忠節尤神妙之由、所被仰出之状如件、

大永二年十一月廿九日

備中守(喜什、吉見弘頼)「無印」(朱筆)
兵庫助(杉興重)「在判」(朱筆)
民部少輔「興豊在判」(朱筆)(冷泉)

石井九郎三郎(元家)殿

大永三年（西紀一五二三）

○一七三七　大内義興袖判下文写　○永田秘録杉英勝家証文

（大内義興）
（花押影）

下　杉大蔵丞長忠

可令早領知筑前国那珂郡西郷内弐拾町地石清水社領并屋敷壱所石堂外号今□〔富カ〕等事

右件地事、以本家補任之旨所令裁許也、然者於正税米五石京着者毎年令社納之、至余得分者、公事足参拾石地遂武役、可全領知状如件、

大永三年二月廿日

○一七三八　杉興長吹挙状　○上座坊文書

太宰府　天満宮領岩淵内（筑前国三笠郡）秣田壱町弐段地事、上座坊先規相拘之、当社御祭礼時御神馬飼口等相調、余得分事、社恩候之処、不知行候、為社訴参上由候、於爰元子細能々雖可相尋候、当時取乱時分候之条、古来儀被尋聞召、以御分別可有御披露者也、謹言、

（異筆）「大永三」
三月十日　興長（花押）

杉兵庫助殿（興重）
神代但馬守殿（武総）

○一七三九　大内氏家臣連署奉書　○上座坊文書

当社御神領肥前国（基肄郡）姫方庄饗料事、依近年伊勢神右衛門尉重氏押領、訴訟之趣、任出帯証文、如元可沙汰付之由、被成奉書於杉豊後守興長畢、仍執達如件、

大永参年三月廿五日

主殿允（野田護所）（花押）
但馬守（神代武総）（花押）
兵庫助（杉興重）（花押）

太宰府上座兼公文脩実律師御房

○裏に杉興長の花押がある。

○一七四〇　陶興房宛行状　○中山尚武資料『新修福岡市史』

長州吉田（厚狭郡）藤沢名三分二方内拾参石地渡辺平十郎先知行分事、坪付別紙在之
為新恩宛行畢、可在山口之条、弥全領知可抽奉公者也、仍状如件、

大永三年三月卅日　興房（花押）

世良与三兵衛尉殿

○一七四一　大内義興書状（切紙）　○平賀家文書

（端裏切封）「（墨引）」

去年出陣馳走、御辛労之至候、委細陶安房守（弘詮）可申候、恐々謹言、

（大永三年）後三月五日　義興（花押）

平賀尾張守（弘保）殿

○一七四二　陶興房状　○松江八幡宮大般若経紙背文書

（大永三年）壬三月十六日　興房（花押）

能満寺
侍司

○一七四三　大内義興袖判安堵状写　○萩藩閥閲録山形新左衛門

（大内義興ノ）判

父（山形）平兵衛尉頼宗一跡事、任去正月三日譲与之状之旨、山形小五郎（隆宗）領掌不可有相違之状如件、

大永三年潤三月十九日

○一七四四　陶興房書状写　○萩藩譜録山中八郎兵衛種房

写

東山御城（安芸国佐西郡桜尾）被相調候、仍早々可被登城之旨、杉兵庫助（興重）・神代但馬守（武総）奉書写進候、不移時日被在城安房守（陶弘詮）代大多和但馬守有相談、急度可被遂注進候、聊不可有遅々油断之旨可申届

候、恐々謹言、

（大永三年）閏三月廿日　　興房　判

長崎弥八郎（元康）殿

○一七四五　大内氏家臣連署奉書写　○萩藩閥閲録吉原市兵衛

去年以来於其面別而馳走之段、就陶興房注進、尚以慥被知召候、仍当時堪忍迷惑之通被申候、無余儀候、既彼面御成敗近々候之条、本知（地イ）安堵不可有幾程候、先以弥馳走此時候、得其心能々可申之旨候、恐々謹言、

（大永三年カ）卯月十四日　　（神代）武総　判

（野田）典方（興）　判

吉原新五郎（親直）殿

○一七四六　大内義興袖判安堵状写　○萩藩譜録小方三郎左衛門忠次

（義興）御袖判

祖父（小方）対馬守重康所帯事、任去永正拾七年九月一日譲与状之旨、小方源次郎（与康）領掌不可有相違状如件、

大永三年四月十六日

○一七四七　大内義興寄進状写　○萩藩閥閲録内藤小源太

寄進　凌雲院

周防国吉敷郡潟上庄鋳銭司内五拾一石余地事

右為仏供僧食料所、令寄附之状如件

大永三年三月廿六日

左京大夫多々良朝臣（大内義興）　判

○一七四八　杉興重書状　○上座坊文書

（封紙ウハ書）
「（異筆）『大永三到六二日御奉書也』

上座坊　　杉兵庫助

興重」

就　天満宮馬草田相違之儀御愁訴之旨、只今雖可致披露候、就御出陣之儀、諸公事停止之条、追而可被申候、恐々謹言、

六月二日
上座坊
興重（花押）

○一七四九　杉興重家臣連署書状案　○到津家文書

就御神領□御愁訴、以雑掌御申候通、則令披露候、於御陣夫者御閣候由被仰出候、就其別紙以奉書被申候、尤以目出候、仍至私白布弐十端送給候、畏入候、誠御懇至候、委細猶御使ニ申候、恐々謹言、

大永三
七月十二日　中山主計允 直資　在判
広田和泉守 重延　同

惣撿挍殿
安門坊
祝大夫殿御返報

○一七五一号文書と一紙に書かれている。

○一七五〇　杉興重奉書案　○永弘家文書

（端裏書）「御陣夫御免許御奉書案文正文事惣撿校在□」

（豊前国）宇佐郡中寺社領御陳（陣、以下同）夫事、依被仰付、各愁訴之通、以佐田（泰景）因幡守吹挙状同連署言上之段、令披露□（候）、仍於御陣方御用者不謂免許、伺惣国准（任カ）拠被仰付候、雖然当　社□（事カ）、別而御造替砌候之間、先以被成御心得候、然者御陣中日数以三増倍辻、社用人足等可被遂其節、万一於無沙汰自由寺社者、押置其地可遂注進之由、対泰景（佐田）堅固被仰候、被得其心各無油断馳走可為肝要之由候、恐々謹言、

大永三七月十四日　興重　在判

惣撿校殿
番長大夫殿
祝大夫殿
各中

○一七五一　杉興重書状案　○到津家文書

就御陣夫愁訴、以雑掌言上候段、令披露、被仰出次第、以別紙申候、仍紅花十斤送給候、御懇之至祝着候、事々期来信候、恐々謹言、

「大永三」(異筆)
七月廿二日　　　興重　在判

○一七四九号文書と一紙に書かれている。

○一七五二　大内義興感状写　○武州文書八条村阿川三郎兵衛

去七月廿三日於石州賀戸(那賀郡)塩田浜、親父掃部(阿川)允総康討死、無是非次第也、於高名忠節者令感悦畢、弥可抽勲功之状如件、

大永三年八月六日　　(大内義興)(花押影)

阿川弥七(康次)殿

○一七五三　陶興房感状　(切紙)　○加藤家文書

昨日五芸州土毛田(佐西郡)発向之時、右膝口被矢疵之条、尤神妙感悦之至也、弥可抽軍忠状如件、

大永三年八月六日　　尾張守(陶興房)(花押)

加藤善五郎殿

○一七五四　陶興房感状写　○防長風土注進案河内山源右衛門

昨日五芸州土毛田(佐西郡)発向之時、左膝口被矢疵之条、尤神妙感悦之至也、弥可抽軍忠状如件、

大永三年八月八〔六〕日　　尾張守(陶興房)判

河内山縫允殿

○一七五五　寺尾八幡宮棟札銘写　○防長風土注進案寺尾八幡宮

表

為天長地久御願円満四海静謐国土豊
饒殊者信心之、
大願主息災延命当村安穏諸人快楽
之故如件、

奉再誦上葺

大永三年庚〔癸〕未八月十三日大願主民部丞物部家満

裏

右為天長地久御願円満四海静謐国土豊饒殊信心之大願主
息災延命当村安隠(ママ)諸人快楽之故如件、
天文十九年庚戌三月吉日大願主源右衛門尉物部

○一七五六　大内義興加冠状写　○萩藩閥閲録周布吉兵衛

加冠　武兼

大永三年八月廿四日左京大夫(大内義興也)　判

周布彦次郎(武兼)殿

○一七五七　陶興房書状写　○萩藩譜録山中八郎兵衛種房

写

去廿日夜為搦被相働警固屋鋪放火之次第、弘中越後守(武長)注進到来候、誠御馳走至候、慥令言上候之条、可被賀仰候、弥御忠節肝要候、恐々謹言、

(大永三年カ)九月廿三日　興房　判

長崎弥八郎(元康)殿

○一七五八　大内氏家臣連署奉書写　○萩藩譜録長崎首令高亮

写

就(イナシ)海上搦之儀毎日夜相働之次第、弘中越後守(武長)注進令披露候(イナシ)畢、長々云乗船云馳走神妙、弥忠節可為肝要之由候也、仍執達如件、

大永三年十月四日

兵庫助(杉興重)　判

散位(陶持長)　判

長崎弥八郎(元康)殿

○一七五九　大内氏家臣連署奉書（切紙）　○山野井家文書

就海上搦之儀、警固船去月十七日夜至廿日市(安芸国佐西郡)幷能美・江田(安南郡)島押懸、敵船壱艘引取之次第、弘中越後守(武長)注進之趣、慥被知召訖、尤神妙之、弥忠節可為肝要之由所被仰出也、仍執達如件、

大永三年十月四日

兵庫助(杉興重)（花押）

散位(陶持長)（花押）

能美縫殿允(仲次)殿

○一七六〇　大内氏家臣連署奉書写　○萩藩譜録山中八郎兵衛種房

写

去三日至厳島敵船相懸候処、警固船衆懸合即時追散、殊僕

従一人被矢疵之次第、弘中（武長）越後守書状等陶尾張守（興房）注進之趣、
慥被知召畢、尤神妙之由所被仰（出）者也、仍執達如件、
大永三年十月十三日　　兵庫助（杉興重）　判
散位（陶持長）　判
長崎弥八郎（元康）殿

○一七六一　大内氏家臣連署奉書（切紙）　○山野井家文書

去三日至厳島敵船相懸之処、警固船衆懸合即時追散、殊僕
従二人被矢疵之次第、弘中□（越後）守書状等陶尾張守（興房）□（注進之趣）慥
被知食畢、尤神妙□（之由）所被仰出也、仍□□（執達）如件、
□（大永三）年十月十三日　兵庫助（杉興重）（花押）
散位（陶持長）（花押）

○一七六二　大内義興願文　○宮成家文書『大分県史料』

祈願
宇佐□（大神カ）宮下宮可奉建立事
右、芸石両国凶賊等不日加治罰、毎篇可任本意之条、偏仰
霊神之加護而已、然則令属静謐之、彼社頭為奉遂営作之功、
立願之志趣如件、
大永三（年脱カ）十一月十五日
従三位行左京大夫多多良朝臣義興敬白

○一七六三　弘中正長書状（切紙）　○厳島野坂家文書

「（封紙ウハ書）
陶尾張守殿　　弘中新四郎
正長」
「（端裏切封）（墨引）」
為厳島大明神祭料十石十貫文事、対石城社務代・上田寺両
人被仰付候、仍奉書調進候、右以員数先如形可有取沙汰由、
対社家可被仰遣候、委細又此社人（南波七郎二郎）ニ条々申含候之間、定而
可得御意候、恐々謹言、
（大永三年カ）十二月四日　　正長（花押）
陶尾張守（興房）殿

○一七六四　弘中正長奉書（切紙）　○厳島野坂家文書

（封紙ウハ書）
「弘中新四郎
陶尾張守殿　正長」

（端裏切封）
「（墨引）」

自厳島社家中　御神馬事、被成御心得候、仍御馬一疋蘆毛被上遣候、同為御衣練五端裏絹二疋半綿糸針銘々相調、此社人南波七郎二郎ニ渡遣候、此等之次第被成其御心得、対社家可被仰渡之由候、恐々謹言、

（大永三年カ）
十二月四日　正長（花押）

陶（興房）尾張守殿

○一七六五　弘中正長奉書（切紙）　○厳島野坂家文書

（端裏切封）
「（墨引）」

（端裏書）
「正長」

先御衣同御神馬之事、可為如何候歟之通、対正長（弘中）此社人（南波七郎二郎）申候旨致披露処、社家之仁中各申談、可有受用之由被仰出候、此等次第可被成御心得候、恐々謹言、

（大永三年カ）
十二月四日　正長（花押）

陶（興房）尾張守殿

○一七六六　弘中正長奉書（切紙）　○厳島野坂家文書

（端裏切封）
「（墨引）」

自当島社家中（申）　御衣同御神馬幷御祭料事、銘々相調分対陶（興房）尾州以奉書申候、委細又此社人（南波七郎二郎）ニ申含候段、定而可得御意候之条興房（陶）被相談、先太概可遂其節旨、社家人中ニ可被申調之由候、恐々謹言、

（大永三年カ）
十二月四日　正長（花押）

弘中（武長）越後守殿

○一七六七　弘中正長奉書（切紙）　○厳島野坂家文書

（端裏切封）
「（墨引）」

先御（衣脱カ）同御神馬之事、可為如何候歟退（通）、対正長（弘中）此社人（南波七郎二郎）申候旨致披露候処、社家之仁中各申談、可有受用由被仰出候、此等次第可被成御心得候、恐々謹言、

（大永三年カ）
十二月四日　　　　　　　　正長（花押）
弘中越後守殿（武長）

〇一七六八　豊前国実得時元并大石寺両名坪付注文　〇成恒家文書

（端裏書）
「時元・大石寺坪付」

豊前国下毛郡御神領宮番料所実得時元并大石寺両名坪付事

合本田数玖段拾代実得時元名
壱町七段大石寺名

はたい本
一所四段内廿代河成、定米三斗六升
天役無之、支証在之、　成恒雅楽助（氏種）
同所口依
一所三段内卅代河成、定米弐斗四升
半天役在之、　同人
同所
一所壱段内五代河成、定米壱斗
半天役在之、　孫七分
（異筆）
「今ハ作人成恒雅楽助（氏種）」
同所
一所壱段内五代河成、定米壱斗
半天役在之、　成恒助六
はしの下
一所五段定米五斗
半天役在之、　成恒雅楽助
なき原
一所壱段定米九升
半天役在之、　林彦八郎
同所
一所卅代定米七升
半天役在之、　成恒雅楽(孫左)衛門

同所
一所壱段定米九升
半天役在之、　成恒雅楽助
石川東
一所三段内廿五代河成、定米弐斗四升
半天役在之、　同人
同所
一所壱段内五代河成、定米八升
半天役在之、　成恒源左衛門尉
同所
一所壱段内五代河成、定米八升
半天役在之、　林彦八郎
同所西
一所弐段定米弐斗
半天役在之、　成恒雅楽助（氏種）
同所西
一所壱段廿代定米壱斗弐升
半天役在之、　成恒源左衛門尉
実得
一所三段卅代内卅代河成、土貢無之、
半天役在之、　成恒雅楽助（氏種）
同所
一所（異筆）「壱段」内十代河成、万免不収
（異筆）「仁王経免」　増光寺
同所
一所四拾代鬼免
万免不収　大岳山領
清水尻
一所壱段仏粕田
万免不収　瑞雲寺領
石河尻
一所三段卅代土貢米無之、
半天役無(在)之、　増光寺領
とも田
一所三段定米三斗六升
半天役在之、　成恒助六
なか沼
一所壱段定米壱斗二升
半天役在之、　同人
竹下
一所壱段廿代定米弐斗五升　山本彦太郎
はしの下
一所壱段万免不収　貴布禰神田
たさきの下
一所卅代万免不収　同神田

一下用作
一所二段半天役在之、定米壱斗弐升　孫七分(異筆)「今八作成恒(人脱カ)雅楽助」
セイナウ
一所卅代定米八升半天役在之、　同人
下用作
一所壱段定米壱斗壱升半天役在之、　成恒雅楽助(氏種)
ゆの木田
一所弐反廿代定米弐斗弐升　諫山釆女正
同所
一所壱段卅代定米壱斗壱升半天役在之、　孫七分
すけくら
一所弐反定米壱斗弐升半天役在之、　同人
ふか田下用作一反共ニ
一所弐反廿五代内廿五代河成、半天役在之、定米弐斗(段)三斗二升　庄屋分
水あらい同所
一所壱段内廿五代河成、半天役在之、定米七升　同人
あをう田
一所壱段定銭弐百文在之、天役無之、　同人
同所
一所壱段定銭弐百文在之、天役無之、　成恒源左衛門尉
ふか田
一所壱段定米壱斗八升半天役在之、　同人
すけくら
一所壱段定米壱斗壱升半天役在之、　同人
ふ□(か)田
一所三段定米五斗八升子細在之、　延入民部丞
ほこ神田
一所弐段卅代定米弐斗四升　同人
なる水小城在之、定銭六百文
一所三段卅代(異筆)「子細在之、」　延命寺

一まとは
一所廿代定米八升　大喜庵
すけくら
一所壱段定米壱斗四升　西連寺
同所
一所壱段定米壱斗五升　佐知新次郎
同所
一所壱段定米壱斗五升　同孫四郎
同所
一所壱段定米壱斗五升　同孫六
あをう田
一所弐反定銭四百文天役無之、　原口ノ助五郎
はたわりふか田
一所弐反内廿代河成、定米三斗六升　下原
村田
一所三段定米三斗在(ママ)天役在之、　波賀右馬允
同所
一所弐反定米弐斗六升　(異筆)「今作人松藤地替」賀来新左衛門尉
ふくなり
一所壱段廿五代定米弐斗七升　同人
同所
一所壱段廿五代定米弐斗八升　松藤(異筆)「今作人賀来新方地替也、」
同所ひわ
一所卅代定米壱斗三升　賀来新左衛門尉
同所長町
一所壱段廿代定米弐斗六升　波賀右馬允
下用作
一所四段定米四斗五升半天役在之、　山本新左衛門尉
すけくら
一所弐段定米弐斗四升半天役在之、　同人

ふか田水あらい
一所壱段　内廿代河成、半天役在之、　定米壱斗　　同人
あをう田
一所壱段定銭弐百文在之、天役無之、　　同人
くほ田
一所弐反　定米弐斗八升　　北彦八郎

已上田数玖町陸段参拾五代歟、

畠地分

こはるかき
一所四段定麦五斗▒（大）麦　　成恒（氏種）雅楽助
たるかきくほはたけ
一所壱段卅代　大麦弐斗　　同人
すミかき
一所壱段廿代大麦弐斗　　同人
をかき
一所壱段大麦壱斗八升　　諫山采女正
同所
一所弐反大麦三斗二升　　成恒源左衛門尉
用作はたけ
一所壱段大麦壱斗六升　　成恒雅楽助
同所
一所壱段大麦壱斗六升　　同人
同所
一所壱段大麦壱斗八升　　成恒助六
同所
一所壱段大麦壱斗▒（捌）升　　成恒助太郎
おかき・ほうさうかき両所共ニ
一所七段大麦六斗五升 小麦三斗五升　　山本新左衛門尉
ほうさうかき
一所壱段　大麦壱斗六升　　成恒助六

同所
一所弐段大麦三斗七升　　末弘藤右衛門尉
せいなう
一所卅代大麦壱斗　　孫七分
同所
一所拾代大麦三升　　同人
かきそゑ
一所壱段大麦壱斗（異筆）「参升」　　庄屋分
ひらのはたけ
一所壱反廿代大麦弐斗五升（異筆）「弐」　　同人
ひの木はたけ
一所三段　万免不収　　増光寺領
ゑの木はたけ
一所壱段　定銭並百文　　成恒雅楽助
つしはたけ
一所廿代万免不収　　増光寺領
ちやゑんはたけ
一所拾代　万免不収　　同寺領
かくちやうはたけ
一所卅代　定銭五十文並　　成恒雅楽助
たうかくはたけ
一所廿代　定銭五十文並　　同人
たさき
一所廿代貴布禰神畠　　同人

已上畠数参町四段拾代哉、

屋敷分

一所本屋敷瑞雲寺敷地在四至限東ハ田ツケヲ、西ハ限田縁 南ハ限山道ヲ、限北田縁ヲ
一所屋敷増光寺敷地　万免不収

一所福成屋敷定銭五十文　成恒雅楽助（氏種）
一所ほきの上屋敷定銭五十文　同人
一所孫七屋敷五百文　同人
一所庄屋々敷五百文　同人
一所かつら巻屋敷五百文　山本新左衛門尉
一所屋敷西連寺敷地万免不収也、
一所屋敷彦太郎　五／三〻分百文　成恒源左衛門尉
已上
右実得時元玖段拾代幷大石寺壱町七段田畠屋敷等坪付之事、諸神諸仏モ御照覧候江、此外一歩拾代モ不存知候、仍坪付如件、
大永参癸未年十二月十日　成恒雅楽助　氏種（花押）
通津又五郎　頼勝（花押）
吉見備中守殿（弘頼）
○現状は料紙の継ぎ方に誤りがあるので、錯簡を正した。また、紙継目裏ごとに成恒氏種の花押がある。

○一七六九　杉興長吹挙状　○上座坊文書

上座坊一座衆対興長（杉）目安状之事、神代四郎左衛門尉（興総）所遣候処、彼文章違目候之由、対興長（杉）従興総（神代）壱通候之条、封裏上進候、右数通同前可有御披露候、恐々謹言、
（大永三年カ）十二月十二日　興長（花押）
杉兵庫助殿（興重）
野田主殿允殿（護所）
雑賀善左衛門尉殿
神代但馬守殿（武総）

○一七七〇　大内氏家臣連署奉書（切紙）　○乃美家文書

（封紙ウハ書）
「瀬戸兵部少輔殿　陶九郎
杉彦七
持長」
去七日至呉西芸州（小早川弘平）御動之時、別而御馳走之由陶尾張守（興房）注進之旨令披露候、尤神妙之由得其心能々可申之由候、恐々謹言、

（大永三年カ）十二月十九日　隆重（杉）（花押）
　　　　　　　　　　　　　持長（陶）（花押）
瀬戸兵部少輔殿

〇一七七一　陶興房書状（切紙）　〇乃美家文書

（封紙ウハ書）
「乃美兵部少輔殿　進之候　陶　興房」

今度□動趣慥遂注進候、仍以□（陶）九郎（持長）・杉彦七（隆重）加判申候、其已後不能御左右候、従芸州任（小早川弘平）□衆多分上進申候、□可任御指南候由申与候、呉□共上進之候、定□（可申）談候哉、南上野介□預進候、少所御入□候□御隙不可入候条、毎事彼帰参之時可申述候、山口よりの一通先届進之候、恐々謹言、

（大永三年カ）十二月廿七日　興房（花押）

乃美兵部少輔殿
　進之候

大永四年（西紀一五二四）

〇一七七二　大内氏家臣連署奉書写　〇萩藩譜録山県弥三左衛門朝次

当国（筑前国）糟屋郡坂戸村拾五石地・穂波郡河津村参石足等事、任今日大永四正廿一御下文之旨、云下地之（云）土貢、対市木与三左衛門尉長家代可被打渡之由、所被仰出也、仍執達如件、

大永四年正月廿一日　左衛門尉（岡部興景）
　　　　　　　　　　備中守（吉見弘頼）
　　　　　　　　　　兵庫助（杉興重）

杉弾正忠殿（興運）

○一七七三　大内氏家臣連署奉書写　○萩藩譜録山県弥三左衛門朝次

舎兄藤左衛門尉（市来）宣家所帯事、被成下御判畢、就其天野方（興定）知行分東西条内原村八拾貫足地事、済物以下致取沙汰、於下地職者如宣家（市来）時以御下知可相拘由、任言上之旨被成御心得之由、所被仰出也、仍執達如件、

大永四年正月廿一日　　兵庫助（杉興重）

散位（陶持長）

市来与三左衛門尉殿（長家）

○一七七四　興隆寺修二月会頭役差文　○興隆寺文書

差定

氷上山興隆寺修二月会大頭役事

明年大頭　杉勘解由左衛門尉平興道

脇頭　筑前国早良郡

三頭　同　国遠賀郡

右所差定之状如件、

大永三年二月十三日

従三位行左京大夫多多良朝臣義興（大内）（花押）

○一七七五　大内義興定書　○中村家文書

二月会大頭役置物拾種塗弓拾張・白木拾張鹿皮拾枚除之事、有子細以万疋所定置也、至自今以後不可有相違之状如件、

大永三年二月十三日

左京大夫（大内義興）（花押）

○一七七六　陶興房書状　○浅野忠允氏旧蔵厳島文書『広島県史』

就御祭礼料幷御神馬飼口等之儀、先度以御状令注進候、仍奉書如此候、委細社人難波七郎次郎可申候、恐々謹言、

二月廿日（大永四年カ）

興房（花押）

弘中越後守殿（武長）

「（第二紙切封ウハ書）（墨引）　陶

弘中越後守殿　興房」

○一七七七　大内氏家臣連署奉書　○日置八幡宮文書

長門国大津郡日置庄　八幡両社太宮司職事、　御代々御下
知状并去年（大永）三四月十九日父道種譲与之状等、遂披露被成
御心得畢、仍御祈禱社役公役等、守先例無怠慢致其沙汰、
相続不可有相違之由、依仰執達如件、

大永四年二月卅日　（岡部興景）左衛門尉（花押）
（陶持長）散　位（花押）

（重次カ）高山市若殿

○一七七八　大内氏家臣連署奉書　○檜垣文庫西郷家文書

去廿日至筑前国（穂波郡）大分村動之時、（西郷）固家被官伊田内蔵允馳向、
所楯籠之凶徒等追討之時、馳走之次第、右田下野守注進状
令披露畢、尤神妙之由、所被仰出之状如件、

大永四年二月卅日　（吉見弘頼）備中守（花押）
（杉興重）兵庫助（花押）

西郷新三郎（固家）殿

○一七七九　陶興房書状（切紙）　○乃美家文書

（端裏切封）「（墨引）」

就能美兵庫助方儀度々承候、於身更不存等閑候、仍□□（委細）□
□□脇新左衛門尉ニ申含候、以其上重々可申承候、恐々謹
言、

大永四
三月九日　興房（花押）

乃美兵部少輔殿
進之候

○一七八〇　陶興房書状（切紙）　○乃美家文書

（封紙ウハ書）「
（端裏切封）「（墨引）」
小早川安芸守殿御宿所　陶尾張守
興房」

就御被官能美兵庫助方之儀、度々示預候、雖同名之者共申
子細候、堅固申付候、然上者可有帰島之条可然候、猶期後
信候、恐々謹言、

（押紙）[大永四]
三月十八日　興房（花押）

小早川（弘平）安芸守殿
御宿所

〇一七八一　陶興房書状（切紙）　〇乃美家文書

「（封紙ウハ書）
乃美兵部少輔殿
進之候　　陶
　　　　　興房」

「（端裏墨引）（切封）」

就能美兵庫助方之儀度々承候、雖同名之者共申子細候、頻加意見候、然間早々可有帰島之条可然候、委細脇新左衛門尉可申候、恐々謹言、

（大永四年）三月十八日　　興房（花押）

乃美兵部少輔殿
進之候

〇一七八二　肥留景忠書状（切紙）　〇乃美家文書

「（封紙ウハ書）
乃美兵部少輔殿
進覧候　　肥留惣右衛門尉
　　　　　景忠」

就能美兵庫助方之儀、態脇新左衛門尉方令進上候、委細趣彼方可被申候、仍而此内能美縫殿允（仲次）被官しふ屋と申仁、両人事者、只今彼縫殿允（能美仲次）是より預置候間、兵庫（能美）方御異見候て、於同心者可為目出候、弐百目之畠にて候由被申候、此度之儀者諸事承候迄を以申調候、於心中不存無沙汰候、委細彼（脇）新左衛門方可被申候事候、恐々謹言、

（大永四年）三月十八日　　景忠（花押）

乃美兵部少輔殿まいる
御宿所

〇一七八三　波多野重郷譲状写　〇萩藩閥閲録　波多野源七

上書ニ
「園千代江譲与状　大永四　四十七」

（波多野）重郷一跡事譲与者也、然者御判前令知行、奉公不可有油断事可為肝要之、所々坪付別紙在之、仍譲状如件、

大永四年四月十七日　　重郷　判

波多野園千代殿

右之裏ニ
此前遂披露御領納畢、

大永七
十二月廿三日　正頼(吉見)　判
　　　　　　　興重(杉)　判

○一七八四　大内氏家臣連署奉書写　○永田秘録安富家証文

親父大蔵丞弘季(安富)給恩地周防国都濃郡河内郷公文名拾五石地・同国熊毛郡新屋河内三拾石地・同国佐波郡日坂根三拾石地・長門国豊西郡富任五拾石地・筑前国那珂郡下日佐三拾町地等事、有子細、去年三(大永)以来雖被押置、興宗(安富)別而奉公勲厚之条、為新給被返下訖、然上者、不及弘季(安富)沽劫質券之沙汰被全知行、弥馳走可為肝要之由所被仰出也、仍執達如件、

大永四年卯月廿六日　隼人佐(沼間興国)（花押影）
　　　　　　　　　　左衛門尉(岡部興景)（花押影）
　　　　　　　　　　備中守(吉見弘頼)（花押影）

安富源三殿(興宗)

上包

安富源三郎〔殿脱〕　隼人佐興国

○一七八五　大内義興袖判宛行状写　○永田秘録安富家証文

（花押影）(大内義興)

親父大蔵丞弘季(安富)給恩地周防国佐波郡日坂根三拾石地・同国都濃郡河内郷公文名拾五石地・同国熊毛郡新屋河内三拾石地・長門国豊西郡富任五拾石地・筑前国那珂郡下日佐三拾町地等事、有子細、去年参(大永)以来雖押置、興宗(安富)奉公□(勲)厚之条、為新給所充行也者、早守先例可全領知之状如件、

大永四年卯月廿八日〔六カ〕

安富源三郎殿(興宗)

○一七八六　大内氏家臣連署奉書　○上座坊文書

「(第二紙切封ウハ書カ)
（墨引）　野田兵部小輔
　　　　　神代但馬守
上座坊　　　　　　興方」

天満宮秣田愁訴之事、去年杉兵庫助(興重)如以奉書申候、当時御
弓矢之砌候之条、静謐之時可被申之由候、恐々謹言、

(異筆)「大永四年」
五月三日　　　　　　武総(神代)（花押）
　　　　　　　　　　興方(野田)（花押）

上座坊

〇一七八七　宗像正氏合戦手負注文　〇宗像大社文書

於芸州大野(佐西郡)城誥(詰)口手負人数

石疵三ヶ所　吉田右馬允　同下人弐人
石疵二ヶ所　栗田助七
石疵手　須藤新兵衛尉
石疵二ヶ所　岡松平次郎
石疵片腹　吉田藤五郎
石疵頸　許斐新右衛門尉　同下人一人
石疵肩　花田与次郎　同下人弐人
石疵足　綾戸神五郎
石疵頸　寺内主殿助　同下人三人
石疵頸　廏彦七郎

以上

大永四年五月十一日　　宗像四郎
　　　　　　　　　　　正氏（花押）
陶尾張守(興房)殿

〇一七八八　麻生興春合戦手負注文写　〇吉田ツヤ家文書『宗像市史』

(大内義興)
龍雲院殿御判在
(異筆)「十二月十七日□□」
於芸州大野(佐西郡)要害水手　大永四 五月六日
　被疵人数着到
(異筆)「十二月十八日□□」

矢俣助七郎　矢疵二ヶ所
上領彦七郎　矢疵二ヶ所
豊福藤三郎　矢疵一ヶ所

菊武新九郎　矢疵一ヶ所
於要害山手攻口岸　五月八日
被疵人数着到
永留平右衛門尉　矢疵一ヶ所
野生右馬助　矢疵一ヶ所
井野口源十郎　石疵二ヶ所
菊武新九郎　矢一ヶ所　石二ヶ所
今津清兵衛尉　矢疵一ヶ所
藤田神五郎　石疵二ヶ所
於要害攻口屛涯（ママ）　五月十一日
被疵人数着到
武藤大膳進　矢一ヶ所　石二ヶ所
江内田源兵衛尉　矢疵二ヶ所
国分□（大）膳進　矢疵一ヶ所
花田助二郎　矢疵一ヶ所
佐藤六郎左衛門尉　石二ヶ所
綾戸助左衛門尉　矢一ヶ所　石二ヶ所

土超向法　矢一ヶ所
討死
松緒弥四郎
中間
唐瀬七郎左衛門　石疵一ヶ所
次郎三郎　石疵一ヶ所
古井次郎三郎　石二ヶ所
武藤大膳進悴者
江口与三　矢一ヶ所　石一ヶ所
同大膳進下人
八郎右衛門　石疵二ヶ所
麻生鶴松　人数被疵　注文
（大永四年）五月十一日　麻生上野介興春　在判
陶尾張守（興房）殿

〇一七八九　佐田盛理送状　〇永弘家文書

（端裏書）「正文六通」
送進秡銭之事
合壱貫文者清銭

右、為下宮仮殿皆造秡料五百文・同竈殿上葺皆造秡料五百
文、所令送進如件、
大永四年五月十一日　佐田藤左衛門尉
盛理（花押）

○一七九〇　陶興房感状（切紙）　○加藤家文書

去六日於芸州大野（佐西郡）要害詰口、被疵矢疵一ヶ所右ノ足之条、最神妙
感悦之至也、軍忠之状備上覧之、被加袖
御判畢、弥可抽忠節之状如件、
大永四年五月十三日
尾張守（陶興房）（花押）
賀藤将監殿

○一七九一　大内義興禁制　○周防国分寺文書

禁制　国分寺
右軍勢甲乙人等乱妨狼藉事、堅令停止畢、若有違背之族者
可処厳科者也、仍下知如件、
大永四年五月廿三日
従三位行左京大夫多々良朝臣（大内義興）（花押）

○一七九二　大内義興寄進状　○厳島神社文書御判物帖

奉寄進
厳島大明神御宝前
御剣一腰　持
御馬一疋　葦毛
右所奉寄進之状如件、
大永三年五月廿三日
従三位行左京大夫多（大内）多良朝臣義興敬白（裏花押）

○一七九三　大内義興書状写　○萩藩閥閲録周布吉兵衛

「拝見大永四年六月五日
周布彦次郎殿　義興」
三隅（興兼）与福屋和睦之儀、対益田（宗兼）染筆候処、依御調法両人会合
之由高橋助三郎申候、尤可然候、尚委細神代但馬守（武総）可申候、
恐々謹言、

（大永四年）五月晦日　　義興　判

周布（武兼）彦次郎殿

○一七九四　周防国衙候人連署借用状案　○上司家文書

（端裏書）「岡部与四郎方へ借状案文」

借用申米事

合拾五石定

右国領湯田保（周防国吉敷郡）内公文名拾石三斗壱合鳳山拘幷弐石六斗五升
南野縫殿允拘分土貢事、彼米仁相当分、以六利散用可有御
知行候、彼両人拘分事、対国庁如在之仁候之間、此度下地
を有改易、従来作別人可被仰付候、如此質物申上者、不可
有聊所（爾）之儀候、右子細慥目代江遂披露申候、領掌之上者聊
不可有余儀候、仍為後日証文如件、

大永四年六月三日

保司中島四郎左衛門尉　盛家　在判

得富右馬助　房資

上司主殿允　資和

得富雅楽允　貞明

得富中務丞　興資

岡部与四郎殿

○一七九五　大内氏家臣連署奉書写　○大内氏実録土代安富恕兵衛

去年（大永三）以来令随逐弘中々務丞（興兼）、於草津（安芸国佐西郡）于今在城誠神妙之
旨、先以得其心能々可申之由候、弥忠節肝要候、恐々謹言、

（大永四年）六月七日　（神代）武総　判

（野田）興方　同

光井（兼種）三郎次郎殿

○一七九六　大内氏家臣連署奉書　○防府天満宮文書

対松崎坊中諸篇御尋之処、御神事方其外坊領以下沽却子細
等言上畢、仍寺社領買得事者、為御代々御法度堅被停止者
也、然者急度対売主可返付之、若於背此旨輩者、一途可被
仰付之由、依仰執達如件、

大永四年六月七日

（吉見弘頼）備中守（花押）

（野田興方）兵部少輔（花押）

大専坊

○一七九七　大内氏家臣連署奉書　○西林坊文書『防府市史』

対松崎坊中諸篇御尋之処、御神事方其外坊領以下沽却子細等言上畢、仍寺社領買得事者、為御代々御法度堅被停止者也、然者急度対売主可返付之、若於背此旨輩者、一途可被仰付之由、依仰執達如件、

大永四年六月七日

（吉見弘頼）備中守（花押）

（野田興方）兵部少輔（花押）

西林坊

○一七九八　大内氏家臣連署奉書　○防府天満宮文書

（周防国佐波郡）宮市津料事、従前々当坊受用候之処、近年無其実之由言上之通致披露候、往古以来進止上者、今以可為同前候条、任其例可被申付之由候、恐々謹言、

（大永四年）六月八日

（吉見）弘頼（花押）

（野田）興方（花押）

大専坊

○一七九九　大内氏家臣連署奉書　○防府天満宮文書

（周防国佐波郡）防府宮市同目代事、可為当坊計之由、去文明十年十二月十一日相良遠江守正任奉書遂披露訖、仍当目代木工允事、対寺家条々不儀之由言上之上者、被改易彼職者也、至自今以後者可被任寺命之由、所被仰出也、仍執達如件、

大永四年六月十日

（吉見弘頼）備中守（花押）

（野田興方）兵部少輔（花押）

松崎

大専坊

○一八〇〇　大内氏家臣連署奉書　○防府天満宮文書

（第二紙切封ウハ書カ）「（墨引）

野田兵部少輔

吉見備中守

松崎　大専坊　　興方」

松崎天満宮諸人寄進御神馬事、往古以来宮政所与当坊隔番に被受用之由候、宮政所事、山口政所存知之上者公領同篇候、然者従　御屋形（大内氏）御進宮分事者、雖為何ヶ度当坊可為受用候、自余神馬事者、隔番に可有受用之由候、恐々謹言、

六月十日（大永四年）　　弘頼（吉見）（花押）

興方（野田）（花押）

松崎

大専坊

〇一八〇一　陶興房書状（切紙）　○三分一家文書

去九日於浅原（安芸国佐西郡）村合戦時、親新左衛門討死候由、成君寺注進之趣披見候、尤神妙之至候、委細遂注進了、弥忠節可為専条肝要候、恐々謹言、

六月十三日（大永四年カ）　　興房（花押）

三分一

左衛門九郎殿

（封紙ウハ書）「三分一

左衛門九郎殿　　興房」

〇一八〇二　陶興房書状（切紙）　○助藤家文書

（端裏切封）「（墨引）」

去九日於浅原（安芸国佐西郡）村合戦之時、被矢疵之由、成君寺注進之趣披見候、尤神妙之至候、委細遂注進了、弥忠節可為専候条肝要候也、恐々謹言、

六月十三日（大永四年カ）　　興房（花押）

助遠右馬大郎殿

（封紙ウハ書）「助遠右馬大郎殿　　興房」

〇一八〇三　大内義興安堵状　○持世寺文書

長門国厚東郡持世寺住持職事、任去廿六日前住永淳譲与之状之旨、云寺家云寺領執務不可有相違之状如件、

大永四年六月廿八日

左京大夫（大内義興）（花押）

信賢大徳

○一八〇四　大内義興安堵状写△　○弘済寺文書

周防国白松(吉敷郡)弘済鎮国寺住持職事、任去廿六日前住永淳譲与之状之旨、云寺家云古尾社領云寺領云執務不可有相違之状如件、

大永四年
六月廿八日　左京太夫(大内義興)　判

信賢大徳

○一八〇五　伊賀守外二名連署奉書　○藤井家文書

官途事、依望被任神兵衛者也、仍執達如件、

大永四年七月十九日　刑部丞（花押）
修理進（花押）
伊賀守（花押）

(長門国豊西郡)中畑村
弥五郎男

○一八〇六　仁保興奉合戦手負注文　○三浦家文書

「(証判)一見候了、(大内義興)（花押）」

於大永四年七月廿五日芸州東山北面(佐西郡)虎口水之手被疵人数註文

笠井源七　鑓仕石疵一ヶ所左腕
下人孫衛門矢疵一ヶ所左腕
三浦平三　鑓仕石疵一ヶ所腰
下人助六矢疵一ヶ所左肩

以上

於同廿九日同口

笠井源七　鑓仕石疵一ヶ所右腨
三浦縫殿允　鑓仕鑓疵一ヶ所左手
石疵一ヶ所額
恒富又次郎　鑓仕矢疵一ヶ所喉
鑓疵一ヶ所左腕
三浦平三　石疵一ヶ所右腨
多賀谷孫四郎　矢疵一ヶ所右腕
吉田新九郎被官
木村弥六　鑓仕

以上

同年八月十日　仁保大(太)郎
興奉上（裏花押）

陶尾張守(興房)殿

○一八〇七　仁保興奉合戦手負注文　○三浦家文書

（証判）「一見候了、（花押）（大内義興）」

於大永四年七月□□□□□（廿五日芸州）東山（佐西郡）北面虎口水之手被疵人数註文

白松主税允　矢疵一ヶ所左腕
　下人弥三郎矢疵一ヶ所左膝
丹下弥七郎　矢疵一ヶ所左肩
中間　衛門次郎矢疵一ヶ所左股

以上

於同廿九日同口

竹下左馬助　鑓仕
阿武内蔵丞　鑓仕
吉富新蔵人　石疵一ヶ所左頬
山本大膳進　石疵一ヶ所頂
正垣内右京進　矢疵一ヶ所左腨
蒲生平四郎　矢疵一ヶ所右腨
阿武助五郎　矢疵一ヶ所右腕
白松主税允　矢疵一ヶ所右肩
丹下弥七郎　石疵一ヶ所左肩
渡辺源三郎　石疵一ヶ所左肩
中間　八郎左衛門石疵一ヶ所右腨
同　孫衛門　矢疵一ヶ所筒
同　万三郎　石疵一ヶ所左腨

以上

於八月十一日同北面

竹下左馬助石疵二ヶ所左足同肱
吉富新蔵人矢疵一ヶ所左肩

以上

同年八月十二日　仁保大（太）郎
興奉上（裏花押）

陶尾張守（興房）殿

○一八〇八　内藤興盛合戦手負注文写　○萩藩譜録神田八郎左衛門信治

一見候了、　御判（大内義興）

於芸州桜尾（佐西郡）要害麓木屋床合戦大永四七時、興此間しみ切候捕太刀討

幷被疵人数注文

頸一　神田内蔵丞　分捕

太刀討

松本弥太郎矢疵一ヶ所　勝間田右馬丞（春実カ）僕従花野新兵衛尉鑓疵一ヶ所

同日有証人射能矢衆

藤井小三郎　石川又次郎

阿武平五郎　美和又四郎

脇次郎三郎　山崎源七

同廿六日於桜尾麓野伏之時被矢疵衆

久行小五郎矢疵一ヶ所　美和又四郎矢疵一ヶ所

脇次郎三郎矢疵一ヶ所　山田左馬允矢疵一ヶ所

同廿七日於同所野伏之時被矢疵衆

波多野弥三郎矢疵一ヶ所　土屋源三郎矢疵一ヶ所

檜垣七郎次郎矢疵一ヶ所　阿武平五郎矢疵一ヶ所

山崎源七矢疵一ヶ所　陣僧正玉矢疵一ヶ所

同廿八日於同所野伏之時被矢疵衆

神田内蔵丞矢疵三ヶ所　吉松治部丞矢疵一ヶ所

美和又四郎矢疵一ヶ所　小野彦五郎矢疵一ヶ所

山田左馬允矢疵一ヶ所　宇佐美助左衛門尉矢疵一ヶ所

藤井小三郎僕従次郎三郎矢疵一ヶ所

同廿九日桜尾西表水之手切執時着岸推鑓衆之事

勝間田与一（盛家）　勝間田右馬丞

南野蔵人　太坂与三左衛門尉

久行民部丞　矢野次郎

久行弥五郎　石川又次郎

同日有証人射能矢衆

勝間田太郎左衛門尉　鬼武六郎

藤井小三郎

同日被疵人数之事

勝間田与一矢疵一ヶ所石当　同僕従六人宗岡善五郎矢疵一ヶ所石津平十郎矢疵一ヶ所源次郎矢疵一ヶ所与五郎矢疵一ヶ所与三郎矢疵一ヶ所与四郎矢疵一ヶ所

勝間田右馬允一当石　同僕従一人花野新兵衛尉矢疵一ヶ所

南野蔵人矢疵一ヶ所同僕従四人阿武七郎左衛門尉矢疵一ヶ所藤三郎矢疵一ヶ所

新三郎矢疵一ヶ所　弟矢疵□□所
南野備前守矢疵二ヶ所　同僕従一人孫七矢疵一ヶ所
勝間田太郎左衛門尉矢疵一ヶ所当石　南野九郎矢疵一ヶ所
安座上藤次郎矢疵一ヶ所　警固屋式部丞矢疵一ヶ所当石
南野新兵衛尉鑓疵一ヶ所矢疵一ヶ所　久行民部丞矢疵一ヶ所
山本新四郎矢疵一ヶ所　太坂与三左衛門尉当石
同僕孫七郎矢疵一ヶ所
矢野次郎矢疵一ヶ所　石川六郎当石
渡辺惣右衛門尉矢疵二ヶ所　石川治部丞当石
浅海修理進当石　山本弥六当石
原田図書允矢疵一ヶ所　檜垣与一右衛門尉当石
進藤神右衛門尉当石　脇次郎三郎矢疵一ヶ所
野上小三郎矢疵　山本木工允当石
森又三郎矢疵一ヶ所　檜垣新六当石
原源太郎矢疵一ヶ所　町田孫次郎矢疵一ヶ所
普喜次郎三郎矢疵一ヶ所　宇佐美助左衛門尉矢疵一ヶ所
能美弥三郎矢疵一ヶ所

僕従
三郎左衛門矢疵二ヶ所　与三左衛門当石
源四郎当石　小四郎当石
同八月十一日於桜尾麓野伏之時被疵衆
中村惣次郎矢疵二ヶ所　森又三郎矢疵二ヶ所
大永四年八月十二日　内藤弾正忠興盛 書判
陶尾張守（興房）殿

〇一八〇九　岡部興景書状　〇防府天満宮文書

来十月　当社御祭礼之時、作物台車事悉焼失候、就其当役之儀乗福寺大工新兵衛存知仕候処、彼調迷惑之由候、然者於宮山松木一本申請度之由興景（岡部）迄申候、可為如何候哉、一本採用仕之様御領納候者可目出候、且者又社用にも候歟、前々車木朽損候へハ、於当社山木一本給候て致其調候へ共、近年者各頭人自分以了簡相調之由申候、今以雖其覚悟候、悉車失却候之間、如此懇望候、併不准例儀候間、被成御心得候者肝要候、恐々謹言、

〔異筆〕
「大永四」八月廿三日　　興景（花押）
松崎〔専〕
大泉坊御同宿御中

〇一八一〇　大内氏家臣連署禁制写　〇辛未紀行

禁制　　洞雲寺

右、諸軍勢甲乙人等濫〔妨〕望狼藉幷山野竹木採用事、堅加制止、若於有令犯族者、可被処厳科者也、仍下知如件、

大永四年八月日

（飯田興秀）大炊助　在判
（杉興道カ）左衛門尉　同
（杉興重）兵庫助　同
（内藤興盛）弾正忠　同
（杉重清）伯耆守　同
（陶持長）散位　同
（陶興房）尾張守　同

〇一八一一　大内義興寄進状写　〇石清水文書

奉寄進
男山八幡御宝前
御剣一腰
右所奉寄進之状如件、

大永三年十一月五日
従三位行左京大夫多多良朝臣義興敬白
（花押影）

〇一八一二　大内義興定書　〇興隆寺文書

氷上山修二月会大頭事、為大役之条、依其人或令沽却所帯、或入置家財於質券、依勤神役極無力、果而令懈怠武役之条、太以不可然、所詮至自今以後者、令差文頂戴者、古今質物幷沽却地等事、悉本主可令進止之、縦雖載堅約之詞於借状不可立、但於差文頂戴以後之借物者、厳重可有其沙汰、仍所定置之状如件、

大永四年十一月十三日　　（大内義興）（花押）

○一八一三　神代武総書状写　○青柳種信関係資料

就快澄・快雅〔昌宝坊〕□於于今不□〔及カ〕是非候、快澄事
□貴院事、快竹已来別而申承□御傷心可申承
事可□〔為カ〕□〔不可カ〕有疎意候、年内無□〔余カ〕改年早々□、
尚委細勝善坊可被申候、恐々謹言、

大永四
十二月廿二日　神代但馬守
武総

満盛院快誾　尊報
まいる

○一八一四　杉興長書状写　○青柳種信関係資料

就昌宝坊快雅刃傷快澄他出之由候、彼題目兼□〔而カ〕依有見聞之
子細、非無其理歟、雖然社役法躰之上、如斯之所行非本意
候哉、右之災殃近代恣構自由、依被令緩怠所□也、自今已
後清浄結日ヲ社役可被勤、以前満盛院快竹由緒快誾〔満盛院〕可有院
務事肝要候、至後代弥法度専一ニ候、此等之次□各開陳之
時具ニ可達□〔重カ〕〔大村カ〕継候、恐々謹□〔言〕、

大永四
十二月廿三日　□□〔杉 豊カ〕後守
興□〔長カ〕

満盛院
□□答

○一八一五　大内氏家臣連署定書案　○永弘家文書

「□出候在□立□候間、依差儀本
□有合皆免出挙利銭共ニ天下一同之徳政にて候間、若
此前承引候ハて当年より催促仕被申候ハ、、地下之無力人
押懸可打破候、仍所定如件、

大永四年十二月廿八日

面々在判
陶殿〔興房〕
伯州〔杉重清〕
吉見殿〔弘頼カ〕
阿阿殿
陶九郎殿〔持長〕
杉兵□殿

□との
□判在之

大永五年（西紀一五二五）

〇一八一六　大内義興安堵状写△〇中領八幡宮文書

周防国吉敷郡椹野庄中領　八幡宮司職神主事、任去永正十
五年九月廿八日裁許之旨、求馬領掌不可有相違之状如件、
　大永五年二月九日
　　左京大夫（大内義興）（花押影）

〇一八一七　興隆寺修二月会頭役差文〇興隆寺文書

差定
　氷上山興隆寺修二月会大頭役事
明年大頭　山田七郎兵衛尉藤原興成
　脇頭　筑前国那珂郡
三頭　同国上座郡
右所差定之状如件、
　大永五年二月十三日
　　従三位多々良朝臣義興（大内）（花押）

〇一八一八　波多野清継安堵状写〇防長風土注進案能満寺

（長門国大津郡）俵山小野名之内岡垣内客神田之事、諸祭大儀之由当作人申
候間、彼下地御拘候て御祭之儀可有取沙汰候、殊御社寺中
仁御座候事候間如此申談候、於以後相違なく可有御存知、
次彼社及大破候之由申候、是又無御油断可被仰付事肝要候、
仍一筆如件、
　大永五年
　二月十六日　　伴田中次郎代波多野主計允
　　　　清継（花押影）
　能満寺
　　御同宿中

〇一八一九　大内氏家臣連署奉書案〇石清水文書

八　御打渡之御奉書案文
　　給重郷
親父大膳進（隅田）興秀一跡事、被成続目御判畢、然者興秀当知行

筑前国早良郡次郎丸名・糟屋郡西郷預所并筥崎敷地等事、任本家補任之旨、以前被成御裁許之上者、無他妨進止不可有相違之由所被仰出也、仍執達如件、

大永五年三月七日

兵庫助（杉興重） 在判

兵部少輔（野田興方） 在判

隅田多門法師殿（重郷）

〇一八二〇 陶興房書状写 〇萩藩閥閲録粟屋縫殿

今度少輔次郎殿（毛利元就）以無二之儀御現形候、併各入魂所致候、既馳上事候之条、最前遂面談可申承候、仍以奉書申候、弥御忠節此時候、委細又直令啓候之趣、猶志道上野介（広良）方可被申候、恐々謹言、

（大永五年）三月廿一日　興房 判

粟屋備前守（元秀）殿 進之候

〇一八二一 陶興房書状写 〇萩藩閥閲録井上善兵衛

今度少輔次郎殿（毛利元就）以無二之儀御現形候、併各入魂所致候、既馳上事候之条、最前遂面談可申承候、弥御忠節此時候、猶志道上野介（広良）方可被申候、恐々謹言、

（大永五年）三月廿一日　興房 判

井上七郎三郎（元貞）殿 進之候

〇一八二二 大内義興袖判下文写 〇萩藩譜録福島九郎右衛門知氏

義興公ノ御判

下　福島右京進親長

可令早領知長門国厚東郡万倉郷内拾五石杉四郎興安跡・豊前国京都郡屋山村内拾五石神代刑部丞興元跡地等事

右今度芸州陣中馳走神妙之条、為忠賞所充行也者、早守先例全領知弥可抽勲功之状如件、

大永五年三月廿三日

写

○一八二三　内藤興盛遵行状写　○萩藩閥閲録福島幾次郎

長門国厚東郡万倉郷内拾五石杉四郎興安跡地之事、被宛下福島右京進親長畢者、任今日大永五三廿三御下文之旨、右地於厳重仁対（福島）親長代、可被打渡之状如件、

大永五年三月廿三日　　内藤興盛也　弾正忠　判

（盛家）勝間田与一殿

○一八二四　勝間田盛家打渡状写　○萩藩譜録福島九郎右衛門知氏

長門国厚東郡万倉郷内拾五石杉興安跡地之事、被充遣福島右京進親長方訖者、任今日大永五三廿三御奉書幷御遵行旨、右地之事、如先例対親長方代慥可打渡之状如件、

大永五

三月廿三日　　盛家　判

郡次郎左衛門尉殿

一見了、義興ノ判

○一八二五　沓屋勝範軍忠状写　○萩藩閥閲録差出原本沓屋勝八

従大永三八月一日、五枚帆壱艘相船、沓屋源四郎通種・小野山十郎富縄馳走仕令乗船、至（大）太永四九月十四日手負次第

大永四七月廿五日於（安芸国佐西郡）東山攻口

自身矢疵右ノ臑

以上

右自身如此候、此等之趣対陶尾州（興房）雖可申候、当座御警固御裁判之儀御奉り候条、注申旨可被達　上聞候、軍忠状如件、

大永五年三月廿三日　　沓屋源太郎　勝範　判

（武長）弘中越後守殿

○一八二六　陶興房書状（切紙）　○乃美家文書

（封紙ウハ書）「乃美兵部少輔殿　進之候　陶　興房」

昨日六御注進状到来候、仍去五日千束（安芸国安南郡）要害被取付、地下悉令放火、□（至カ）大歳山切岸被相動候之段、則至宮島遂注進候、

申談候筋目無相違御馳走、御忠節之至候、弥御心得肝要候、
此面之儀、五□（六）両日令渡海候、矢野郷（安芸国安南郡）悉以放火候、敵一人
不出合候、自吉田志道上野介（広良）罷出候、相談最中ニ候、動之
儀不可遅々候、何様自□勝利切々可申承候、恐々謹言、

（押紙）大永五就呉面働
四月七日　　興房（花押）

乃美備前守殿
御報

○一八二七　大内氏家臣連署奉書（切紙）　○乃美家文書

「（封紙ウハ書）
野田兵部少輔
杉　兵　庫　助
陶尾張守殿　　興重」

乃美備前守注進状致披露候、仍去五日呉千束要害（安芸国安南郡）即時取誘、
地下悉令放火、至大歳山相動之由候、被成御心得候、乃美
馳走之次第、呉衆見注進状候、尤神妙之由被仰出候、此方
へ直にも注進候、被得其心能々可被申由候、恐々謹言、

（押紙）対乃美大永五
四月十日　　興重（杉）（花押）
興方（野田）（花押）

陶尾張守殿（興房）

○一八二八　大内氏家臣連署奉書（切紙）　○乃美家文書

「（封紙ウハ書）
野田兵部少輔
杉　兵　庫　助
乃美備前守殿　　興重」

「（端裏切封）（墨引）」

去五日呉千束要害（安芸国安南郡）即時被取誘、地下悉令放火、至大歳山被
相動之由注進状令披露候、御馳走之次第、委細従陶（興房）所可申
之由候、恐々謹言、

（押紙）大永五就呉保働
四月十日　　興重（杉）（花押）
興方（野田）（花押）

乃美備前守殿

○一八二九 大内義興安堵状写 ○防長風土注進案正現寺

長門国美禰郡長田村万勝寺住持職之事、所令裁許也者、早守先例、云寺家云寺領、執務領掌不可有相違之状如件、

大永五年五月五日 左京大夫（大内義興） 判

禅薫侍者

○一八三〇 大内義興書状写 ○毛利家文書

（端裏書）「深川事之御書」

（安芸国安北郡）深川下分之事、上分同前ニ可有御知行候、猶興房（陶）可申候、恐々謹言、

（大永五年カ）六月二日 義興 御判

毛利少輔次郎殿（元就）

○一八三一 大内義興袖判下文 ○山野井家文書

（大内義興）（花押）

下 能美縫殿允仲次

可令早領知安芸国能美島（佐西郡）中村内拾六石地 能美左近将監先知行事

右今度芸州忩劇、最前以来別而奔走神妙之条、為勧賞所充行也者、早守先例全領知、弥可励忠切（節）之状如件、

大永五年六月十三日

○一八三二 天野興定起請文案 ○右田毛利家文書

（端裏書）「案文」

謹而言上候、抑拙者進退之事、国之旁々以調法無緩怠之通得尊意候処、被分聞食候之段、誠以忝畏入候、仍悴家幷領地当知行分無相違案堵（安）之旨、目出畏入候、就中当要害（安芸国米山城）無別儀進置候、然上者対御屋形様（大内義興）、至興定子々孫々、別意緩怠を不可存候、弥可抽忠節候、若此旨為偽者、梵天帝釈四大天王、惣而日本六十余州大小神祇、殊者八幡大菩薩・厳島両大明神・天満大自在天神部類眷属神罰冥罰可罷蒙者也、仍契盟之状（起請文）ゥ如件、

大永五年
六月廿六日 天野民部太輔 興定

謹上伊香賀壱岐守殿

〇一八三三　大内義興書状（切紙）　〇多賀谷家文書

就野間彦四郎懇望之儀調之由、陶尾張守（興房）注進候、尤神妙候、
弥忠節可為肝要候、恐々謹言、
（大永五年カ）六月廿八日　　義興（花押）
多賀谷宮内少輔殿

〇一八三四　大内義興寄進状　〇新出厳島文書

奉寄進
厳島大明神御宝前
太刀一腰　長光
右、所奉寄進之状如件、
大永五年七月七日　（大内義興）（裏花押）
従三位行左京大夫多々良朝臣義興敬白

〇一八三五　天野興定合戦手負注文（切紙）　〇右田毛利家文書

（証判）「令一見候訖、　（大内義興）（花押）」
於芸州志芳庄（賀茂郡）奥屋矢戦大永五八六之時、興定郎徒被疵人数注文
三宅内蔵助　右乳上矢疵
天野七郎兵衛尉　右踵矢疵
財満孫次郎　左肩矢疵
三宅与三左衛門尉　左股同
三宅弥三郎　左股同
財満原六　左臑同
己斐彦七郎　左手同
三宅九郎次郎　左手指同
以上
大永五年八月七日　天野民部大輔興定（花押）
陶尾張守（興房）殿

〇一八三六　大内義興書状写△　〇毛利家文庫遠用物

今月六日芸州奥屋（賀茂郡）合戦之時、早々御出張、御一族幷家人数
輩戦功討取首三十到来、誠以御馳走之至、怡覚候、仍而陶
安房守差遣申合候、恐々謹言、

（大永五年）八月十一日　　義興　在判

天野紀伊守（元連）殿

○一八三七　大内義興書状（切紙）　○毛利家文書

去十六日於山県（安芸国山県郡）討捕頸四到来之由、陶尾張守（興房）注進候、尤可然候、弥其堺之事御調議肝要候、猶興房（陶）可申候、恐々謹言、

（大永五年）八月廿日　　義興（花押）

毛利少輔次郎（元就）殿

○一八三八　天野元連軍忠状写△　○毛利家文庫遠用物

義興ノ在判

天野紀伊守元連申、

早賜御証判欲備末代之亀鑑軍忠之事

一去月六日当国奥屋（安芸国賀茂郡）合戦之時、一族郎従蒙疵輩備左

鑓疵　左足　天野太郎次郎

　　　右肩　天野和泉守

　　　同　　天野小四郎

矢疵面　神原与一郎

左足　国府平内

右手　田中刑部丞

右足　月兵太郎

以上、証人阿曾沼中務大輔

大永五年九月二日

大内（義興）殿

○一八三九　野田興方書状案　○周防阿弥陀寺文書

国衙領重任幷阿弥陀寺領之事、自前々高除之在所候条、諸公役等不被仰付候之処、今度渡川（長門国阿武郡）御城堀人足事被相触候、前々以筋目可預御免之由雖目代被申候、当時御繁多中候之条、于今不遂披露候、然者先彼可被止催促候、窺申候、重而可申候、恐々謹言、

大永五

九月廿一日　　興方　判

阿川孫次郎（興連）殿

御宿所

（裏書）「興連（阿川）（花押）」

○一八四〇　大内氏家臣連署奉書写　○萩藩譜録吉原市兵衛延久

防州吉敷郡寺社半済之内、延命寺領壱石四斗三升三合五勺・大聖寺領参石参斗六升六合五勺・長松院領内弐斗、以上五石足事、被充下吉原新五郎畢者、早下地云当土貢云、可令知行之由所被仰出也、仍執達如件、

大永五年十月十三日　源（飯田正秀）判

左衛門尉　判

吉原新五郎（親直）殿

○一八四一　佐田泰景譲状　○佐田家文書

譲与佐田因幡守泰景一跡事

嫡子又次郎子小法師丸（朝景）

右、相副代々　御判御奉書等、手次相伝之相続不可有相違者也、但此之内於三箇別納地者、祖父以来雖被当下之、公

事足云減少、夫之壱人茂云不懃之、連々愁訴在之、可加上表之、雖然泰景（佐田）軍忠之状多々在之、替地等於申給者、可為祝着者哉、仍次男平次郎重泰（佐田）・三男瑞俊喝食以下不可存等閑之状如件、

大永五年十一月十七日　因幡守泰景（花押）

○一八四二　大内氏家臣連署奉書写　○永田秘録山形家証文

来年　氷上山修二月会歩射役事、任先例可被遂其節之由、所被仰出也、仍執達如件、

大永五年閏十一月十七日

左衛門尉（岡部興景）（花押影）

主殿允（野田護所）（花押影）

山形小五郎（隆宗カ）殿

○一八四三　大内氏家臣連署奉書案　○防府天満宮文書

（端裏書）「就宮市津料御奉書案文」

松崎宮市（周防国佐波郡）津料事、自前々大専坊受用候之処、近年無其実之由就言上、去年大永四御在符（府）之時重而　御下知之趣、同六月

八日興方(野田)・弘頼(吉見)奉書明白候之処、此内炭薪売買事、為遁其役於三田尻(周防国佐波郡)令集会之由候、於事実者以外之儀候、自兼日堅固相触之、若為違乱者急度可被遂注進候、聊以不可有緩之儀候、恐々謹言、

大永五
十二月八日　　興景(岡部)　在判
　　　　　　　護所(野田)　同

阿川孫次郎(興連)殿代

(裏書)「御奉書案文　祐雄(大専坊)（花押）」

○一八四四　大村重継書状写　○永田秘録山形家証文

其後何事御座候哉、蒙仰度候、仍来二月　氷上山歩射役事、可有参懃之由、如此御奉書候之間、御中間小太郎ニ渡進之(申イ)候、定而参着候、早々御請文可給候、従興長(杉)対重継(大村)書状為御披見案文写進候、彼御役御太(大イ)儀乍恐察存候、相当御用等可蒙仰候、恐々、(謹言イ)

(大永五年)十一[二カ]月十四日　　重継（花押影）

山形源右衛門殿
御宿所

○一八四五　大内氏家臣奉書　○周防国分寺所蔵興隆寺文書

当坊事、任前重宴対別当一筆、東坊・喜教坊・真光坊連署状幷宝浄坊・実相寺書状等之旨、被成　御判訖、然者被専修理勤行、可被抽御祈禱精誠之由所被仰出也、仍執達如件、

大永五年十二月十八日　　右京亮（花押）

氷上山心蓮坊

○一八四六　陶興房書状写　○萩藩閥閲録井上善兵衛

就世能(安芸国安南郡)面相動、任御兼約少輔次郎(毛利元就)殿可有御出張之由申入候、特豊後衆(大友勢)悉令上着候、至今日御在陣雖御辛労候、別而御馳走承、最前以来任御指南候、首尾此時候、併待申計候、恐々謹言、

(大永五年)十二月廿一日　　興房　判

井上七郎三郎殿
進之候

大永六年（西紀一五二六）

○一八四七　大内義興袖判弘中正長奉書（折紙）　○山口大神宮文書

（大内義興）（花押）

高嶺　神明大宮司職事、任父左（松田）馬大夫貞重申与之旨、左（松田）近
大夫兼重相続所被知召之状如件、

大永六
正月十五日　弘中兵部丞 正長奉

○一八四八　大内義興官途吹挙状写　○萩藩諸臣嘉年村波多野所持御判物写

左衛門尉所望事、可令挙中京都状如件、

太（ママ）永六年二月四日　大内義興公 御判

波多野孫三郎殿

○一八四九　大内義興書状　○毛利家文書

（押紙）「豊前横代周防高尾、以上三ヶ所百石之地給候御書也、」

於両国預進之候地、為祝儀、太刀一腰・鳥目千疋給候、怡

悦之旨、委細陶（興房）可申候、恐々謹言、

（大永六年カ）二月十五日　義興（花押）

毛利少輔次郎（元就）殿

○一八五〇　按察法橋奏禅契状案　○石清水文書

筑前国早良郡之内次郎丸代官職之儀、対馬守已来所持候由
候、然者于今被相拘正税之事、拾石京進斗也、并運賃参貫
文京銭也、無相違厳重御社納候、就其御補任之事承候、罷
上候者、涯分可申調候、其間之儀正税於非無沙汰者、御拘
専一候者也、仍而状如件、

大永六年卯月五日　按察法橋 奏禅　在判

箱田木工允殿

〇一八五一　満盛院領注文　〇満盛院文書

太宰符(ママ)天満宮々師満盛院領之事
一所早良郡(筑前国)内　戸栗郷之事、百弐拾町、
一所同郡内　重富村之事、四拾町、
一所三笠郡(同国)之内侍島村之事、拾弐町、
一所同郡内　香園村之事、三町、
一所穂波郡(同国)内　大日寺村之事、三拾町、
一所三笠郡(同国)内　長岡村弐町之事、
一所同郡内　庄内地蔵免之事、三町、
一所同郡府中内当知行分之事、六町、
大永六丙戌歳四月十五日　天満宮々師満盛院　快真（花押）
〇裏に沼間興国・杉興重・野田興方の花押がある。

〇一八五二　臼井興久条書　〇籠手田家文書

御所望之条々
一射礼之日記、則調進之候、如此之段連々一札御望候由候間、内々注申候、此巻物先々入見参申候、判形事者、存斟酌候、
一騎馬次第事、心得申候、
一手綱日記事、是ハ一段之事存候条、能々注候て可進者也、
一乗下之次第同前也、
一軍陳(陣)之時酌次第幷肴之事、何も心得申候、此旨猶以面に可令申候也、
(大永六年)卯月廿日　興久（花押）
籠手田兵部丞(定経)殿

〇一八五三　大内義興安堵状　〇満盛院文書

当院領所々坪付在別紙事、任当知行之旨、院務領掌不可有相違之状如件、
大永六年五月三日　左京大夫多々良朝臣(大内義興)（花押）
大宰府天満宮満盛院宮師快真律師御房

○一八五四　大内氏家臣連署奉書　○満盛院文書

院領所々注文在之事、被成　御判畢、被任当知行之旨、可被全執務之由所被仰出也、仍執達如件、

大永六年五月五日　隼人佑（沼間興国）（花押）
兵庫助（杉興重）（花押）
兵部少輔（野田興方）（花押）

大宰府満成院（盛）

○一八五五　大内氏家臣連署奉書写　○大内氏掟書

一御分国中徳政事、従前々堅被停止之処、不経上裁名主百姓等恣令嗷訴之条、以外之次第也、爰氷上山大頭役人幷長州一二両社流鏑馬役等事ハ、有子細別而被定御法度之上者、更不可準自余候、然処去年大永五筑前国一揆等既背御下知之条、彼張本人四人事被加誅伐畢、於自今已後、若及徳政之沙汰者則可有成敗者也、此等之旨兼日当国中対土民等堅固可被申触之由、依仰執達如件、

大永六年五月九日　大炊助（飯田興秀）　左衛門尉　左衛門尉（杉興道カ）

兵庫助（杉興重）　弾正忠（内藤興盛）　平（杉重信）
兵庫頭（陶持長）　兵部少輔（野田興方）　左馬助（右田興安）

陶尾張守殿（興房）

○一八五六　武家故実書目録　○籠手田家文書

巻物二十

法量物　射礼之日記
手縄日記　小的日記
円物日記　笠懸之日記
弓誘事　乗下之次第
騎馬日記　騎馬供之次第
矢誘日記　聞書秘説
鞭手縄日記　手縄秘書
名形日記　軍陣酌事
軍幕之日記　産所引目事
疏之図　同

已上

「（裏書）此巻物二十之事、屋形（大内義興）一覧候て、善悪之段をし（押）紙を以被
申候条、弥御秘蔵可為専一者也、
（大永六年）五月十一日　　臼井惣右衛門尉
興久（花押）
籠手田兵部丞（定経）殿」

○一八五七　飯田興秀書状　○籠手田家文書

又、判形のかたに野の字候ハ、野村仕たる心にて候、上司又番匠同前のことく被仰付候て仕候、それハしるし別に候、為御心得存知の分申るへく候、又長々の在陣に持よこし候へとも、自然御用にも可立哉と存候て、弓袋一進之候、しやうそく（装束）已下相違の事共候へとも、其段ハ御存知の事に候間、およそ仕立やう可懸御目ために候、播州（小笠原）元長以御本口伝の分、太（大）概にハ仕へく候、され共いさゝかのかハり共候間、申計に候、

追而申候、先度進之候鞍の事、長々陣中乗そこないふしきの仕立にて候つれ共、貞宗（伊勢）御判形候、作者彼御被官野村と申者仕へく候、それを貞宗なをされ候て、被加判形候、殊拙者検見始の時、拝領の鞍候之間進之候き、何様切付しほて（鞖）以下事重而相調可進之候、恐々謹言、

（大永六年）五月十九日　　興秀（花押）

籠手田兵部丞（定経）殿
御旅所

「（第二紙切封ウハ書）（異筆）『大永六年』（墨引）飯田大炊助
籠手田兵部丞殿
御旅所　　興秀」

○一八五八　飯田興秀書状　○籠手田家文書

将又雖軽微候、三種幷樽二荷令進之候、誠任現来計候、尚以御用等示給、不可存疎略候、

先日者御渡海候て御心静申承候、本望候、其後肥州（松浦興信）へも致無沙汰候、御下向近々様に承及候、何比の御事候哉、時分之儀承、以使者可令申候、御次之時者、御心得可為祝着候、仍蒙仰子細等少々注付進之候、先度も如申候、しか〳〵と無覚悟候上、注付候物共さへ、此方依無所持、分明無正躰事候、何さま重々可申候、巨細之趣山鹿治部丞可申候、恐々謹言、

(大永六年カ)
五月十九日　興秀（花押）

「(第二紙切封ウハ書)
（墨引）　飯田大炊助

籠手田兵部丞(定経)殿　興秀

御旅所」

○一八五九　大内氏家臣連署奉書写　○青柳種信関係資料

太宰府満□(盛カ)院快真与快澄被□為非分之働之条、一途被
仰付上歟、対□御判候、可被得其意之由候、恐々□□(謹言)、

大永六
五月十□日　興□(沼間カ)(国カ)
興重(杉)
興方(野田)

杉豊後守(興長)殿
（花押影）

○一八六〇　大内氏家臣連署奉書　○満盛院文書

(封紙ウハ書)
「(異筆)『大永六丙戌』
野田兵部少輔
杉兵庫助
沼間隼人佐

太宰府
満盛院　興国」

当院領内早良郡(筑前国)部粟・重富両所内捌拾町地事、可為御暫借
候、子細者当時為千葉殿御堪忍料所為可被遣候、然之処、
快真(満盛院)言上之趣者、彼領之事、去永正年中御在京御留守ニ宗
大和守(盛綱)参候之砌、杉豊後守興長為当座之了簡、雖被借遣候、
既及社役勤行等懈怠之条、老師快竹(満盛院)至京都令参上、以陶尾
張守(興房)就愁訴、被聞召分御還補之間、鞍手郡(筑前国)段銭内百貫文被
仰付、遂其節由被申上之通致披露、被成御分別候、然者其
時之奉書銘々可有上進之由候、聊不可有遅々候、恐々謹言、

(異筆)「大永六丙戌」
五月廿一日　興国(沼間)（花押）
興重(杉)（花押）
興方(野田)（花押）

太宰府
満盛院

○一八六一　大内氏家臣連署奉書　○満盛院文書

(封紙ウハ書)
「(異筆)『大永六丙戌』
野田兵部少輔
杉兵庫助
沼間隼人佐

神代四郎左衛門尉殿　　興国」

太宰府満盛院領早良郡（筑前国）部粟・重富村両所之内八拾町地事、為千葉殿御堪忍料所可被遣候、仍院主快真（満盛院）言上之儀者、去永正年中御在京御留守ニ宗大和守（盛綱）参候之砌、為杉興長当座之了簡、彼領事雖被遣候、既及社役御祈禱方懈怠之条、至京都快真（満盛院）・老師快竹罷上、以陶尾張守（興房）被致愁訴候、然者御還補之間者、以鞍手郡（筑前国）段銭百貫文被仰付之由快真（満盛院）被申趣令披露、被成御分別候条、其時奉書銘々可有上進之由対彼院被仰出候、被得其意可被申旨候、聊不可有遅々候、恐々謹言、

（異筆）「大永六丙戌」
五月廿一日　　興国（沼間）（花押）
　　　　　　　興重（杉）（花押）
　　　　　　　興方（野田）（花押）

神代四郎左衛門尉殿（興総）

○一八六二　大内氏家臣連署奉書案　○満盛院文書

太宰府天満宮満盛院領早良郡（筑前国）部粟・重富両所之内八拾町地事、為千葉殿御堪忍料所被預遣候、仍彼地御還補之間、以当郡段銭内毎年百貫文宛対当院有勘渡、執請取状可被備公勘之由候、恐々謹言、

大永六丙戌
五月廿一日　　興国（沼間）在判
　　　　　　　興重（杉）同
　　　　　　　興方（野田）同

鞍手郡
河津民部丞殿（興光）

○裏に沼間興国・杉興重・野田興方の花押がある。

○一八六三　飯田興秀書状　○籠手田家文書

又三ケ条承候、書付候て申候内、一ケ条事者慥おほへさる事候間、重而可申候、もし弥五郎（飯田正秀）所にか候らん、然者可懸御目由、申つかハし候、将又、五面革被懸御意候、畏入候、昨日預御状候、則御報可申入候之処、所用事候て延引候、慮外候、仍此間進候弓袋長々もたせ候間、何もしか〳〵としたる事のミ候ハす候つれ共、あり合候間、御目にかけ候

き、昨日為御暇候歟、肥州(松浦興信)へ屋形(大内義興)被参候哉、万御取乱察存候、今日御帰国一定候哉、昨日以使者令申候間、此面之儀早速被任本意帰陣候者、何様早々可申承候、御用等示給不可存疎略候、向後万端可申承之条本望候、炎天御下向道中御辛労察存候、今度承候事共、前後不分明儀候て、いかゝしるし付申候哉、諸事不可有正躰候、何様帰陣之時見わけ候て、於相違之儀者重而可申候、次博多津(筑前国那珂郡)御宿事、此間委細如申候、はや申下へく候、相当御用等御心安被仰付候者可為大慶候、毎篇重畳可申承候、恐々謹言、

(大永六年)五月廿一日　興秀（花押）

「(第二紙切封ウハ書)（墨引）　飯田大炊助

篭手田兵部丞殿(定経)　興秀

御返報　」

〇一八六四　沼間興国書状　〇満盛院文書

今度之儀被任御存分有落着、殊被成御判候、為向後珍重存候、仍院領之内千葉殿江被預遣候、誠暫時之御事候間、当座之儀被応上意候、可然候、必可有御還補候之条、可御意安候、将又御逗留中致無沙汰候、慮外之至候、尤以参雖可申候、公用取乱候之間、召及候、次打刀一腰進入候、何様重而可申述候、恐々謹言、

五月廿五日　興国（花押）

「(第二紙切封ウハ書)
『(異筆)到大永六 廿五』（墨引）　沼間隼人佐

満盛院　興国

御同宿御中　」

〇一八六五　杉興長書状　〇満盛院文書

就今度御参上、公事有落着、御判頂戴之由被仰下候、尤御大慶候、恐々謹言、

「(異筆)大永六年」六月十三日　興長（花押）

満盛院

御坊中

御報

○一八六六　杉興長遵行状案　○籠手田家文書

筑前国糟屋郡内橋村百石地岡部弥六先知行事、任去大永六五廿一行之旨、
云下地云土貢者、早可有御知行者也、仍執達如件、
大永六年六月廿日　豊後守興長　判
謹上　松浦(興信)肥前守殿
遵行《しゆんきやう》ト云之、
「(封紙ウハ書)『遵行ト云之写』(異筆)
謹上　松浦肥前守殿　豊後守興長」
杉

○一八六七　弘中正長奉書　○山口大神宮文書

対　当社廿石之在所可有御寄進之由候、於近郡相当之闕所
注進候者、可被仰出之由候、委細左近大夫(松田兼重)仁申候、恐々謹
言、
「(異筆)大永六丙戌」
六月廿五日　正長（花押）
高嶺神明大宮司
左馬大夫殿(松田貞重)

○一八六八　大内氏家臣連署奉書写　○大内氏実録土代安富恕兵衛

去五日至草津(安芸国佐西郡)敵出張之時、僕従新衛門被矢疵右脇由、弘中
小太郎(隆兼)注進之通令披露訖、神妙之由所被仰出也、仍執達如
件、
大永六年七月九日　兵庫助(杉興重)　判
兵部少輔(野田興方)　同
光井三郎次郎(兼種)殿

○一八六九　佐田泰景書状　○永弘家文書

(佐田)泰景越度候間、為御心得令申候、猶先日仮殿御造立之時茂
某等如□様事、六借敷被仰候キ、具示給候者可畏入候、
何としても　御殿早々御造立候様御馳走可目出候、恐々謹
言、
(大永六年)七月廿日　泰景歓楽
「(第二紙切封ウハ書)(墨引)
佐田因□(幡守カ)

□（大カ）永六七月廿日

□（御カ）宿所　「　」

○一八七〇　大内氏家臣連署奉書　○満盛院文書

太宰府　天満宮領徳政之儀、雖言上之方候、御法度候之条
無御許容候、仍於御造営方者、追而可被仰出由候、恐々謹
言、

（大永六年）七月廿三日　興国（沼間）（花押）
興重（杉）（花押）
興方（野田）（花押）

満盛院

○一八七一　大内義興書状（切紙）　○右田毛利家文書

御進退之儀、懇望之次第陶（興房）注進之候、於御忠節者不可有余
義候、尚興房（陶）可申候、恐々謹言、

（大永六年カ）八月十五日　義興（花押）

天野民部大輔（興定）殿

○一八七二　杉興長吹挙状　○上座坊文書

太宰府　天満宮領岩淵内（筑前国三笠郡）秣田壱町弐段地事、上座坊相拘之、
当社御祭礼之時御神馬飼口等相調、余得分事社恩候之処、
不知行旨為愁訴参上之由候、於爰許雖可申沙汰候、右地事
久上座坊無進退之由候、古来之儀被尋聞食、以御分別可有
御披露候、

（大永六年カ）八月十六日　興長（花押）

野田兵部少輔（興方）殿
杉兵庫助（興重）殿

○一八七三　小川郷八幡宮神輿銘写　○防長風土注進案武氏山八幡宮

長門国阿武郡小川郷
奉造立御輿
八幡宮宝前
大永六戌八月
防州山口城

信心壇那　多々良朝臣義隆

○一八七四　大内氏家臣連署奉書（切紙）　○上座坊文書

就太宰符（ママ）　天満宮領岩淵（筑前国三笠郡）内秣田壱町二段之儀、上座坊愁訴
注進状令披見候、如此之儀御陣中御取乱事候間、御開陣時
可被仰出之由候条、当時不能披露候、以此旨重而可有言上
之由可被申与候、恐々謹言、
（異筆）「大永六」九月九日　（杉）興重（花押）
（野田）興方（花押）
杉（興長）豊後守殿

○一八七五　大内義興寄進状　○巻子本厳島文書

奉寄進
厳島大明神御宝前
御剣一腰
神馬一疋鴾毛印文字
右所奉寄進之状如件、
大永六年九月十三日
従三位行左京太夫多々良朝臣義興敬白
（裏花押）

○一八七六　松崎天満宮執行僧重雄申状写　○防長寺社証文天満宮社僧円楽坊

松崎天満宮執行僧重雄謹言上
一菅家当国江御下向之始、時之国司有御崇敬、仮殿等御建
立之、　御神躰事御自作、則御室仁作籠云々、然仁為
御勅定本免幷日御供田・勤行田・修造免以下七拾七町御
寄附之、地国兼帯之後者国方内仁被加之、但佐波（周防国佐波郡）令分事
本家宮政所領幷社家方知行分、此内可籠之、就中従五位
下土師信定奉崇以来俊乗上人（重源）重而再興云々、
一去貞治三年　正寿院殿様弘世（大内）御代仁御正殿御再興之、幷
永和元年仁御拝殿御再興、仍宗札（棟）備上覧之、

永和五年ヨリ貞享五辰ノ年迄三百十六年歟、
一永和四年仁香積寺殿様義弘(大内)御代、楼門東西之廻廊等御再興之、
一国清寺殿様徳雄(大内盛見)御代、塔波鐘楼其外社頭所々至造作等御再興之、幷一切経御寄進之、
一澄清寺殿様持世(大内)御代、刻橋埒石《キサハシフセキ》其外定灯夜灯銭御寄附之、爰仁宮政所領事往代者為　北野領円楽坊仁相拘之、弐拾石正税《セイ》運送之、然仁此御代仁被召放之、為修造領被定置之、然者社頭東西ヲ分、地国等分仁御造営之、其時円楽坊仁拘申伝乞戒米九石内半分幷観音堂免壱町其外至神馬等宮政所方仁被加之、不知行之、
一築山殿様教弘(大内)御代　当社悉造畢之間、所々有御造営御崇敬之、此御代仁大専坊相拘候御祈禱御神楽田参町内壱丁五段、為経蔵修理免被加宮政所方内仁之、不知行之、
一法泉寺殿様政弘(大内)御代弥有御崇敬、年中之御神事等無退転之、当(文明十一年)　御代仁十月会御社参之時、白蛇有化現御拝見之、兼日之御瑞夢被思召合、

公方様(足利義尚)ヨリ御給候黒作之御剣御寄進之、其御寄進状筆者相良遠江守(正任)方御奉云云、
一従貞治三年至当年大永六百六十三年歟、其前後炎上無之、然処ニ今月十七日午時佐波郡(周防国)々司代宅所ヨリ焼亡出来、従　当社中間雖隔十町余之、時節到来候歟、三重塔波九輪之前後仁飛火焼出候、則社官其外数百人馳集、一同仁雖歎申一切不及芋〔了〕簡、御正殿其外悉回録〔禄〕、雖然　御神躰事宮司祐雄奉懐取出候、其時御座跡ヨリ白蛇飛出給、先年(文明十一年)法泉寺殿様御拝見白蛇寸分等無相違之由、大専坊老僧祐実慥ニ申之、則不思儀仁存御経箱之蓋仁奉遷之、以錦之戸帳御神躰一ニ巻籠之、細《網乎》代車ニ乗申、老松殿迄奉成御幸候、折節依風仁坊中相残候之間、大専坊江還御候、千歳万歳候、先以搆萱葺仮殿、去廿七日子時奉遷候、
一愚僧事、従去永正八年同至十一年仁御在洛中、及三ケ度参洛仕、当社破滅之次第歎申候之処、御在洛中者難有御造営候之間、先仮葺事愚拙以調法可遂其節旨被仰出間、入目以百参拾貫文如形所々修復仕候、馳走之赴〔趣〕陶房州(弘詮)依

御注進、被下御感状一両通拝受仕候、然者今度(大永四年)御進発刻、宮政所事為修造方被仰付間、従去春且々遂其節候、如此数年之間勲功之次第、此節皆以無曲候上者、向後事雖非無其斟酌候、既　御神躰奉懐取出候、殊白蛇化現之不思儀旁以難有存候之間、弥偏御再興事歎千万候、宜任　上意存其旨、弥為致御祈禱之忠節、粗言上如件、

大永六
九月廿九日　執行坊
重雄

野田兵部(興方)少輔殿

○一八七七　大内義興書状(切紙)　○右田毛利家文書

進退無二御覚悟之由、度々尾張守(陶興房)注進候、然上者米山(安芸国賀茂郡)要害事有在城、弥忠心之儀尤肝要候、猶陶(興房)可申候、恐々謹言、

(大永六年カ)十月廿一日　義興(花押)

天野民部(興定)大輔殿

○一八七八　求菩提山四至注文　○求菩提山文書

求菩提山権現御敷地当知行分事

四至

東者　龍門之岩屋大日岳金堂瓦立
斗部火ノ浦ヲ限

西者　鞍懸ノ岩屋西ノ大鳥居鉾立
御大路ヲ限

南者　犬カ岳ヲ限
両界岳松尾六所権現御座所

北者　国見ノ塔ヲ限

大永六年十月廿二日　求菩提山
衆徒中

進上　飯田大炊助(興秀)殿

○一八七九　大内氏家臣連署奉書　○満盛院文書

(封紙ウハ書)
「(異筆)大永六丙戌
『到十一廿八』　連署
神代四郎左衛門尉殿　興国」

就太宰府満盛院愁訴儀、吹挙之状幷対興総(神代)当院主快真(満盛院)一通付先証案文八通、銘々遂披露候、仍早良郡(筑前国)当院領為戸栗・重富両所替、鞍手郡(同国)赤馬庄以段銭内百貫文事、快真仁可令勘渡由対河津(興光)民部丞成奉書候、得其心能々可被申渡之由候、彼案文返進之候、恐々謹言、

（大永六年）十一月十六日

興国（沼間）（花押）
興重（杉）（花押）
興方（野田）（花押）

神代四郎（興総）左衛門尉殿

○一八八〇　弘中正長奉書写　○防長風土注進案神光寺

当社御神馬飼口事、米大豆共ニ日別可為弐升宛候、仍舎人事以相談可被相定由候、委細　上意之趣大宮司右馬允申含候、重而伺可被申候、恐々謹言、

大永六
十一月廿日　　正長（花押影）

神光寺

○一八八一　大内義興安堵状　○求菩提山文書

於当山領甲乙人等濫妨狼藉幷山野竹木採用等事、以去文安元年八月築山殿（大内教弘）制札之旨、堅加禁止畢、殊境等之事、任当知行之旨、進止不可有相違之状如件、

大永六年十一月廿一日

従三位左京大夫多々良朝臣（大内義興）（花押）

求菩提山衆徒中

○一八八二　佐田泰景・本願弁海連署送状　○小山田家文書

送進　宇佐下宮居礎用途之事

合

一酒肴料銭伍百文、　一鍬伍具、
一炭、　一金剛砂、

以上

右雖預先日記御披見候、任　御下知之旨、以浅略之儀所送進之状如件、

大永六年十一月廿一日　　因幡守泰景（花押）
本願弁海（黒印）

宇佐宮寺大々工殿

○一八八三　佐田泰景・本願弁海連署送状　○小山田家文書

送進　宇佐下宮御竪柱上棟御祝物事
一惣幣紙拾帖、　一幣串竹、
一凡絹壱疋、　一白布壱端、
一色革、　一釘三色大小、
一足桶壱口、　一饗膳料米参斗、
一莚二枚、　一薦二枚、
以上

右雖預先日記御披見候、任　御下知旨、以浅略儀所送進状如件、

大永六年十一月廿一日　因幡守泰景（花押）
御装束所惣撿校殿　本願弁海（黒印）

○一八八四　佐田泰景送状　○小山田家文書

送進御祝物事
合伍拾疋清銭目足

右為下宮御竪柱上棟以後御釿始料、任本願弁海尊意、所令送進之如件、

大永六年十一月廿一日　佐田因幡守泰景（花押）
宇佐宮寺大々工殿　本願弁海（黒印）

（裏書）「月　日」

○一八八五　佐田泰景送状写　○生野家系図所収文書『宇佐神宮史』

送遣烏帽子上衣料事
合壱貫文清銭目足者

右寺家大工孫兵衛　烏帽子上衣又七郎同前
右兵衛同前・孫六同前・助七郎上衣料・彦十郎同前以上六人分、任本願尊意所渡遣（進カ）候之状如件、

佐田因幡守
大永六年十一月廿一日　泰景（花押影）
宇佐宮寺惣大工殿

○一八八六　杉興重奉書　○右田毛利家文書

就米山（安芸国賀茂郡）要害被還進候儀、太刀一振持被進之候通令披露候、
尤直雖可被申候、判形未定候間、無其儀之由可申旨候、
恐々謹言、
（大永六年カ）十一月廿三日　兵庫助興重（花押）
謹上　天野民部太輔（興定）殿

○一八八七　長門国一宮御神宝物調進送文案　○武久家文書

（端裏押紙）「一宮目録　惣社分」

貢上
御斎籠御神宝物調進送文事
合
一宮住吉大明神御料
絵馬一疋在舎人　絵八人女一枚
御鏡一面在台薄様　衝立障子一本
龍頭鷁首船二艘　舞人二人各一人
楽人四人各二人　船差八人各四人
龍一御火桶一口在火鉢一口　御火箸一手
御車一両糸毛　御車牛一頭
御車副二人　榻持一人
御茵一帖錦縁　御簾三枚内内一枚錦額向外二枚絹額向
荒魂御料
御茵一帖錦縁　御簾三枚内内一枚錦額向外二枚絹額向
御蔭御料
御茵一帖錦縁　御簾三枚内内一枚錦額向外二枚絹額向
妹母宮御料
御几帳一本　御茵一帖錦縁
御簾三枚内　内一枚錦額向外二枚絹額向
武者殿御料
御弓一帳　御胡録一腰在小手後緒
御太刀一腰錦帯取　御冑刀一
御長刀一枝　御腹巻一領
御綾藺笠一蓋　御行縢一懸

御茵一帖在錦縁　　　造馬一疋在鞍舍人
御簾二枚内内一枚錦額向
　　　　　外一枚絹額向
右御斎籠御神宝物、任先例貢上如件、
　大永六年十二月十四日
従三位行左京大夫多々良朝臣義興（大内）

大永七年（西紀一五二七）

○一八八八　飯田興秀書状（切紙）　○籠手田家文書

（封紙ウハ書）
「籠手田兵部丞殿　　　飯田大炊助
　　御返報　　　　　　　興秀」

（端裏切封）
「（墨引）」

就歳暮之儀、自肥州（松浦興信）飛脚被進之候、以次預御音問候、快悦候、抑当春御慶珍重〳〵、不可有尽期候、仍去夏申承候、其以後依遠路不得便宜、疎意之至、背本意候、此面之儀任早速勝利、早々山口より可申承候、併慶詞自是態可申入之条、令省略候、恐々謹言、

（大永七年カ）
正月十七日　　　興秀（花押）

籠手田兵部丞(定経)殿

御返報

〇一八八九　杉興重奉書写　〇大内氏実録土代安富恕兵衛

於新城(安芸国佐西郡石道)可被差籠候、被成其覚悟、任野田兵部少輔(興方)裁判在城可為肝要之由候、御城衆事重々可被相加之由候、毎時被申談馳走可為肝要之旨候、恐々謹言、

大永七与書入有之

二月八日　興重　判

光井三郎二郎(兼種)殿

〇一八九〇　杉興重奉書写　〇大内氏実録土代安富恕兵衛

両人事、被相副野田兵部少輔(興方)候、毎時任彼儀馳走可為肝要之由候、恐々謹言、

(大永七年カ)正月晦日　興重　判

光井三郎二郎(兼種)殿

野原三郎(有祐カ)殿

〇一八九一　宗像正氏状　〇宗像大社文書

大永七年二月九日　宗像四郎 正氏（花押）

陶尾張守(興房)殿

〇一八九二　斎藤高利軍忠状写　〇萩藩閥閲録斎藤八郎右衛門

大内義興ノ一見了、判

従大永三八月一日於遠崎(周防国大島郡)武長出津同時令乗船、於所々致馳走被疵次第、大永三十一月一日五日市(安芸国佐西郡)放火之時

中間一人矢疵一ケ所 左ノ足

大永四七月三日於東山(同郡)

高利(斎藤)矢疵一ケ所 左ノ臑

大永四八月廿三日於同所

高利矢疵一ケ所 右ノ肩

右為武長(弘中)一所、十人被副遣候人数之内、如此候趣可被達　上聞、軍忠状如件、

大永七二月十日　斎藤次郎 高利　判

弘中（武長）越後守殿

○一八九三　天野興定合戦分捕手負注文　○右田毛利家文書

（証判）「令一見候訖、（大内義興）（花押）」

芸州阿南郡熊野要害切落時大永七、二之九、興定郎徒并僕従分捕手負人数注文

分捕

頸一野村五郎兵衛　財満源三郎討捕之
頸一　財満孫七郎討捕之
頸一名字不知　三宅越前守疵足
頸一　三宅左衛門尉足頸切疵左右手切疵
頸一　熊谷平大郎疵右脇鑓疵
頸一　石井藤次郎討捕之
頸一梶山新左衛門尉　渋賀孫左衛門尉討捕之
頸一　熊谷修理進討捕之
頸一　秋山彦六討捕之
頸一　熊谷平四郎疵足
頸一　張木工助討捕之
頸一　中村弾正左衛門尉討捕之疵足
頸一　三宅弥四郎討捕之
頸一名字不知　三宅新四郎右手切疵
頸一名字不知　三宅助三郎討捕之
頸一　三宅新次郎討捕之
頸一名字不知　小畠助右衛門尉討捕之
頸一名字不知　僕従大郎四郎

手負

財満隠岐守　鑓疵二ヶ所手足
熊谷木工助　鑓疵二ヶ所手足
財満次郎左衛門尉　矢疵二ヶ所首手
張助次郎　疵足甲
三宅与四郎　鑓疵一ヶ所右手
張助四郎　疵二ヶ所両ノ手

已上

（大永七年）二月十日　　　　天野民部大輔
　　　　　　　　　　　　　　　　興定（花押）
陶（興房）尾張守殿

○一八九四　大内義興感状写　○萩藩閥閲録　脇八郎右衛門

去九日熊野（安芸国安南郡）要害落居之時、分捕頸一名字不知到来之由、陶（興房）尾張
守注進状一見訖、感悦之至也、弥可抽忠節之状如件、
　大永七年二月十三日　　　　大内義興ノ判
　　脇（房利）三郎五郎殿

○一八九五　大内義興感状（切紙）　○石井昭家文書

去九日熊野（安芸国安南郡）要害落居之時、被矢疵左腕之由、陶（興房）尾張守注進
状一見畢、尤神妙之至也、弥可励戦功之状如件、
　大永七年二月十三日　　（大内義興）（花押）
　　石井（元家）九郎三郎殿

○一八九六　陶興房副状写　○石井英三家文書

「（朱筆）横紙感状」
去九日態（熊）野要害落居之時、被致疵之次第、依遂注進、被成
御感状訖、弥可被抽忠節之由、所被仰出之状如件、
　大永七年二月十三日　　「（朱筆）陶隆房」（興）尾張守
　　　　　　　　　　　　　　　「在判」
　　石井（元家）九郎三郎殿

○一八九七　大内義興袖判安堵状　○王丸家文書

（大内義興）（花押）
養父中務丞（王丸種）一跡事、任去永正弐年十一月廿六日譲与之状之
旨、王丸神（助）五郎相続領掌不可有相違之状如件、
　大永七年二月十八日

○一八九八　大内義興書状（切紙）　○山内家文書

直通（山内）在陣候之処、於其面調法之次第、陶（興房）尾張守注進候、尤
可然候、弥入魂肝要候、仍太刀一振国次進之候、猶（陶）興房可
申候、恐々謹言、

（大永七年カ）
二月廿五日　　義興（花押）
山内次郎四郎（豊通）殿

○一八九九　大内氏家臣連署禁制写　○辛未紀行

禁制　　洞雲寺

右、当手軍勢甲乙人等濫妨狼籍（藉）事、令停止訖、若有違犯之族者可処罪科者也、仍下知如件、

大永七年二月日　　民部少輔（冷泉興豊カ）在判
伊予守　同

○一九〇〇　杉興重家臣連署奉書案　○永弘家文書

（端裏書）
「心乗坊江奉書案文大永七三ノ廿一日到来」

就番長（永弘重行）被申下宮秡之儀、旧年茂従当職（宮成公通）御注進候条、任前々例可被遂其節之由被申候処、于今無其儀之由、従当職幷番長注進候、如何躰子細候哉、以外之儀候、但子細候者、有参上而可有言上之由数度被申候処、御遅参誠自由之儀候、急度御参肝要之由堅可申入之由候、恐々謹言、

大永七丁亥
三月六日　　（中）□山主計（允カ）□ 直資　在判
広田助太郎 重吉　在判

心乗坊

（裏書）
「安心院方専使助忠（花押）」

○一九〇一　某奉書（切紙）　○永弘家文書

（端裏切封）
「（墨引）」

今度下宮御造営方之儀、依不被申談無御存知之由御注進候、具令披露候、其子細雖可被相尋候、（佐田）泰景事他界候由注進候条、無其儀候、何様重而以時分相尋可申入之由可申之旨候、恐々謹言、

大永七
三月七日　　□　□

○一九〇二　大内義興書状（切紙）　○右田毛利家文書

（陣）陳替以来御奔走之由、（陶興房）尾張守注進候、祝着候、於動儀者、

毎事相談可為肝要候、恐々謹言、

（大永七年カ）三月九日　　義興（花押）

天野（興定）民部大輔殿

〇一九〇三　大内義興袖判安堵状　〇佐田家文書

（大内義興）（花押）

祖父（佐田）因幡守泰景一跡事、任去大永五年十一月十七日譲与之状之旨、佐田小法師（朝景）相続領掌不可有相違之状如件、

大永七年三月十三日

〇一九〇四　大内義興書状（切紙）　〇益田家文書

（モト封紙ウハ書カ）「益田治部少輔殿　　義興」

（端裏切封）「（墨引）」

為丸毛郷（石見国美濃郡）代所、三隅能登守（興兼カ）知行内阿武郡（長門国）河島事、被申合之由候、得其意候、恐々謹言、

（大永七年カ）三月十三日　　義興（花押）

益田（宗兼）治部少輔殿

〇一九〇五　大内義興感状写　〇萩藩閥閲録石川吉郎右衛門

去月七日於芸州新城（佐西郡石道）攻口、被石疵左足之由、野田（興方）兵部少輔注進到来、所令一見之状如件、

大永七年三月十五日　　大内義興判

石河又市（ママ）

〇一九〇六　益田尹兼合戦手負注文　〇益田家文書

芸州世能（安南郡）鳥子城、大永七三月八日以来至同十八日、於誥（詰）口（益田）尹兼郎従幷僕従等手負注文

和田大郎　石疵右頭
大谷兵庫助　矢疵左腕
岩本彦六　矢疵右肩左腕右足
木島善三郎　矢疵左股
有田弥七　矢疵左口
澄河助大郎　矢疵右足
下兵庫助　石疵右肩

和田式部丞　石疵左頭
大谷与三兵衛尉　矢疵左腕
岩本与四郎　石疵頭左肩
三浦小三郎　石疵左頭
品河次郎三郎　矢疵右脇
大塚小三郎　矢疵左足
中村又七　矢疵左股

森脇助四郎　石疵左肩
伏谷弥六　石疵右肩　矢疵右股
須子助三郎　矢疵右肩
松本新右衛門尉　石疵左肩
西河惣左衛門尉　矢疵左股
大畠藤左衛門尉　矢疵右肩
僕従
孫右衛門　石疵頭右手
兵衛次郎　矢疵右腋
源左衛門　矢疵左腨
助右衛門　石疵左肩
三郎四郎　矢疵右足
与四郎　石疵頭左肩
助五郎　石疵左頭
六郎四郎　矢疵左股
同十日
波田右京亮　矢疵左足右腨
以上
大永七年三月廿三日　益田又次郎　尹兼（花押）
陶（興房）尾張守殿

○一九〇七　天野興定合戦手負注文（切紙）　○右田毛利家文書

「令一見了、（証判）（大内義興）（花押）」
於鳥子（安芸国安南郡）要害攻口手負人数注文
三宅内蔵助　右肱矢疵
熊谷九郎左衛門尉　右肩矢疵
中村弾正右衛門尉　左足矢疵
熊谷平大郎　右膝矢疵
山県四郎次郎　左膝矢疵
已上
大永七年三月廿四日　天野民部太輔　興定（花押）
陶（興房）尾張守殿

○一九〇八　佐田盛理書状　○永弘家文書

対貴所江候て、中山主計允（直資）・広〔田助太郎〕奉書案文・同御札具拝見候了、仍下宮御木入祝物等之事承候へ共、泰景（佐田）存命之時も、支証等可預御披見之由数度御返事御申候、今以同

前ニ候、殊彼奉書にも下行之儀ハ不被申下候、弥々御分別
専一候、御意之通又二郎(佐田朝景)ニ申聞候、恐々謹言、
(大永七年カ)卯月二日　盛理（花押）
(永弘重行)番長大夫殿
御返報

○一九〇九　大内義興感状（切紙）　○竹井家文書

去月十二日於芸州世能(安南郡)鳥子城詰口被矢疵右頬之由陶尾張守(興房)
注進到来一見、所令感悦状如件、
大永七年四日六日　(大内義興)（花押）
温科弥四郎殿

○一九一〇　杉興重奉書写　○萩藩譜録脇彦右衛門信之

於芸州(安南郡)鳥子城詰口、郎従壱人・僕従壱人被矢疵何茂右腕之由、
陶尾張守(興房)注進状到来、令披露之、尤神妙之旨所被仰出也、
仍執達如件、
大永七年四月六日　(杉興重)兵庫助　判
(房利)脇三郎五郎殿

○一九一一　杉興重奉書写　○石井英三家文書

(朱筆)「横紙感状」於芸州(安南郡)鳥子城詰(詰)口、郎従一人矢疵左頬、僕従一人石疵頭、
一人被矢疵二ヶ所左腕右足之由、陶尾張守(興房)注進状到来、令披露
之、尤神妙之旨所被仰出也、仍執達如件、
大永七年四月六日　(杉)兵庫助「興重」(朱筆)
(元家)石井九郎三良殿

○一九一二　杉興重書状（切紙）　○白井家文書

就白井縫殿助(膳胤)方之儀、以報恩寺言上之通令披露候、仍於防
州参百貫足(ママ)幷佐東(安芸国)内所々望申候地事、被成御心得候、然者
早々令現形忠節可為肝要之由候、此等之趣能々可被申達候、
恐々謹言、
(大永七年)四月廿一日　興重（花押）
陶尾張守(興房)殿

○一九一三　大内義興袖判下文　○白井家文書

（大内義興）
（花押）

下　白井縫殿助膳胤

可令早領知周防国熊毛郡小周防内参百石地・安芸国佐東郡北庄参百貫地・同郡牛田七拾五貫地等事

右以人所充行也者、早守先例可全領知之状如件、

大永七年四月廿四日

○一九一四　大内義興袖判下文　○白井家文書

（大内義興）
（花押）

下　白井彦七郎

可令早領知安芸国佐東郡山本参百貫地・同郡箱島四名参貫足云云等事

右以人所充行也者、早守先例可全領知之状如件、

大永七年四月廿四日

○一九一五　某書状　○永弘家文書

急度致注進候、抑　下宮二三之御殿御木屋入、去五日執行之由承及候間、押申之通申候之処、自本願（弁海）茂無菟角之儀被遂其節候之条、不能善悪申候、其後弁海聖（人脱カ）至愚宿被懸御意、□承分重而於　御下知者、木口御祝・木作始之祝物、并竪柱上棟ニ御供を可被備之由承候条、急度言上候、彼三ヶ度之請物、別紙以注文上進候、此等之趣可然様可被仰下候哉、殊去永正十五　上宮　二之御殿竪柱上棟之次第、杉因幡守（弘固）殿為御奉行、□（淵）底御存知之前候之処、此度□　□許容候、且難測□

○この文書は大永七年四月のものと思われる。

○一九一六　大内義興安堵状写　○防長寺社証文南原寺

当寺事、去享徳三年三月十四日炎焼之時、代々証文等紛失之次第、同廿日以連署之状六坊加判申旨無疑貽者也、仍紛失判物事、則可申請之処、飯田安芸守貞家于時寺奉行終不遂披露云々、雖然於寺役者于今遂其節之上者、云寺家云寺領、任

当知行之旨、領掌不可有相違之状如件、

大永七年五月十三日　　左京大夫（大内義興也）在判

桜山南原寺衆徒中

○一九一七　仁保興奉合戦太刀討手負注文（切紙）○三浦家文書

（証判）「一見了、（大内義興）（花押）」

芸州府要害白井備中守楯籠云々、為後詰、至松笠山（安芸国安北郡）襲来武田（光和）勢切散時

大永七、□（五）十三、（仁保）興奉郎徒太刀討手負人数注文

太刀討

柳勘解由左衛門尉

手負

竹下左馬助　矢疵左股

高橋深（ママ）三郎　矢疵右肩

長見小次郎　矢疵左肩

渡辺源三郎　矢疵右股

以上

（大永七年）五月十三日　　仁保太郎興奉（花押）

陶尾張守（興房）殿

○一九一八　天野興定合戦分捕手負注文（切紙）○右田毛利家文書

（証判）「令一見訖、（大内義興）（花押）」

手負分捕之注文

頸一　牛尾彦左衛門尉　僕従三郎五郎討之

熊谷木工尉　手之甲矢疵

財満藤左衛門尉　右脇矢疵

石河内大郎左衛門尉　左之股矢疵

以上

大永七年五月十三日　　天野民部太輔興定（花押）

陶尾張守（興房）殿

○一九一九　杉興重奉書写　○石井英三家文書

（朱筆）「横紙感状」
芸州府城為後巻、昨日十三佐東（武田光和）勢出張之処、於松笠山（安芸国安北郡）懸合々戦之時、郎従川田太郎三良矢疵胸、僕従弥三郎被失（矢）疵左乳之由、陶尾張守（興房）注進状到来、遂披露畢、尤神妙之由所被仰出也、仍執達如件、

大永七年五月十四日　兵庫助（杉興重）「在判」（朱筆）

石井九郎三郎（元家）殿

○一九二〇　永弘重行書状案　○永弘家文書

急度致注進候、仍就　下宮御造替両度言上候之処、証文証（正）跡正文可上進之通、被仰下候条、正文を致上進候、然者当（宮成公通）職よりも御注進候、殊秡証跡之事同前候、就両条御下知送状旧記三十九通にて候、被成御分別御披露奉頼候、委細猶堅田□（六カ）郎兵衛尉所まて申上候、可得御意候、恐々謹□（言）、

（大永七年カ）五月十七日　重行

中山主計（直資）允殿

○一九二一　大内義興安堵状　○長門安養寺文書

当寺代々証文等事、去三月晦日実助在陣之間、為盗賊被奪取悉紛失云云、仍任所々当知行之旨、寺務不可有相違之状如件、

大永七年六月十日　左京大夫（大内義興）（花押）

安養寺

○一九二二　中山直資書状（切紙）　○永弘家文書

□御□事□進之候、可有御遣候、

就御下行物之儀先証等御上進、具令披露候、

一今度被上進候先証ハ、新古一烈（列）に候、中比武（杉）道御社奉行之時、支証無上進候、早々可被上進之由候、

一御園屋敷秡先証、是又令披露候、橋津方対其方就秡之儀送状等御座候者、急度可被上進候、以其上可申遣之由候、

一対心乗坊以前以奉書申候キ、無請状候、如何候哉、重而以請状可有御注進候、可致披露候、此等趣従堅田方（惟時カ）委可

被申候条、閣筆候、何も早々可有御注進候、披露之儀、
不可有如在候、恐々謹言、
（大永七年カ）六月廿日　直資（花押）
（永弘重行）番長大夫殿まいる
御返報

○一九二三　杉興長書状　○大悲王院文書

従　当山御本尊御座下、去二日三日両日潮満出之由、御注進之状幷御巻数被懸□（御カ）意候、得其心候、尤目出候、則至御座所可遂注進候、定可被仰下候哉、猶宝池坊院主申候之条省略候、恐々謹言、
（大永七年）六月廿六日　興長（花押）
雷山千如寺　御同宿御中尊報

○一九二四　杉興長書状　○大悲王院文書

従雷山　御本尊御座下、去二日三日両日潮満出由被申候、御吉例之由候条、尤目出候、弥御祈念肝要之由能々可被仰候、恐々謹言、
（大永七年）六月廿六日　興長（花押）
（種通）鳥田玄蕃允殿
御報

○一九二五　野田興方合戦手負注文　○冷泉家文書

（証判）「一見了、（大内義興）（花押）」
於（安芸国安南郡）仁保島幷国府城（同郡）詰（詰）口、冷泉五郎隆祐衆郎従・僕従等被疵人数注文

豊島弥七　三月七日　矢疵左うて
赤間三郎　同日　矢疵左うて
豊島弥七　四月七日　矢疵右眼
赤間三郎　同日　矢疵左のもゝ
矢野三郎左衛門尉　同日　矢疵喉
岡部幡五郎　同日　矢疵左のもゝ
矢野三郎左衛門尉　五月五日　矢疵左のかた
高橋弥十郎　同八日　石疵首
（冷泉隆祐僕従）三郎左衛門　同十二日　石疵左の肩

同
新六　　同日
　　　　石疵せな〔か脱〕
以上
大永七年七月十八日　　野田兵部少輔
　　　　　　　　　　　　興方
　杉兵庫助（興重）殿

○一九二六　野田興方合戦手負注文　○冷泉家文書

「一見了（証判）、（花押）（大内義隆）」
於仁保島（安芸国安南郡）幷国府（同郡）城詰（詰）口、冷泉五郎（隆祐）衆郎従・僕従等被疵人数注文

豊島弥七　　三月七日
　　　　　　矢疵左のうて
赤間三郎　　同日
　　　　　　矢疵左のうて
豊島弥七　　四月七日
　　　　　　矢疵右の眼
赤間三郎　　同日
　　　　　　矢疵左のも丶
矢野三郎左衛門尉　同日
　　　　　　矢疵のと
岡部幡五郎　同日
　　　　　　矢疵左のも丶
矢野三郎左衛門尉　五月五日
　　　　　　矢疵左のかた
高橋弥十郎　同八日
　　　　　　石疵首

同　　（冷泉）隆祐僕従
　　三郎左衛門　同十二日
　　　　　　　石疵左の肩
新六　　　　　同
　　　　　　　石疵せなか
以上
大永七年七月十八日　　野田兵部少輔
　　　　　　　　　　　　興方（花押）
　杉兵庫助（興重）殿
○大内義隆の花押は享禄三年のものと思われる。

○一九二七　大内義興安堵状写　○防長寺社証文興隆寺

周防国吉敷郡西庄内四石足・同郡御堀弐段・同郡宮野路壱段小・同国熊毛郡田布施郷則永名拾弐石地・長門国阿武郡吉部郷内六石地等事、当知行之由任申請之旨所令裁許也者、早守先例寺務不可有相違之状如件、
　大永七年七月十九日　　左京大夫（大内義興）判
　　氷上山東坊

○一九二八　大内義興安堵状写　○防長寺社証文興隆寺

長門国阿武郡吉部郷内拾石地事、任当知行之旨所令裁許也
者、早守先例寺務不可有相違之状如件、

大永七年七月十九日
左京大夫（大内義興）判

氷上山喜教坊

○一九二九　大内義興書状（切紙）　○山内家文書

就其面之儀、差上杉兵庫助（興重）・右田右京亮候、陶尾張守（興房）被相
談候者尤肝要候、恐々謹言、

（大永七年）七月十九日　義興（花押）

○一九三〇　大内義興安堵状　○待価史料

周防国吉敷郡西庄内堀四石足・長門国阿武郡吉部郷内六石
地事、任当知行之旨所令裁許也者、早守先例寺務不可有相
違之状如件、

大永七年七月廿三日
左京大夫（大内義興）（花押）

氷上山徳蔵坊

○一九三一　杉興道書状（切紙）　○山内家文書

態令啓候、抑（陶）興房其外諸勢至其表寄陣候之由候之間、弥被
仰談、此時凶徒等悉御退治可為御案中候条、御大慶候、某
事依在城令出張不申承候、遺恨至極候、猶期後喜候、恐々
謹言、

（大永七年）七月廿六日　興道（花押）

山内上野介（直通）殿
御陣所

○一九三二　大内義興書状写　○萩藩譜録椙杜六郎広連

於備後在陣長々御辛労推察候、雖無殊事候、時宜承度候之
間染筆候、至九州御馳走等何様自是可申候、恐々謹言、

（大永七年カ）八月五日　義興判

志地（道）大蔵少輔殿

○一九三三　大内義興袖判安堵状写　○河津伝記

凌雲院殿（大内義興）御判

親父民部丞（河津）興光所帯事、任譲与之旨、河津新四郎長祐相続
領掌不可有相違之状如件、

大永七年八月六日

○一九三四　大内義興袖判補任状写　○河津伝記

凌雲院殿（大内義興）御判

筑前国（宗像郡）福万庄代官職事、任父民部允（河津）興光申請之旨、河津新
四郎長祐所補彼職也者、早守先例可致其沙汰之状如件、

大永七年八月六日

○一九三五　大内義興安堵状　○勝興寺文書

周防国吉敷郡小野村内四石壱斗地事、任当知行旨所令裁許
也者、早守先例寺務不可有相違之状如件、

大永七年八月十三日
左京大夫（大内義興）（花押）

勝興寺宥暁律師

○一九三六　大内義興書状写　○萩藩閥閲録志道太郎右衛門

去九日於備後国（三谿郡）和智郷細沢山合戦之時、分捕頸一米原到来
候、粉骨之次第、尾張守（陶興房）具注進候、尤感悦之至候、弥奔走
可為肝要候、恐々謹言、

大永七年丁亥
八月十三日　義興　判

志道大蔵少輔殿

○一九三七　陶興房感状　○加藤家文書

（封紙ウハ書）
「賀藤左近将監殿　尾張守興房」

去九日於備州三谷郡和智郷細沢山、尼子伊与守（経久）打出合戦之
時、太刀討粉骨神妙、尤感悦之至也、弥可抽軍功之状如件、

大永七年八月十三日
尾張守（陶興房）（花押）

賀藤左近将監殿

○一九三八　大内義興書状写　○多々良氏家法

於備後国三谷郡細沢山、去九日合戦勝利、殊宗徒者共数多討捕、頸到来候、尤粉骨之至候、仍江良三郎討死之、無是非候、雖然忠節之条感悦之旨、猶鷲頭式部少輔可申候、恐々謹言、

（大永七年）八月十八日　　義興

陶（興房）尾張守殿

○一九三九　陶興房奉書写　○萩藩閥閲録志道太郎右衛門

去九日於和智郷（備後国三谿郡）細沢山合戦之時、御高名之趣遂注進候、仍以鷲頭式部少輔直被賀申候、目出候、弥御忠節可為肝要旨、能々可申由候、恐々謹言、

大永七年丁亥八月廿二日　　興房　判

志道大蔵少輔殿

進之候

○一九四〇　大内義興書状（切紙）　○湯浅家文書

今度為味方現形之次第陶（興房）尾張守注進候、尤可然候、此等之旨即至但州（山名氏）可令申候、猶御入魂肝要候、委細陶（興房）可申候、恐々謹言、

（大永七年）八月廿六日　　義興（花押）

湯浅九郎次郎（熈宗）殿

（モト封紙ウハ書）「湯浅九郎次郎殿　　義興」

○一九四一　天野興定合戦分捕手負注文　○右田毛利家文書

（証判）「令一見了、（大内義興）（花押）」

芸州於志芳庄（賀茂郡）別符面佐東族相動候、興（天野）定郎徒幷僕従分捕手負人数注文

分捕

頸一　井尻木工允　　三宅左衛門尉討捕之

頸一　　長木工助討捕之右足鑓疵

頸一　　長助四郎討捕之

頸一　己斐藤次郎討捕之
頸一　石井小三郎討捕之
　　手負　僕従　大郎左衛門
頸一
長左衛門大郎　右足矢疵
三宅孫三郎　左手切疵
三戸弾正左衛門尉　右足鑓疵
已上
（大永七年カ）八月廿七日　天野民部大輔興定（花押）
（興房）陶尾張守殿

〇一九四二　志道広良合戦討捕太刀打注文写　〇萩藩閥閲録志道太郎右衛門

一見畢、　大内義興ノ判
大永七年八月九日於備後国三谷郡和智郷細沢山合戦之時、
討捕幷太刀打衆注文
頸一　米原山城守　志道大蔵少輔討捕之
頸一　不知名字　伊達兵庫助討捕之
頸一　牛尾信濃守　羽仁五郎三郎討捕之
太刀打衆
光永下総守
光永新四郎　切疵一ケ所
田門蔵人允　鑓疵二ケ所
羽仁藤次郎
羽仁中務允
渡辺次郎四郎
木原彦次郎
柏村四郎次郎
浅原孫七郎　鑓疵一ケ所
児玉彦五郎　鑓疵一ケ所
（宍）完戸内蔵助
佐々木新五郎
田門与次郎　矢疵一ケ所
芥河右馬助　矢鑓疵二ケ所

中村小七郎 矢疵一ケ所
井上孫八郎 矢疵一ケ所
芥河助右衛門尉 矢疵二ケ所
僕徒二郎三郎 討死
僕徒四郎兵衛
同 助三郎
同 太郎五郎
同 宮松
同 新右衛門 鑓疵一ケ所
同 四郎五郎 切疵四ケ所
同 衛門四郎 切疵二ケ所
同 源次郎 鑓疵一ケ所
同 左衛門五郎 鑓疵一ケ所
同 弥五郎 鑓疵一ケ所
志道上野介
広良 判

○一九四三 大内義興書状（切紙） ○山内家文書

就今度和智筑前守（豊広）現形之儀、御調法之次第陶尾張守（興房）注進候、可然候、仍太刀一腰安久進之候、尚陶（興房）可申候、恐々謹言、

（大永七年）九月三日 義興（花押）

山内上野介（直通）殿

○一九四四 大内義興書状（切紙） ○山内家文書

於伊多喜（備後国三次郡）于今御在陣之由候、殊和智筑前守（豊広）現形之儀候、相調候、可然候、猶陶（興房）可申候、恐々謹言、

（大永七年）九月三日 義興（花押）

山内次郎四郎（豊通）殿

○一九四五 陶興房書状（切紙） ○湯浅家文書

（端裏切封）「（墨引）」

就筑前守（和智豊広）殿御現形御入魂之次第申遣候、仍屋形（大内義興）直申候、然上者弥御忠節肝要候、可被賀仰之通至但州（山名氏）遂注進候、何様連々可申承候条本望候、猶期後信候、恐々謹言、

（大永七年）九月七日　　興房（花押）

湯浅九郎次郎（熙宗）殿
御宿所

「（モト封紙ウハ書）　陶尾張守

湯浅九郎次郎殿　　興房」
御宿所

○一九四六　大内義興感状写　○萩藩譜録真鍋長兵衛安休

去二月七日於芸州石道口（佐西郡）新城詰口被疵二ケ所頭石疵左手矢疵、五月六日府中（安南郡）城西籠屋落去之刻、矢疵左手、同七月晦日至佐東久村勢仕之時、被鑓疵右脛之条、神妙之至也、弥可抽戦功之状如件、

大永七年九月十日　　義興　判

林清（治総）右衛門尉殿

○一九四七　大内義興書状写　○萩藩閥閲録遺漏乃美織江

為
国王（尚清）御即位之御礼、渡進徳雲軒源松都文候、可預御心得候、抑大唐与日本頗不快之処、従大明国憑貴国（琉球）、被渡勅書於日本候之由、以明星院頼求（賕イ）蒙仰候、渡唐船事依有子細、当家永代可令取沙汰之旨、別而蒙国王（室町殿）宣旨候之上者、対当家示預候者可令奏達候之処、以天王寺直（檀渓全叢）御伝達、併彼段無御存知之故候歟、此等之次第其外袁大人（璉）帰国事、巨細中含源松都文（徳雲軒）候、能々被尋聞被成御心副候者、和□候、然□月安中通事候、勿異他被懸御意候（ハ者イ）、忽可為本懐候、随而扇子五本・得地紙五拾帖進之候、狭少之至為恐此事候、恐惶謹言、

大永七年丁亥九月十一日　　義興（花押影）（朱印影）

天界寺　衣鉢侍者禅師

朱印之処消候而難相知レ候、字太サ先ツ此倍今少し位ハ太く候、
右ハ乃美織江方屛風ニ張付有之ニ付写所望申候事、

○一九四八　陶興房奉書写　○萩藩閥閲録志道太郎右衛門

今度吉舎（備後国三谿郡）調略之儀、別而御入魂之通遂注進候、仍而屋形（大内義興）直被申候、弥馳走肝要候之通、得其心可申之由候、恐々謹言、

（大永七年カ）九月十二日　　興房　判

大 永 七 年
志道(広良)上野介殿

○一九四九　大内義興書状（切紙）　○山内家文書

至其面加勢事、頻懇望之由陶尾張守(興房)注進候之条、差遣諸勢
候、早々一途武略可為肝要候、恐々謹言、
(大永七年)九月十七日　義興（花押）
山内(直通)上野介殿

○一九五〇　杉興重書状案　○永弘家文書

当宮(社イ)二三殿立柱上棟時、(之脱イ)番長大夫(永弘重行)下宮(イナシ)為社□(司)処、下行方(物イ)之
儀、被相除(不預イ)無許容条(イナシ)迷惑之由被申候間、以先証可有言上
由(イナシ)申候処、重而帯(イナシ)証跡注□候之条(被申候イ)、令披見候、然者(イナシ)当時何(被
任御イ)茂以(イナシ)浅略准拠社例(イナシ)無相違之様、可被申談事肝要候、恐々謹
言、
大永七(イナシ)丁亥九月十九日(二イ)
杉兵庫助(イナシ)　興重　在判
佐田(朝景)又次郎殿

御宿所

○一九五一　杉興長書状　○大悲王院文書

於当山去七(六カ)月二・三両日潮満候、御吉例之由御注進状同御
巻数、至芸州御陣所令上遣候、御大慶之由、対(杉)興長奉書到
来候条進之候、弥御懇祈肝要候、恐々謹言、
(大永七年)九月十九日　興長（花押）
雷山
御衆徒中

○一九五二　陶興房書状（切紙）　○平賀家文書

一昨日者新四郎(平賀興貞)殿被懸御意候、以面申承候、快然候、任
代々之儀可申談条、御同前可為祝着候、併御意見肝要候、
兼又備後辺弥任存分候、毛利(元就)方申合候之趣、委細申合深野
(房重)平左衛門尉候、何様不図可参申候、御登陣又所希候、恐々
謹言、
(大永七年カ)九月廿二日　興房（花押）
平賀尾州(弘保)　御宿所

〇一九五三　永弘重行書状案　〇永弘家文書

(端裏書)
「佐田藤左衛門殿
　本願弁海上人」
就今度　下宮御造新之儀、木口之秡・木□〔造〕始幷御立柱上棟之次第、去年両度対泰景(佐田)以証跡雖愁訴申候、不預御許容候、去応永年中以後之儀ニ候者、可有御下行之通承候条、既至御陣所可致言上之通承候て、御注進給候、去春以来□之処(御奉書)ゥ如此候、右条々可請御下行候、巨細猶□□可申候、朝景(佐田)之御事者、御不知案内候する間、□証跡為御披見進之候、可被成御披見(分別)候、恐々謹言、□奉書御披見之後、此方へ可返給之由、可被仰上候、

(大永七年)
九月廿七日　重行

本願弁海上人
　御宿所
(盛理)
佐田藤左衛門尉殿
佐田殿

〇一九五四　佐田盛理書状　〇永弘家文書

社頭より申候間、□恐入候、預御札候間、則又二郎(佐田朝景)所へ申遣候、彼返事到来候可(者脱カ)申入候、具陽万可申候、恐々謹言、

(大永七年)
九月廿七日　盛理（花押）

(捻封ウハ書)
「　　下宮より申候
(墨引)　番長大夫殿参(永弘重行)　佐田藤左衛門尉
　御報　盛理」

〇一九五五　佐田朝景書状案　〇永弘家文書

(端裏捻封ウハ書)
「(墨引影)　藤左衛門殿(佐田盛理)　朝景」
就　下宮木口御杦料之儀、従永弘方(重行)注進候哉、興重(杉)奉書幷先証候而、同重行(永弘)対弁海・盛理(佐田)書状何茂令披見候、御報事只今可申候へ共、彼先証等具令披見候而、自是可申之由得其心可被申候、恐々謹言、

(大永七年)
九月廿七日　朝景　判

〇一九五六　佐田朝景書状　〇永弘家文書

御状委細令披見候畢、抑就　下宮御作事之儀、至御座所御

注進候哉、（杉）興重御状并先証等送給候、具披見候、仍愚存（佐田盛理）藤左衛門尉可申入之由申遣候間、定而委細可申候間、不能一二候、恐々謹言、

（大永七年）九月晦日　朝景（花押）

（永弘重行）番長大夫殿　御報

（裏書）「下宮作事ノ事」

（モト第二紙ウハ書カ）「　佐田又二郎

番長大夫殿　御報　朝景」

○一九五七　大内氏家臣書状（切紙）　○永弘家文書

（端裏切封）「（墨引）」

就下宮御造営方之儀、度々御注進候、仍前（杉）武道時対社司御下行物等事、裁判証跡等候哉、以其上可申沙汰之由申候処、先証上進令披見候、然者任当時准拠可被申談之由、対佐田（朝景）又次郎方以別紙申候、次橋津□被申結秡事、送状等無所持之由承候条、不及分別候間、前々次第社家中江相尋候条、依注進重而可申候、将又為御音信百疋送□□儀祝着候、恐□

（異筆）「大永七」九月□　□

□

○一九五八　佐田盛理書状　○永弘家文書

尚又御文文十通封□慥ニ可有御請取候、□可恐入候、

前日預御札候間、又二（佐田朝景）□申遣候、御報候ハヽ、申□持進之候、具ニ御返事可□入候、対某ニ書状為御披見進之候、御注文めされ候て、又二郎（佐田朝景）返事ニ被相副可被遣候、其上にて重而可令□談候、何様懸御目に可申承□、恐々謹言、

（大永七年カ）十月二日　盛理（花押）

（永弘重行）番長大夫殿　御宿所

○一九五九　永弘重行請分注文　○永弘家文書

就　下宮（立）□柱上棟之時愚家請申分注文之事

合
一木口ノ秡料参貫文、
一木作始祝物参貫文三人之分、
□御供米拾弐石八斗幷大豆参斗・小豆参斗・油九升・□五斗・凡絹三疋・白布六端・薦九枚・莚六枚・紙三十帖・小刀三・豆桶三・銅鍋三口・鉄輪三本・手松炬松・鉢カサ□色々料物之分、玖貫六百七十五文、菓子拾合切□三才、釘三連、
□秡料三殿御分玖貫文
此外大雑仕請物在之、
以上
右、注文如件、
（大永七年）十月三日
番長大夫 重行（花押）
（佐）□田藤左衛門尉殿（盛理）

○一九六〇 永弘重行書状案 ○永弘家文書

就今度下宮御造替之儀、御愚家之事代々社司職依拘申、御造替時造営行事等取沙汰次第、去安元より弘安・嘉元・正応取沙汰仕候、御料所当国八郡之内、恒見新房・徳善保幷豊後国来縄郷弁分・武蔵郷・朝見郷・田渋（ママ）庄役に候処、悉々御相違候之条、去従弘康応□至明徳、御造替之儀、直ニ従今川（了俊）殿様被仰付、諸下行物等送状以下給置候条、今度以上進言上候、当時御儀□任准拠請取可申之由御下知候、早々被成御分別候者、可申談候、仍直にも以書状令申候、（是カ）□迄雖□候、巨細令申候、恐々謹言、
（大永七年カ）十月十五日 重行
（佐田藤カ）□左衛門殿（盛理カ）

○一九六一 佐田盛理書状 ○永弘家文書

御札拝見申候了、仍蒙仰候趣、又二郎（佐田朝景）に具申聞候処、如此返事御申候、何ニ（ママ）注進仕候て可申渡候由被申候□、於某ニ者、不可有如在候、如何様懸御目に可申承候〳〵、恐々謹

言、
（大永七年カ）十月十五日　盛理（花押）
（永弘重行）番長大夫殿
御報

○一九六二　永弘重行書状（切紙）　○永弘家文書

（端裏切封）「（墨引）」
就御造営方之儀御下行物等之事、以一紙目録至佐田（朝景）方被申遣候注文之正状、不預御披見候条、不及分別候間、無下行之由自（佐田）朝景注進御座候哉、早々先証有御披見御請取可為肝要候由、其子細至此方可有御注進候、仍自佐田（朝景）方注進状為御披見被下遣之候、委細重而示預可申聞候、恐々謹言、
（大永七年カ）十月十八日　（永弘重行）□（花押）

○一九六三　永弘重行書状案　○永弘家文書

就今度下宮御造替之儀、去年□爰元度々雖致愁訴候、不預御許□（容）候之条、至御座所度々致言上候之処、被□（成御カ）分別、

去月十九日ｏ対貴所御奉書、同当月（月）廿□（七カ）本願（弁海）・藤左衛門（佐田盛理）方付進候、然者先今度御准嘘（ママ）相定候木口秡料、三殿御分并木作始料、同前渡可給之由、雖度々申候、菟角不預御左右候間、急度令啓候、次御神事方御下行物等事者、以時分可申談候、恐々謹言、
（大永七年）十月廿五日　□（重）行□
（朝景）佐田殿　御□

○一九六四　永弘重行書状案　○永弘家文書

（端裏書）「佐田（朝景）殿へ案文」
□（就カ）下宮御造新之儀、対愚家御下行物之□及度々言上候之処、去九月十九被成御下□（知カ）請取可申之由候之処、可有御注進之通承候而、□廿日以賀来神右衛門（泰宗）方御供米壱石五斗・木口秡科壱貫五百文可有下行之由承候、□（永弘）重行御返事にハ、木口秡料并木作始祝物者、去御竪柱之時之於被任御准□（拠カ）者、菟も角も可任御意候、御法味物之事者、為私御神慮難測

申候間、兎角も本願（弁海）・朝景（佐田）可為御了簡候と申候、□壱石可
有勘渡之由雖承候、同前ニ申候処、一昨日廿五重而承分御
供米六石□木口秡料壱貫五百文計可有下行之由□処、就此
之儀数度遂注進御下知之上□も当時之任御准拠御浅略者無
余儀候歟、□間不可預御許容事候者致愁訴候□

○この文書は大永七年十月二十七日に佐田朝景へ宛てられたものと思われる。

○一九六五　大内義興官途吹挙状　○貫家文書

右衛門尉所望事、可令挙京都之状如件、

大永七年十月廿八日　（花押）（大内義興）

貫助次郎殿

○一九六六　大内義興官途吹挙状　○黒水家文書

掃部允所望事、可令挙京都之状如件、

大永七年十月廿八日　（花押）（大内義興）

黒水弥七（固種）殿

○一九六七　佐田朝景書状案　○永弘家文書

（端裏書）「佐田又次郎方注進状案文」

去月十九日御札同廿七日到来、具拝見仕候訖、抑就　宇
佐下宮御造新之儀番長大夫方（永弘重行）□□去年始中終対此方
承候間、応永年□□時之以御証文可申談之由、雖申
□□候之間、不致勘渡候、更非聊爾候、然者直御愁訴
候先証数通被遂御披見候、被成御分別候哉、浅略以准拠可
渡遣之由候、雖〈存〉其旨候至御陳（陣）上進候証跡之由被申候、以
上十一通預披見□上者、如何躰之御祝物員数如何程
と記候哉、支証不見申候間、請物員数等事、以注文可承之
由申候間、目録如此候辻過分至極候間、雖致浅略候、今度
下宮御祝物諸職人江下行候員数、□可過候哉条、致注進、
分際可任御下知存候而罷過候処、忩々木口秡・木作始祝物
可勘渡之由被申候、□之先証殊不見及申候間、是又為私
不及□□候、仍□（重）行書状彼是七通同□□以前支証
等被遂御披□□上如此申事雖斟酌千□

○この文書は大永七年十月のものと思われる。

○一九六八　大内氏家臣連署奉書　○求菩提山文書

為御陣御祈禱於当山去七月如法経修行候之処、経衆内頼尊
大徳有夢想之告、法花経一部銅之板仁彫付之同筥在之於普賢岩屋掘出
之条、為可被備　上覧序品陀羅尼品二枚筥共上進之通令披露候、
殊勝尤異于他之由被仰出候、仍彼妙典事被下遣候、如元被
奉納之、今度出現之次第能々可被記置由候、恐々謹言、
（大永七年カ）十一月三日　（吉見）頼郷（花押）
（飯田）正秀御用

求菩提山衆徒御中

○一九六九　大内義興書状（切紙）　○高洲家文書

雖未申通候、以次染筆候、仍宮上野介（実信カ）毎事被相談、一味御
武略肝要候、猶陶尾張守（興房）可申候、恐々謹言、
（大永七年）十一月十一日　義興（花押）
杉原左衛門尉（盛忠）殿

○一九七〇　陶興昌加冠状写　○萩藩閥閲録差出原本河内山新兵衛　三五二（六五五）

加冠
昌佐
大永七年十一月十六日　（陶興昌）（花押影）
河内山平五郎殿

○一九七一　永弘重行書状案　○永弘家文書

就当社下宮御造替御竪柱上棟之儀、御下行物等之事預御状委細
得其心候、猶旨趣御使者賀来神右衛門（泰宗）方江令申候間令省略
候（ママ）、恐々謹言、
（大永七年カ）十一月廿一日　重行
佐田又次郎（朝景）殿
御返報

○一九七二　天野興定合戦手負注文　○右田毛利家文書

「（証判）令一見了、（大内義興）（花押）」

於備州三吉(三次郡)表合戦之時、手負人数注文

熊谷木工允　鑓疵左足
長新右衛門尉　鑓疵腰
小畠助右衛門尉　射疵左足
以上
「大永七年」(異筆)
十一月廿七日　天野民部太輔興定（花押）
陶尾張守(興房)殿

○一九七三　仁保興奉合戦太刀討討死手負注文　○三浦家文書

「一見畢、(証判)（花押）(大内義興)」
昨日廿七備州三吉郡三吉郷発向合戦之時、興奉(仁保)郎徒幷僕従太刀討討死手負人数注文
太刀討
渡辺源三郎　左頬矢疵
丹下弥七郎　左股矢疵
飯田主計允　左股鑓疵
討死
竹下左馬助
手負
松原与一左衛門尉　右膝矢疵
以上
大永七年十一月廿八日　仁保太郎興奉（花押）
陶尾張守(興房)殿

○一九七四　某袖判按察法橋奏禅奉書案　○石清水文書

九　御補任続目案文　給重郷
御判
八幡宮領筑前国早良郡之内次郎丸御代官職事、親父興秀(隅田)任請文之旨、多門法師所被仰付也、但於正税者拾石京進升同定拾合船賃三貫文、毎年無不法懈怠可被致社納者也、万一背本所之命不忠之時者、非此限之由、依仰執達如件、
大永七年十一月廿八日　奏禅　奉

大永七年
隅田(重郷)多門法師

〇一九七五　某袖判按察法橋奏禅奉書案　〇石清水文書

御判

十　御補任続目案文　給重郷

八幡宮領筑前国糟屋郡之内敷地分御代官職事、親父興秀(隅田)任請文之旨、多門法師所被仰付也、但於正税者陸貫文同夫賃壱貫八百文、毎年無不法懈怠可被致其沙汰者也、万一背本所命不忠之時者、非此限之由、依仰執達如件、

大永七年十一月廿八日　奏禅　奉

隅田(重郷)多門法師

〇一九七六　大内義興書状(切紙)　〇プリンストン大学所蔵文書

去九日於与州国分山(越智郡)合戦、被得勝利之由候、尤可然候、各被相談、弥御忠節可為祝着候、猶尾張守(陶興房)可申候、恐々謹言、

(大永七年カ)十一月廿九日　義興(花押)

村上宮内□(大輔殿カ)

〇一九七七　大内義興書状写　〇多々良氏家法

去廿七日至三吉郷(備後国三次郡)勢仕、地下悉放火之時、被官深野木工助・深野平太郎討死之由候、度々儀候、尤忠節之至候、委細猶兵庫助(杉興重)可申候、恐々謹言、

(大永七年)十二月二日　同(義興)

陶尾張守(興房)殿

〇一九七八　大内義興安堵状　〇興隆寺文書

氷上山宝浄坊住持職并坊領四拾石地所々注文在別紙之等事、任十一月十五日宥教権大僧都譲与之状之旨、所令裁許也者、早守先例、云寺家云坊領、宥賢大徳執務領掌不可有相違之状如件、

大永七年十二月四日　左京大夫(大内義興)(花押)

○一九七九　大内氏家臣連署奉書　○求菩提山文書

当山与如法寺助八郎依康令相論畠地事、両方帯証文言上之旨、被経御沙汰之処、当山支証一通文安年中一通応仁年中彼両通明白之条、件畠地五段号斗部幷鳥居畑開発之地三段山野上号東西(豊前国上毛郡)等事、依康(如法寺)先祖以来当知行之由雖申之、右証文仁彼両所事可去渡之通対如法寺被仰出之上者、于今難渋無其謂之、然者任先証之旨所被還補也、仍右地事、去春以来被置中途之条、速可打渡之由対能美土佐守(弘助)于時当郡奉行被成奉書畢者、早守先例被全領知可被抽御祈禱精誠之旨、依仰執達如件、

大永七年十二月九日　右衛門尉(吉見頼郷)（花押）

左衛門尉(貫武助)（花押）

源(飯田正秀)（花押）

求菩提山衆徒御中

○一九八〇　大内氏家臣連署法度　○求菩提山文書

当山御法度之次第

一天下御祈禱幷　御屋形(大内義興)様御祈禱之事、被抽精誠、巻数進上調結構幷使僧以下、無卒(ママ)尓誤之様可申含事、

一三時勤行時剋相ちかへ不勲之仁者、永可被放衆分之事、

一御神木切取仁、御法之過料可申付事、

一衆会時剋定出仕ニ遅参之仁を不可相待事、

一違背当山法度、他所之号をかり狼藉、或鉾楯を相企仁、一同加成敗可遂注進事、

一指図境之相論ニ至テハ可被任先証理非、若背制符族有は、其仁躰拘分可為闕所之事、

一衆会座席ニ至□□□□□可被放衆分之事、

一至他所卒忽聊尓を仕出、蒙恥辱仁、従其庭可遂電事、於有理之儀者可有其沙汰、

一至人旦那茶園等押取仁、先被決理非、其間被取置惣物理運明白方可被付事、但至買得者弥可被経沙汰事、

一老僧中老衆儀、無怠慢被申出儀、為若輩聊不可違背、不論善悪先随其儀、於有子細者追而可申分、但老中於無理衆儀者、従中老可遂其沙汰事、

一於惣衆並之儀、背雅意狼藉を申族者、以一同之衆儀衆分

可申放之事、於強緩怠之仁者則加成敗、不日ニ寺奉行迄
可遂注進之事、
一於大犯三ヶ条之科者、可為御法之沙汰、若相背当山他出
之仁有は、其坊舎旦那等号惣物幷至贓物等者衆中早速一
同ニ申付、役人の沙汰として堂舎の修理物ニ□備事、
一衆徒方惣方何茂衣儀を調勤行衆会之座席ニ可被出仕、若
於無沙汰之仁者、則可被行御法之過料事、
一当山中大綱一大事之時、於未練之仁者、従其場注交名可
被放衆分事、
一至舎利会其外諸役不能異儀、可馳走之事、
右如法度可被加制止所如件、
大永七年丁亥十二月十一日認之訖、
右衛門尉(吉見)頼郷（花押）
源(飯田)　正秀（花押）

○一九八一　永弘重行書状案　○永弘家文書

(端裏書)「従番長大夫方対賀来神右衛門書状案大永七十二十二」

就下宮御祝物之儀数度進人雖申候、不預御下行候、以始中
終之儀落着候之処、御延引之儀誠無心元候、尤佐田(朝景)へ雖可
申候、為御名代御在宮之儀候間、乍御六惜(ママ)令申候、然者此
子細急便候間、時宜落着之通昨日申上候、為御心得候、今
明日之間に可渡給候、節々申事定而御意ニ不可□
為御使時宜御存知之事候条□、恐々謹言、
(大永七年)十二月十二日　番長大夫 重行　在判
賀来神(泰宗)右衛門尉殿
御宿所

○一九八二　能美弘助打渡状　○求菩提山文書

(封紙ウハ書)「求菩提山衆徒御中　能美土佐守 弘助」

当山与如法寺助八郎依康相論畠地事、被経御沙汰被補当山
理運之条、右地事、対寺家可打渡之由、任去九日頼郷(吉見)・武(貫)
助・正秀(飯田)奉書之旨、所渡進如件、
大永七年十二月廿一日　(能美弘助)土佐守（花押）

求菩提山衆徒御中

○一九八三　陶興房書状（切紙）　○深野家文書

就木工助(深野)・平太郎(深野)両人事、以報恩寺被成下　御書候、誠忝
面目之至候、只今下進之候、動無比類趣如斯被仰出候、為
末代候之条、平左衛門尉(深野房重)江ハ写案文遣候、此御書可被給置
候、弥不便絶言語候、心中併同前候、恐々謹言、
　十二月廿三日(大永七年)　興房（花押）
深野勘解由左衛門尉(重成)殿

○一九八四　賀来泰宗書状　○永弘家文書

就下宮御竪柱上棟之儀、御供米六石下行之相残料物事、彼
是参貫文御領掌及勘渡砌、御違篇候之条、于今延引、已右
六石参貫文於爰元落着之通、重行(永弘)□之届候、従此方
茂被遂□□上候者、為私不□(申免カ)角候由候、併今以
参貫文於御□可致勘渡之由、被申付候、重畳此方□(非カ)無沙汰
候、委細猶御使可申候条、□謹言、
□廿日(大永七年カ)　泰宗（花押）

○一九八五　佐田氏書状　○永弘家文書

猶々為御心得、興重(杉)御奉書写案文令進候、重而遂注進、可
任御下知候、
就　下宮御造新之儀、対其方御下行物事、此間再往再返申
旧候き、然者御供米六石・木口秡料木作始祝物三貫文事、
当時献□人御浅略准拠雖相違候、預蒙仰候之間、如此候
之処、重々種々承□等不及覚悟候、何ヶ度如申候、応永
年中御支証当時御用事候、其□儀不被立社用候、前日以賀
来新右衛門尉(泰宗)申入候処、既被成御分別御領掌候、殊又

○この文書は大永七年に永弘重行に宛てられたものと思われる。

○一九八六　永弘重行書状案　○永弘家文書

(端裏書)「佐田江二度□」
就下宮御造替之□□御(堅)柱上棟之御供米・同御供□□

幷木作《至而》始木口《祝物》之秡、皆□於爰許以旧記雖申、終不預
□、去年至芸州御陣所ニ捧証文、重行《(永弘)》□致愁訴被
成御分別、当時任浅略之准拠、無先例違《相》様可有勘渡之由、
対朝景《(佐田)》江既被成御奉書候条、則付進候処、其□御同名従
藤左衛門《(佐田盛理)》方、愚家請物之事□注文可申之由、頻承候間認
進候、其注文□度□書状彼是七通相添、自□
御注進候、番長如録《目》者□家諸役所江下行よりハ可《為》過分
之由□最初御分別儘候、無先例様《相違》可申談□朝景《(佐田)》御
注進状之案文相添□不可有別条候処、菟角被仰延
□□略之辻茂御供米□

○この文書は大永七年に佐田朝景に宛てられたものと思われる。

編者略歴

和田秀作（わだ　しゅうさく）

一九六二年山口県山口市に生まれる。一九八八年広島大学大学院文学研究科博士課程前期修了。現在、山口県文書館専門研究員。

共著『山口県史　通史編　中世』（山口県、二〇一二年）、論文「大内氏の惣庶関係をめぐって」（鹿毛敏夫編『大内と大友』）、「大内氏の領国支配組織と人材登用」（岸田裕之編『毛利元就と地域社会』）。

戦国遺文　大内氏編　第二巻

二〇一七年七月二〇日　初版印刷
二〇一七年七月三〇日　初版発行

編　者　和田秀作
発行者　大橋信夫
印刷所　株式会社フォレスト
製本所　渡辺製本株式会社

発行所　株式会社　**東京堂出版**
東京都千代田区神田神保町一―一七（〒一〇一―〇〇五一）
電話　〇三―三二三三―三七四一　振替　〇〇一三〇―七―二七〇

ISBN978-4-490-30771-9　C3321　2017　©Shuusaku Wada
Printed in Japan　http://www.tokyodoshuppan.com/

http://www.tokyodoshuppan.com/
←東京堂出版の新刊情報はこちらから。